# 하나님 나라와
# 그리스도의 십자가

하나님 나라와
그리스도의 십자가

**초판 1쇄** 2021년 9월 01일

**발 행 인** 김학유
**지 은 이** 김영호
**펴 낸 곳** 합동신학대학원출판부
**주 소** 16517 수원시 영통구 광교중앙로 50 (원천동)
**전 화** (031)217-0629
**팩 스** (031)212-6204
**홈페이지** www.hapdong.ac.kr
**출판등록번호** 제22-1-2호
**인 쇄 처** 예원프린팅 (031)902-6550
**총 판** (주)기독교출판유통 (031)906-9191

ISBN 978-89-97244-95-9 93230
값은 뒤표지에 있습니다.

# KINGDOM of GOD and CROSS of CHRIST

# 하나님 나라와 그리스도의 십자가

김영호

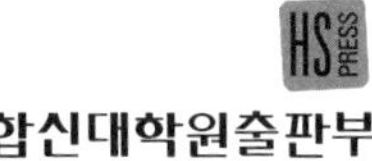


합신대학원출판부

# 머리말

이 책은 오래 전 작은 질문에서 시작되었습니다. 신자는 모두 그리스도를 믿는 믿음에서 새로운 삶을 시작합니다. 이 믿음은 그리스도께서 역사에서 행하신 일에 대한 소식에서 오고, 그 일의 중심에 십자가와 부활이 있습니다. 그런데 이 십자가를 얼마나 알고 있는가? 이것이 그 질문이었습니다. 복음서에 나타난 십자가 본문을 읽고 책을 읽기 시작했습니다. 혼자 생각하기도 하고, 공부한 내용을 교회에서 나누기도 하고, 학교에서 가르치기도 하며, 모임에서 토론하기도 했습니다. 구약과 신약 본문을 하나하나 읽어가면서 십자가가 더 크고 깊게 드러났습니다. 그리스도의 십자가는 하나님 나라의 토대라는 진술을 이해할 수 있었습니다. 동시에 그리스도의 부활, 교회, 재림이 모두 하나로 연결된 주제라는 점을 알 수 있었습니다. 이 책은 이 다섯 주제에 대한 연구 중 첫 번째 결과물입니다.

이 책은 유성씨엔에프 재원으로 합신연구지원프로젝트의 지원을 받아 출판되었습니다. 합신출판부장직을 맡아 이 책의 출판을 위해 애써 주신 권호 교수님께 진심으로 감사드립니다. 내지 편집부터 색인 작업까지 여러 번 수정 요구에도 항상 밝고 성실하게 노력해 주신 북디자이너 김민정 선생님께 감사드립니다. 교정하는 과정에서 꼼꼼이 읽고 도움을 주신 신영선 전도사님과 박두태 강도사님, 색인 작업을 도와 주신 최성은 목사님께 감사의 마음을 전합니다. 책 내용을 일일이 읽고 오탈자를 찾아내며 건설적인 조언과 격려를 아끼지 않은 아내 이수미, 늘 힘이 되어 준 그림, 다은, 수인, 서희에게 감사의 마음을 전합니다.

2021년 5월 19일
합동신학대학원대학교 연구실에서
김 영 호

M. Lloyd-Jones, *The Cross*, 29

그는 누구입니까? 이것이 우리가 해야 할 첫 번째 질문입니다. 당신은 저기서 죽어간 사람이 누구인지 명확히 알기 전에는 거기서 일어난 일의 의미를 결코 이해할 수 없을 것입니다. 저기 가운데 나무에 못박혀 있는 저 사람은 과연 누구입니까?

# 서론

그리스도의 십자가는 신약 메시지의 중심이다. 예수 그리스도의 십자가 없이 구원을 말하고 생각할 수 없다. 따라서 그리스도의 십자가는 초대교회부터 지금까지 설교의 중심 메시지요, 신학의 중심 주제이다. 이런 점에서 그리스도의 십자가는 모든 세기에 걸쳐 신학의 핵심이었고 신자의 관심사였다고 할 수 있다.

## 연구사

지난 두 세기 동안 특별히 그리스도의 십자가에 대한 관심이 고조된 시기가 두 번 있었다. 첫 번째 시기는 19세기 말이었다. 첫 번째 십자가 르네상스는 데일과 데니가 자신의 강연과 논문을 책으로 발표하면서 시작되었다. 1875년 로버트 데일은 자신이 한 강연을 모아 『속죄』라는 책을 출판했다. 이 책에서 데일은 예수님, 베드로, 요한과 야고보, 바울이 그리스도의 속죄를 어떻게 증거하는지를 설명한다. 단지 몇몇 증거 구절이 아니라 복음서, 사도 요한의 글(요한복음, 요한서신, 요한계시록), 사도행전 15장에 나오는 야고보의 연설과 야고보서, 사도행전에 기록된 베드로의 설교와 베드로 서신들, 바울 서신 전체가 속죄교리를 어떻게 증언하는지 살핀 것이다. 그 후에 죄 사함과 속죄이론을 영원한 의의 법과 인간과의 관계에서 연구한다. 데일은 이전과 달리 귀납적인 전개 방식으로 속죄를 설명했다. 이것은 프랑소아 투레티누스가 『개혁주의 속죄론』에서 속죄의 필연성, 진실성, 완전함, 근거, 범위 등을 연역적으로 다루는 방식과 차이가 난다.

1902년 제임스 데니는 『그리스도의 죽음』이라는 책을 발표했다.[1] 데니의 출발점은 당시 설교자와 신학자들이 십자가가 신약의 중심에 있다고 생각하지 않으면서 설교하고 연구하는 상황이었다. 데니는 복음서부터 요한계시록까지 신약을 조사한 결과 신약에는 그리스도의 죽음에 대한 일관된 관점이 있으며, 이 관점이 속죄 사상이라고 주장했다. 데니는 자신의 연구결과를 총 6장으로 구성된 책으로 발표했다. 이 책이 발표된 후 여러 진영에서 비평이 쏟아졌는데, 데니는 이에 반응하여 다음 해에 "속죄와 현대지성"이라는 강연을 하고, 이 강연을 책으로 펴냈다. 1911년 데니는 이 둘을 합본하여 『그리스도의 죽음』 개정판을 출판함으로써 속죄에 관한 성경과 교의학이 통합된 시각의 기초를 제공하고자 했다.

---

1 J. Denney, *The Death of Christ: Its Place and Interpretation in the New Testament* (New York: A. C. Armstrong, 1907).

두 번째 시기는 20세기 후반으로, 1986년 존 스토트의 『그리스도의 십자가』가 출간되면서 시작되었다.[2] 존 스토트의 책은 출판되자마자 다양한 독자들의 관심을 받았는데, 가장 큰 이유는 이 책이 학문성과 경건성을 두루 갖추었기 때문이다. 또 이 책에는 고전과 예술을 사랑하는 저자의 면모가 드러나기도 한다. 독자들은 이 책을 통해 이그나치우스나 이레나이우스와 같은 교부의 글, 안셀름이나 휴고 그로티우스의 글, 크랜필드나 헤들람과 샌데이 등 주석가의 글, 니체와 같은 철학자의 글을 만날 수 있다. 존 스토트는 데일과 데니와는 다르게 내러티브로 주제를 구성했다. 예수님과 신약 저자들은 십자가를 기독교의 중심으로 생각했는데, 그렇다면 그리스도는 왜 죽으셨는가? 성경은 사죄와 대속, 만족, 화목을 어떻게 말하는가? 십자가는 무엇을 성취하며, 신자의 정체성, 생각과 말, 삶에 어떤 변화를 일으키는가? 존 스토트는 그리스도의 십자가와 관련된 내용을 이렇게 하나의 커다란 이야기로 구성하고, 그 이야기를 이루는 각 주제를 성경 주해와 교회 역사의 논쟁점, 현대인의 생각까지 들여와 하나님의 '거룩한 사랑'과 십자가의 신비를 설명한다.

물론 존 스토트의 연구는 신학과 교회사뿐만 아니라 선행연구에서 큰 도움을 받았다. 예를 들어 길레보의 『왜 십자가인

2 J. Stott, *Cross of Christ* (Downers Grove: IVP, 1986).

가?』(1937)와 월러스의 『그리스도의 속죄 죽음』(1981), 그린의 『텅 빈 십자가』(1984), 레온 모리스의 『사도들의 십자가 설교』(1955), 『속죄』(1983), 『신약의 십자가』(1965, 1988) 등이 있다.[3]

두 시기 모두 십자가 신학이 강화된 배경에는 대속 교리를 변증하려는 목적도 있었다. 데일이나 데니, 존 스토트나 레온 모리스 모두 그리스도는 죄인을 대신하여 그들을 위한 속죄물로 죽으셨고, 죄인을 위한 속전이 되셨다는 성경의 주장을 변호했다.

최근에는 데일이나 존 스토트, 모리스와 같이 신약 본문 전체에서 십자가 사상을 다루는 연구서가 많지 않다. 티드볼과 캐롤/그린은 예외라고 할 수 있다. 티드볼은 『십자가』(2001)라는 책을 썼는데,[4] 신약의 주요 본문을 선택하여 주해하는 방식으로 십자가 메시지를 찾으려고 노력했다. 과거 연구와 차이점은 총 4부로 된 책에서 제1부를 구약 본문에 할애했다는 것이다. 캐롤과

---

3 H. E. Guillebaud, *Why the Cross?* (Chicago: IVP, 1937); Wallace, Ronald S., *The Atoning Death of Christ* (Westchester: Crossway Books, 1981); M. Green, *The Empty Cross of Jesus* (Downers Grove: IVP, 1984); L. Morris, *The Apostolic Preaching of the Cross* (London: Tyndale Press, 1955); *The Atonement: Its Meaning and Significance* (Downers Grove: IVP, 1983); *The Cross in the New Testament* (Grand Rapids: Eerdmans, 1965).

4 D. Tidball, *The Message of the Cross: Wisdom Insearchable, Love Indestructible* (Downers Grove: IVP, 2001).

그린은 판 더 푸어스트, 마쿠스, 시니어 등과 함께 글을 모아 『초대교회에 나타난 예수의 죽음』(1995)이라는 책을 출판했다.[5] 캐롤과 그린은 예수님의 죽음에 대해 연구했는데, 총 3부로 되어 있다. 제1부는 복음서 기자들의 예수의 죽음에 대한 사상, 제2부는 바울과 히브리서 기자, 베드로, 요한의 십자가에 대한 이해, 제3부는 초기 기독교의 십자가 선포와 반응, 의미, 구약과 복음서 고난 기사의 관계 등을 살폈다.

그 외에 신약성경의 저자별로 진행한 십자가 연구가 나왔다. 먼저 복음서에 나타난 십자가 연구로는 그린, 도블, 더 부어의 연구가 있고, 다음으로 바울서신에 나타난 십자가 연구에는 쿠사르의 연구가 있다. 시간순으로 보면 다음과 같다. 1988년 그린은 누가복음 고난 기사에 관한 자신의 박사 논문을 『예수의 죽음』이라는 책으로 출판했다.[6] 여기서 그린은 누가복음 고난 기사에서 예수님의 죽음의 의미를 집중적으로 탐구했다.[7] 1990

5 J. T. Carroll and Joel B. Green (ed.), *The Death of Jesus in Early Christianity* (Peabody: Hendrickson, 1995). 캐롤과 그린은 누가-행전 전문가이다. 그린은 1988년 *The Death of Jesus, Tradition and Interpretation in the Passion Narrative*, WUNT 2/33 (Tübingen: Mohr, 1988)이라는 책을 출판했다. 캐롤은 그린이 학위논문을 제출한 해와 같은 해에 *Response to the End of History: Eschatology and Situation in Luke-Acts*, SBL.DS 92 (Atlanta: Scholar Press, 1988)을 출판한다.

6 J. B. Green, *The Death of Jesus: Tradition and Interpretation in the Passion Narrative*, WUNT 2/33 (Tübingen: Mohr, 1988).

7 그린은 이 연구를 바탕으로 약 9년 후에 탁월한 누가복음 주석(NICNT)을 집필한다.

년 쿠사르는 『바울서신에 나타나는 십자가 신학』을 연구하여 발표했다.[8] 1996년 도블(Peter Doble)은 누가의 십자가 신학을 다룬 『구원의 역설』을 출판했고, 더 부어는 『예수의 죽음에 관한 요한의 관점』을 발표했다.[9]

나아가 주제별 연구가 있다. 여기에는 두 가지 형태가 있다. 하나는 공관복음과 요한복음을 합해서 하나의 그림으로 제시하고, 이 그림에 적합한 본문을 찾아 구성하고 설명한 방식이다. 예를 들어, 크리스토퍼 라이트는 자신의 책 『십자가』에서 만찬과 부인은 마태복음에서, 모욕과 낙원은 누가복음에서, 어두움에서 빛으로 변화는 마가복음에서, 다 이루었다는 요한복음에 나타난 메시지로 그리려고 했다.[10] 하지만 이것은 각 복음서가 완전한 메시지를 갖는다는 점을 이해하는 데 방해가 된다. 다른 하나는 십자가 연구에서도 중요하고 현대 변증에서도 필요한 주제에 집중하는 것이다. 예컨대 패커와 데버의 『십자가를 아는 지식』이 있다. 이 책에서 패커와 데버는 형벌 대속 교리를 오웬

---

8 Ch. B. Cousar, *A Theology of the Cross: The Death of Jesus in the Pauline Letters* (Minneapolis: Fortress Press, 1990).

9 P. Doble, *Paradox of Salvation: Lukes Theology of the Cross*, SNTS.MS 87 (Cambridge : Cambridge University Press, 1996); M. C. de Boer, Martinus C., *Johannine Perspectives on the Death of Jesus* (Kampen: Pharos, 1996).

10 Ch. Wright, *Let the Gospels Preach the Gospel: Sermons around the Cross* (Carlisle: Langham Partnership International, 2017).

과 같은 신학자들의 논증과 자신들의 확신에 근거하여 다시금 변증했다.[11]

마지막으로 역사적인 연구가 있다. 2015년 콕은 『지중해 세계에서 십자가형』이란 책을 썼다.[12] 이 책은 예수님과 사도시대 십자가형에 대한 기념비적인 연구이다. 쿡은 라틴어 문헌과 헬라어 문헌, 히브리어-아람어 문헌에 나오는 십자가 본문을 전수조사한다. 또 각 언어권에서 발견되는 십자가 관련 본문을 소개하고, 특별히 제2차 포에니 전쟁부터 콘스탄틴 황제 직전까지(B.C. 218 - A.D. 310) 관찰할 수 있는 로마 제국의 십자가형을 시간 순으로 제시한다. 그런 다음 십자가형에 대한 법률과 역사적인 발전, 신약에 나타나는 로마 제국의 십자가형을 설명한다. 콕의 연구로 신약 독자들은 예수님 당시 십자가형에 대한 자세한 역사적인 지도를 갖게 되었다. 콕의 연구는 약 40년 전 마틴 헹엘이 쓴 『십자가의 참혹한 죽음』이라는 역사적인 스케치를 완성한

---

11 J. I. Packer and M. Dever, *In My Place Condemned He Stood: Celebrating the Glory of the Atonement* (Wheaton: Crossway Books, 2007); 이 책의 한국어 제목 『십자가를 아는 지식』은 패커의 이전 작품 『하나님을 아는 지식』을 떠오르게 한다. 패커의 이전 작품과 같은 내용을 기대하면 실망하지 않을 수 없다. 왜냐하면 이 책은 그렇게 포괄적인 작품이 아니기 때문이다. 본래 이 책의 제목은 "내가 정죄받을 곳에 그가 서다: 속죄의 영광을 찬양함"(In My Place Condemned He Stood: Celebrating the Glory of the Atonement)이었다. 형벌 대속 교리를 다룬 책이었던 것이다.

12 J. G. Cook, *Crucifixion in the Mediterranean World*, WUNT 327 (Tübingen: Mohr, 2015).

것이라고 볼 수 있다.[13]

지금까지 최근 두 세기에 걸친 십자가 연구를 살펴보았다. 연구사에서 발견할 수 있는 큰 흐름은 두 가지이다. 하나는 전통적인 교의학의 틀이 아닌 신약신학의 틀로 십자가를 조명하려는 시도가 증가했다는 것이다. 다른 하나는 현대신학과 현대지성이 거부하려고 하는 대속 교리를 변증하려는 시도이다. 이 두 시도는 학문적인 연구든 설교든 묵상이든 동일하게 나타나는 현상이다. 그렇다면 이러한 시도들의 장점과 단점은 무엇이며, 그리스도의 십자가 주제를 더 잘 밝힐 수 있는 방법은 무엇인가?

## 방법론

이 시도들은 대속, 속죄, 만족, 화해 등의 개념을 이해하는데 큰 유익을 주었다. 또한 신약 저자들이 십자가를 묘사할 때 나타난 독특한 점들을 더 잘 파악할 수 있었다. 이것은 이전 연구들의 장점이라고 할 수 있다. 하지만 여기에 폐해도 없지 않았다. 예

13 마틴 헹엘 교수의 작은 논문은 최근에 『십자가 처형』(2019)이라는 책으로 출판되었다.

를 들어 이렇게 질문해 볼 수 있다. 사도 요한은 그리스도의 죽음을 그리스도의 승귀와 영화와 통합하고(cf. 더 부어, 313), 공관복음서 기자들은 단지 부활의 서곡(도블, 3)으로 보는가? 공관복음 기자 중에서 하나, 예를 들면, 누가는 십자가를 최후 사건(final event)으로 보지 않고(cf. 도블, 235), 속죄로 생각하지 않으며(도블, 235, 237), 바울이나 요한과 다르게 생각하는가?(도블, 243). 마지막으로 십자가는 그리스도께서 의인으로 하나님께 죽기까지 복종하여 죽고 부활하는 것의 모델일 뿐인가?

최근 연구에서 두드러지지는 않지만 십자가의 특정한 측면을 데니, 모리스, 존 스토트가 설명한 것보다 더 자세히 다루려는 시도가 있었는데, 그것은 바로 그리스도의 십자가를 구약 본문과 연결 지으려는 시도이다. 예컨대 티드볼은 구약의 사건, 제사, 예언을 해설했다. 하지만 이것은 과거 호프만의 연구의 기본 줄기에 지나지 않는다.[14]

그리스도의 십자가 연구를 방법론 관점에서 살펴볼 때, 논의의 장을 신약신학의 영역으로 옮겨온 것은 순작용임에 틀림없다.

14 Cf. J. Chr. K. von Hofmann, *Der Schriftbeweis: ein theologischer Versuch*, 3 Vols (Nördlingen: Beck, 1857-1860); *Weissagung und Erfüllung im Alten und im Neuen Testamente: ein theologischer Versuch*, 2 Vols (Nördlingen: Beck, 1841).

그러나 또 다른 부작용을 낳았다. 반대 극단으로 치우쳐 교의학적 개념과 내용, 통찰을 몰아내는 경향을 띠는 것이다. 특히 다음 세 가지 점이 부족하다. 첫째, 본문을 주해할 때나 본문 주해의 결과를 종합할 때, 교의학과 성경신학이 하나가 된 관점을 제시하는 데 부족하다. 둘째, 그리스도의 십자가에 대한 종말론적인 관점의 해석이 부족하다. 셋째, 그리스도의 십자가는 신자가 실존적으로 구원을 경험하는 문과 같은데, 실존적인 측면과 종말론적 측면을 어떻게 통합적으로 볼 것인가에 대한 연구와 강조가 부족하다.

## 기여점

이 연구는 선행연구들의 부족한 부분을 채우고 더 나은 관점을 찾으려는 시도이다. 교의학과 성경신학이 하나가 된 관점, 역사적 측면과 종말론적 측면을 고려한 관점, 실존적 차원과 우주적 차원을 아우르는 관점을 통합적으로 제시하려는 노력의 산물이다. 이때 통합의 고리는 하나님 나라이다. 예수님의 메시아 사역은 예수님이 역사 가운데 자신의 모습을 드러내실 때 했던 첫 목소리와 뗄 수 없는 관련이 있다. 주님은 "회개하라, 하나님 나라가 가까이 왔느니라"(마 4:17; cf. 막 1:15; 눅 4:18-19)고 선언하셨다. 이 선언은 종말론적 하나님 나라가 자신의 인격과 함께 옆에 와 있다는 선언이요, 오는 시대 또는 새 시대의 출범에 대한 선언이었다.[15] 이 종말론적 하나님 나라의 초석이 메시아 사역이요, 이 메시아 사역의 핵심이 바로 십자가 죽음과 부활이다.

만일 예수님의 선언이 종말론적 하나님 나라와 새 시대의 출범에 관한 선언이고, 그리스도의 십자가와 부활이 이 종말론적 실재의 토대라면, 그리스도의 십자가는 하나님 나라라는 큰 관점에서 조명되어야 한다. 물론 이러한 조명은 개인적이고 실존적인 관점에서 출발한다. 그런 다음 십자가형의 실체를 역사적으로 논의하고, 복음서 기자들을 비롯한 성경 저자들이 그리스도의 십자가를 어떻게 신자의 구원 사건일 뿐만 아니라 종말론적이고 우주적인 사건으로 이해하는지 조사해야 한다. 마지막으로 그리스도의 십자가를 통해 하나님과 세계, 자신의 정체성을 어떻게 새롭게 이해하고 살아가야 할지 고민해야 한다.

따라서 이 연구는 두 단계로 진행될 것이다. 첫째, 성경 전체에서 실존적인 측면과 역사적인 측면, 종말론이고 우주적인 측면이 나타나는 대표적인 본문을 선별하여 주해할 것이다. 둘째, 이 주해에 근거하여 각 본문의 독특한 메시지를 드러낼 것이다. 셋째, 본문 주해에 근거하여 얻은 성경신학적 개념이 교의학적 개념의 어떤 측면을 밝혀주고 풍요롭게 하는지 지적할

15 김영호, 『신약신학』(미출간), 제 1장.

것이다.

이 연구를 통해 독자들은 하나님의 형상으로 창조된 인간이 자신의 죄와 비참함 속에서 탄식할 때, 영원 안에서 계획하시고, 역사 안에서 계시하시며, 자신의 선지자들과 사도들을 통해 선포하신 그리스도의 십자가 아래서, 변화된 정체성과 종말론적 안목을 가지고 살 수 있는지, 하나님의 부르심이 얼마나 영광스러운지 큰 그림을 볼 수 있을 것이다.

# KINGDOM of GOD and CROSS of CHRIST

# I

# 인간의 현 상태

**죽음과 심판** 히 9장

히 9:23-28

23 그러므로 하늘에 있는 것들의 모형은 이런 것들로써 정결하게 할 필요가 있었으나
하늘에 있는 그것들은 이런 것들보다 더 좋은 제물로 할지니라.

24 그리스도께서는 참 것의 그림자인 손으로 만든 성소에 들어가지 아니하시고 바로
그 하늘에 들어가사 이제 우리를 위하여 하나님 앞에 나타나시고, 25 대제사장이 해마
다 다른 것의 피로써 성소에 들어가는 것 같이 자주 자기를 드리려고 아니하실지니, 26
그리하면 그가 세상을 창조한 때부터 자주 고난을 받았어야 할 것이로되 이제 자기를
단번에 제물로 드려 죄를 없이 하시려고 세상 끝에 나타나셨느니라.

27 한 번 죽는 것은 사람에게 정해진 것이요 그 후에는 심판이 있으리니, 28 이와 같이
그리스도도 많은 사람의 죄를 담당하시려고 단번에 드리신 바 되셨고 구원에 이르기
위하여 죄와 상관없이 자기를 바라는 자들에게 두 번째 나타나시리라

01

# 죽음과 심판

## 들어가며

사나 죽으나 사람에게 가장 중요한 것은 무엇인가? 개인과 인류가 가장 진중히 여겨야 하지만 가장 소홀히 하는 주제는 무엇인가? 이 주제는 다음 네 질문으로 표현할 수 있을 것이다.

하나님은 누구신가?
인간은 하나님께 어떤 존재인가?
인간은 무엇으로 사는가?
하나님은 무엇을 행하셨는가?

이 질문에 대하여 성경은 명확하게 대답한다. 이 대답을 인간 편에서 요약하면, "구원"이라고 할 수 있고, 하나님 편에서 생각하면, 하나님의 나라를 세우신 일이라고 할 수 있다. 성경에 따르면, 이 구원을 이루는 일과 하나님 나라를 건설하는 일의 중심에 그리스도의 십자가와 부활이 있다. 그리고 이 종말론적 사건의 실재가 숨 쉬는 영역이 그리스도의 교회이다. 즉, 교회는 하나님 나라의 구원하는 능력과 죄인에게 의를 선언하고 누리게 하는 신적 의지와 축복이 실현되는 장이다.

그러면 왜 이런 일이 필요하게 되었는가? 이 질문은 인류의 현 상태와 관련이 있다. 성경에 따르면, 모든 인간은 하나님 앞에서 "죄인"이다. 따라서 죽음과 심판(히 9:27)을 운명으로 갖고 있다.

## 인간의 현 상태

### 1. 죄

성경은 인류와 우주의 상태를 다음과 같이 묘사한다.

> 모든 사람이 죄를 범하였으매 하나님의 영광에 이르지 못하니라 ... 죄의 삯은 사망이니라(롬 3:23; 6:23)

인간은 죄를 범하였고, 하나님께서 창조하신 후 인간에게 본래 의도했던 영광에 이르지 못했다. 로마서 3:23에서 바울은 "인간의 영광"을 말하지 않는다. 창조 때 아담에게는 이미 영광이 있었다. 그래서 아담은 영광스러웠고, 하나님 앞에서 인류와 우주를 대표하는 존재에게 있는 영광을 가지고 있었다. 그러나 아담은 이 영광을 잃어버렸다. 하지만 여기서 바울이 말하는 것은 그 "인간의 영광"이 아니다. 더 크고 높은 영광이다. "하나님의 영광"이다. 성경은 이것을 "영원한 생명"이라고 표현한다(창 2:9; 계 2:7, 22:2, 14). 이것은 창조 세계의 대표를 초월하는 존재 양식과 더 차원 높은 교제를 가리킨다. 그런데 인간은 거기에 이르지 못하고, 오히려 죄에 이르렀고, 죽음과 허무에 이르고 말았다는 것이다. 사망과 허무가 죄의 정당한 값이었기 때문이다.

그뿐만이 아니다. 인간이 타락하고 사망에 종속되었을 때, 피조물들도 허무함과 썩어짐에 종속되었다.

> [19]피조물이 고대하는 바는 하나님의 아들들이 나타나는 것이니, [20]피조물이 허무한 데 굴복하는 것은 자기 뜻이 아니요, 오직 굴복하게 하시는 이로 말미암음이라. [21]그 바라는 것은 피조물도 썩어짐의 종노릇 한 데서 해방되어 하나님의 자녀들의 영광의 자유에 이르는 것이니라. [22]피조물이 다 이제까지 함께 탄식하며 함께 고통을 겪고 있는 것을 우리가 아느니라(롬 8:19-22)

그러므로 인간은 자신 안을 들여다보면 부패요(렘 17:9), 밖을 돌아다보면 허무뿐인 것을 발견한다(전 1:2, 8). 따라서 인간은 무엇보다 죽음을 두려워한다. “자녀들은 혈과 육에 속하였으매 그도 또한 같은 모양으로 혈과 육을 함께 지니심은 죽음을 통하여 죽음의 세력을 잡은 자 곧 마귀를 멸하시며, 또 죽기를 무서워하므로 한평생 매여 종노릇 하는 모든 자를 놓아주려 하심이라”(히 2:14-15).

인간은 죽는다. 그래서 인생은 헛되다. 그뿐만 아니라 죽음이 두려워 마귀의 노예로 살아간다는 사실을 우리는 깊이 생각해 보아야 한다. 그러나 이보다 더 심각한 것은 이 죽음 후에 심판이 있다는 것이다. 따라서 성경이 증언하는 인간의 “죽음과 심판”에 대해 좀 더 진지하게 살펴보아야 한다.

## 2. 죽음과 심판

히브리서 9:27은 이렇게 말한다.

> 한 번 죽는 것은 사람에게 정해진 것이요, 그 후에는 심판이 있으리라(히 9:27)

히브리서 기자는 “한 번 죽는 것은 사람에게 정하여졌다”라고 말한다. 사람은 한 번 죽는다. 그렇게 정해져 있다. 사람 중 아무도 이 법을 정한 일이 없고, 또한 아무도 이 법 밖에 있지 않다. 모든 사람은 한 번 죽는다.

그래서 인생을 땅의 작은 "먼지"(시 103:14)요, "입김"(cf. 전 1:2)이요, "그림자"요, "허사"(시 39:5)라고 말한다. 때로 인생이 영원할 것 같고, 행복이 지속될 것 같고, 오늘 기쁨과 안전과 안녕이 계속될 것 같아도, 성경은 말한다. 인생은 "그 날이 풀과 같다"(시 103:15). "너희가 내일 일을 알지 못하는도다. 너희 생명이 무엇이냐? 너희는 잠깐 있다가 없어지는 안개니라"(약 4:14). 한 인생이, 그리고 그 집합인 전 인류가 아무리 큰 업적을 낸다 해도, 성경은 말한다. "그 영화는 들의 꽃과 같다"(시 103:14). 그리고 온 인류는 하나님 앞에서 "통의 한 방울 물과 같고 저울의 작은 티끌 같다"(사 40:15).

사람은 단 한 번 산다. 인생은 단 한 번 밖에 없는 기회이고, 오직 단 한 번 지을 수 있는 농사이며, 오직 단 한 번 일굴 사업이요, 오직 한 번 있는 달리기이다. 두 번은 없다.

그런데 이 단 한 번 인생 후에는 심판이 있다. "한 번 죽는 것은 사람에게 정해진 것이요, 그 후에는 심판이 있다"(히 9:27)고 히브리서 기자는 말한다. 영원의 내용을 결정할 재판이 있고, 회계가 있다는 것이다.

그러면 영원의 내용이 언제 결정되는가? 언제 영원한 생명의 세계를 상속할 지 아니면 영원한 저주의 세계로 들어갈 지 운명이 갈리는가? 사람이 단 한 번 사는 인생, 한 번 죽는 그 짧은 인생에서 결정된다. "한 번 죽는 것은 사람에게 정해진 것이요, 그 후에는 심판이 있다." 사람이 죽으면 그 이후에는 이 심판을 위해 아무것도 할 수 없다는 말이다. 중세 천 년 동안 로마교에서는 죽음과 심판 사이에 여러 가지를 끼워 넣으려고 했지만, 성경은 단호하다. 죽음과 심판 사이에는 아무것도 끼어 있지 않다.

사람은 한 번 죽는다. 단 한 번의 인생이 주어질 뿐이다. 그리고 한번뿐인 짧디짧은 그 삶에서 영원이 결정된다. 그렇다면 우리는 무엇을 해야 하는가? 한 번 죽는다는 변경할 수 없는 진리 앞에 선 인간이 해야 할 일은 무엇인가?

## 인간의 의무

인간이 해야 할 일은 두 가지이다. 첫째, 인생의 끝과 남은 시간을 생각하는 것이고, 둘째, 죽음이 찾아오기 전에 피난처를 마련하는 것이다.

### 1. 인생을 미리 생각함

한 번 죽는다는 변경할 수 없는 진리 앞에서, 하나님의 사람들은 인생의 끝과 인생의 날들을 계산했다.

## 다윗

먼저 다윗이다. 다윗은 시편 39:4에서 "여호와여, 나의 종말과 연한의 어떠함을 알게 하사 나로 나의 연약함을 알게 하소서"라고 말한다. 다윗은 지금 어떤 상황에 있는가? 시편 39:13에 근거해서 추측해 볼 때, 다윗은 하나님께 범죄를 했다고 느끼고 있고, 나아가 질병이 있는 것 같다(39:13). 그래서 "주의 징벌이 있고, 징계가 있다"(39:10)고 말한다.

그러나 시인이 "나의 마지막과 날 수의 크기가 어떠한지 알게 하소서"라고 하는 말은 건강 때문만도 범죄 때문만도 아니다. 시편 39:1-3을 보면, 시인이 모든 상황에 조심하고 절제하는 모습을 읽을 수 있다. 악인의 행동에 참여하지 않으려고 한다. 심지어 선한 말이라도 하지 않으려고 한다. 그러니 속에서 불이 일어나는 것 같다고 한다. 인생이 무엇인가? "든든히 서 있는 것 같은 때에라도 허사뿐인 것이 인생이라"(39:5). 하나님 앞에서 의로운 일, 거룩한 일, 의미 있고 보람 있는 일을 하기가 얼마나 어려운지 인생은 탄식할 일뿐이다. 그래서 다윗은 "여호와여 나의 종말과 연한의 어떠함을 알게 하소서. 나의 연약함을 알게 하소서"(39:4)라고 말한 것이다.

## 모세

다음으로 모세이다. 시편 90:12에서 모세는 "우리에게 우리 날 계수함을 가르치사 지혜로운 마음을 얻게 하소서"라고 말한다.

이 말씀을 자세히 보면, 모세는 "사람은 사람의 날을 계산할 줄 알아야 한다. 그것이 지혜의 시작이다"라고 말하지 않는다. 도리어 "우리에게 우리 날 계수함을 가르치사"라고 한다. 왜 "가르치사"라고 하는가? 하나님께서 그분의 영원한 은혜를 베푸시고자 하는 자들에게 인생의 날 계산하는 것을 가르쳐 주시기를 간구한 것이다. 그러므로 '내 날이 얼마나 되는가?' 계산하는 마음이 생긴 것은 하나님이 주신 특별한 은혜이다. 하나님이 어떤 사람 안에서 일하시고 계시다는 증거라고 볼 수 있는 것이다.

그런데 모세는 어떤 배경에서 이 기도를 하는가? 시편 90:3–4이다. "주께서 사람을 티끌로 돌아가게 하시고 말씀하시기를 너희 인생들은 돌아가라 하셨으니 주의 목전에는 천 년이 지나간 어제 같으며, 밤의 한순간 같을 뿐임이니이다." 사람에게 한 번 죽음의 순간이 찾아오는데, 사람이 살아 있을 수 있는 날들이 "밤의 한순간" 같다는 배경에서이다. 그래서 사람이 사는 것은 "잠깐 자는 것" 같고(시 90:5), 아침에 피어 저녁에 시드는 꽃과 같고(90:6), 우리 모두의 평생이 "순식간에 다 한다"(90:9). 그래서 모세가 도달한 결론은 이것이다. "우리의 연수가 칠십이요, 강건하면 팔십이라도 그 년수의 자랑은 수고와 슬픔뿐이요, 신속히 가니 우리가 날아가나이다"(90:10). 해가 그 빛을 가리면, 순식간에 풀이 시들듯이, 하나님이 그 인자한 얼굴빛을 가리자마자, 칠십을 살아도, 팔십까지 산다 해도, 사람은 한 포기 풀과 같다는 말이다. 그러므로 가장 먼저 해야 할 일은 하나님께서 알리시고 가르치신 인생의 끝을 미리 내다보고, 그 날들의 무게와 범위가 얼마나 되는지 생각하는 것이다.

건강할 때이든지 질병에 들었을 때이든지, 학생으로 직장인으로 잘 나가든지, 위기에 처했든지 평안한 가운데 있든지, 사람에게 언젠가 한 번은 종말이 찾아온다. 그리고 그 종말을 의식하면, 인간은 누구나 다윗과 모세와 같이 인생이 한 순간이며, 그림자 같고, 안개 같다는 것을 알게 된다. 그러나 사람들은 대부분 이것을 잊고 산다. 그리고 많은 사람이 정작 그 순간이 왔을 때, '건강할 때, 평안할 때, 형통할 때, 이 순간을 계산하지 않았을까?' 후회한다.

## 오츠 슈이치

『죽을 때 후회하는 25가지』라는 책이 있다.[1] 오츠 슈이치(Otsu Shuichi)라는 일본의 젊은 의사가 말기 암환자 1,000명을 지켜보면서 사람이 죽음 앞에서 어떤 것을 후회하는지 기록한 것이다.[2] 이 '후회 목록'에 무엇이 들어 있을까? 물론 건강에 관련된 것이 있다. 예를 들면, "건강을 소중히 여겼더라면…"(21번째 후회), "좀 더 일찍 담배를 끊었더라면…"(22번째) 등이다. 또 대인관계에 관한 것들도 있다. 조금만 "더 겸손했더라면…"(3번째),

1 오츠 슈이치, 『죽을 때 후회하는 25가지』, 황소연 옮김(파주: 21세기북스, 2012).

2 이 책은 2009년에 1쇄가 나왔는데, 2012년에 75쇄를 발행했고, 약 2년 반 만에 15만부가 판매될 정도로 많은 사람들의 관심을 받았다.

"친절을 베풀었더라면…"(4번째), "감정에 휘둘리지 않았더라면…"(7번째).

그런가 하면 아주 눈에 띄는 것들이 있다. 예를 들어, "신의 가르침을 알았더라면…"(25번째), "꿈을 꾸고 그것을 이루려고 했더라면…"(10번째), "죽도록 일만 하지 않았더라면…"(6번째), "진짜 하고 싶은 일을 했더라면…"(2번째), "사랑하는 사람에게 고맙다는 말을 많이 했더라면…"(1번째) 등이다.

그런데 이 후회 목록에 없는 것들이 있다. 우리가 우리의 일상을 채워가는 목표나 야망과 관련된 것이다. 예를 들면, "더 좋은 직장을 가졌었더라면…," "좀 더 높은 지위에 올랐었더라면…," "책을 더 많이 읽었었더라면…" 등이다. 이런 것들은 없다. 이 점은 깊이 생각해 볼 일이다. 인간의 일상을 이루는 많은 일들이 의미 있는 삶에 필수적인 것이 아닐 수 있다는 반증이기 때문이다. 만일 이 책을 일본인 의사가 아니라 한국인 의사가 한국인을 대상으로 조사했었더라면, 들어갈 항목이 바뀔 수도 있을 것이다. 예를 들면, "드라마를 좀 덜 보았었더라면…," "스마트폰을 좀 덜 했더라면…" 등이다.

이 책에서 우리는 평범한 일상에 소홀히 하기에는 너무나 소중한 사람과 일, 가치들이 숨어 있다는 점을 배울 수 있다. 그러므로 남이 해야 한다거나 좋아 보이는 것이 아니라 자신이 진정으로 하고 싶은 일을 하며 살아야 한다. 성경을 의지하고 영원한 가치를 발견하여 실천하며 산다면, 비록 학교에서 수석이 아니고, 대기업의 사원이나 CEO가 아니더라도, 값진 인생과 행복한 삶을 살 수 있다. 또 죽도록 일만 하지 않고 자주 '사랑한다'고 말하고 표현하면서 살아야 한다. 사랑하는 사람들, 이웃, 친구, 옆에 있는 지체들에게 더 자주 고맙다는 말을 해야 한다.

언젠가 주님께서 제자들에게 이렇게 말씀하셨다. "생각하지 않은 날 알지 못하는 시각에 그 종의 주인이 이르러 엄히 때리고 신실하지 아니한 자의 받는 벌에 처하게 하리라"(눅 12:46). 그러므로 한 번 죽는다는 변경할 수 없는 진리 앞에서 사람이 해야 할 첫 번째 일은, 하나님께서 알리신 인간의 "종말"과 "연한"을 철저하게 계산하고, 우리에게 주어진 남은 생애에, '어떻게 해야 진정으로 보람이 될까? 어떻게 하면 내게 이 시간과 재능, 벗들과 가족, 나라와 시대를 주신 하나님께 이를 남겨드릴까' 깊이 생각하는 것이다.

그러면 인간이 해야 할 두 번째 일은 무엇인가?

### 2. 영원을 위해 준비함(히 9:26-28)

한 번 죽는다는 바꿀 수 없는 진리 앞에서, 인간이 힘써야 할 일은 영원을 위해 준비하는 것이다. 그러나 인간은 스스로 이 영원을 위한 피난처를 마련할 수 없다. 왜냐하면 아담을 통해 들어온 죄는 인간이 대항하거나 정복할 수 있는 것보다 훨씬 큰 권세이기 때문이다. 따라서 하나님이 준비하신 것을 받아들여야 한다. 그러면 하나님은 어떻게 영원을 위한 피난처를 마련하셨는가? 성경은 한 번 죽는 인간을 위해 단번에 자신을 드리신 이를 보내셨다고 말한다.

> 대제사장이 해마다 다른 것의 피로써 성소에 들어가는 것 같이 자기를 드리려고 아니하실지니, 그리하면 그가 세상을 창조한 때부터 자주 고난을 받아야 했을 것이로되, 이제 자기를 단번에 제물로 드려 죄를 없이 하시려고(εἰς ἀθέτησιν τῆς ἁμαρτίας διὰ τῆς θυσίας αὐτοῦ) 세상 끝에 나타나셨느니라(히 9:25-26)

본문은 하나님이 보내신 그리스도가 역사 가운데 행하신 십자가 사역을 아주 다른 차원에서 묘사한다. 역사적인 사건을 제의적이고 종말론적 사건으로 설명한다. 다시 말해서, 그리스도께서 2,000년 전 예루살렘 골고다 십자가에서 죽으신 사건을, 하늘 성소에 자신을 제물로 드리고 자기 피를 들고 들어가는 일로 묘사하는 것이다. 여기서 세 가지 사실을 말한다.

첫째, 그리스도께서 "단번"에 자기를 제물로 드리셨다는 것이다.

둘째, 그 이유는 "죄를 없이 하시려고"이다. 이것은 "법적으로 죄를 폐지(Aufhebung) 또는 파기(Annullierung)하기 위해"라는 뜻이다.[3] 어떻게 무엇을 통해서 한다는 말인가? 자신을 제물로 드림으로 하셨다.

셋째, 그리스도는 "세상 끝에 나타나셨다." 여기서 "세상의 끝"은 지금의 세계와 역사의 종말을 말하는 것이 아니다. 예수님이 약 2,000년 전에 이 땅에 오신 것을 가리킨다.[4] 성경은 예수님이 오신 그 시점부터 "종말" 세계, "새 시대"가 시작된 것으로 증언한다.

이어 히브리서 기자는 9:27-28에서 인간의 죽음과 그 이유, 이 죽음을 해결하기 위한 그리스도의 십자가 사역과 재림을 한 단위로 언급한다. 본문의 구조가 좀 더 명확히 드러나기 위해서는 히브리서 9:27-28을 문학적으로 살펴보는 것이 도움이 된다. 우선 원문에는 히브리서 9:27 시작 부분에 "그리고"(καί)가 있다. 다음으로, "정해진 것이요"라는 말은 본래 "정해진 것 같이"(καθ' ὅσον ἀπόκειται)로 번역해야 한다. 그리고 "그 후에는 심판

---

3 Cf. O. Michel, *Der Brief and die Hebräer*, KEK 13 (Göttingen: Vandenhoeck / Ruprecht, 1966), 326.

4 "세상의 끝"이란 말은 예수님의 초림으로 시작된 시대를 가리킨다. 이런 사상은 바울에게서도 찾아볼 수 있다. 고린도전서에서 "저희에게 당한 이런 일이 거울이 되고 또한 말세를 만난(εἰς οὓς τὰ τέλη τῶν αἰώνων κατήντηκεν) 우리의 경계로 기록하였느니라"라고 말한다(고전 10:11b). 여기서 바울은 자신과 고린도 교인들을 가리켜 "말세를 만난 우리"라고 말한다. 다시 말해서, 바울과 고린도 교인들, 초대교회는 예수님의 초림으로 시작된 "세상의 끝" 시대를 살고 있다. 그런데 "말세," 곧 "세상의 끝"이라는 말을 성경은 "재림"을 가리키는 말로도 쓴다. 예를 들어, 예수님은 "볼지어다 내가 세상 끝날까지(ἕως τῆς συντελείας τοῦ αἰῶνος) 너희와 함께 있으리라"(마 28:20)고 말씀하셨다.

이 있으리니"라는 문구는 끼어든 생각이다. 마지막으로 히브리서 9:27a를 히브리서 9:28과 연결하여 읽어야 한다. 문장의 구조와 요소들을 고려하여 번역하면 이렇다.

> 그리고 한 번 죽는 것이 사람에게 정해진 것 같이,
> –그러나 그 후에는 심판이 있다–,
> 이와 같이 그리스도도 많은 사람의 죄를 담당하시려고
> 단 번에 드리신바 되셨고,
> 구원 곧 최종적인 구원에 이르게 하기 위하여
> 죄와 상관없이 자기를 바라는 자들에게 두 번째 나타나시리라(히 9:27-28)

여기서 "한 번 죽는 것이 사람에게 정해진 것 같이, … 이와 같이 그리스도도 많은 사람의 죄를 담당하시려고 단번에 드리신바 되셨다"에서 "한 번"과 "단번"은 동일한 말이다. 무슨 말인가? 두 가지 내용이 들어 있다.

1. 사람은 한 번 죽는다. 그러나 그 후에는 심판이 있다.
2. 그리스도는 단번에 죽으셨다. 그러나 그 후에는 구원의 완성을 위해 다시 오실 것이다.

만일 이 문장이 "사람은 한 번 죽는다. 이것은 죄에 대한 형벌이

다. 그러나 그 이후에는 영원한 심판, 정죄하는 판결이 있다. 이것이 '죄의 율법의 의미요, 판결이며, 실체'[5]이다"라고 끝났다면, 여기서 우리에게 어떤 위로가 있겠는가? 우리 자신에게는, 우리와 같은 인간에게는, 진정한 위로가 없다. 왜냐하면 진정한 위로가 되려면, 그것은 영원히 멸망할 운명을 뒤집을만한 위로여야 하기 때문이다. 영원한 심판을 삼킬만한 생명이어야 하기 때문이다. 인간의 구원을 위해 하나님만이 주실 수 있는 크기의 위로와 치료가 필요하기 때문이다. 따라서 신적인 위로여야 한다. 이 신적인 위로가 없다면, "사람은 한 번 죽고 그 후에는 영원한 심판이 있다"는 선언 아래 "인간은 모두 영원히 멸망해야만 한다."[6] 하나님의 뜻 가운데 이미 그렇게 결정되었으며, 인류 역사와 경험은 이것을 증거하고 있다.

그러나 히브리서 기자는 "사람이 한 번 죽는다"라고 말하지 않는다. 또 "그리스도도 단번에 죽으셨다"라고만 말하지도 않는다. 의도적으로 이 두 문장을 연결한다.

> 그리고 한 번 죽는 것은 사람에게 정해졌고, 그 후에는 심판이 있는 것처럼, 이와 같이 그리스도께서도 … 단번에 드리신바 되셨

5 J. Owen, *An Exposition of the Epistle to the Hebrews*, WJO 22 (Edinburgh: Johnstone and Hunter, 1855), 407.

6 Owen. *Exposition of the Epistle to the Hebrrews*, 407.

고, 구원에 이르게 하기 위하여 … 두 번째 오시리라(히 9:27-28)

이 말씀은 마치 하나님께서 우리에게 필요한 위로와 치료를 계산하신 후 그것에 맞는 제물을 준비하셨다고 선언하신 것과 같다. 여기서 "이와 같이"라는 말은 단순 비교가 아니라 일종의 "비례 비교"를 가리킨다. 여기에는 두 가지 측면이 있다. 하나는 객관적인 측면이다. 인간의 죽음과 그리스도의 십자가는 모두 하나님의 결정이다. 이 둘은 절대적이다. 죄의 삯이 사망이므로 죄인에게는 죽음이 절대적으로 정해졌다. 이와 동일한 수준의 절대성으로 그리스도의 십자가도 정해졌다.

다른 하나는 주관적인 측면이다. 신자는 죽음, 죄, 형벌의 깊이를 더 알아 갈수록, 그 지식에 비례하여 그리스도의 십자가를 더 깊이 인식한다. 동시에 그리스도의 십자가를 더 깊이 인식할수록, 그 인식에 비례하여 하나님의 구원이 그에게 더 부요하게 드러난다. 이런 비례 비교의 방식으로 히브리서 기자는 인간의 죽음과 그리스도의 죽음을 연결시킨다. 물론 신자는 믿음에 막 들어올 때, 자신의 죄와 죽음도, 십자가 아래서 받은 죄사함과 생명도 '크고 과분하다'고 생각한다. 그러나 믿음이 성숙하고 하나님의 말씀을 알아갈수록, 하나님께서 베푸신 용서와 구원이 이전보다 더 커 보인다. 동시에 자신에게 이런 구원의 선물들을 받을 자격이 없다는 사실을 점점 깨닫게 되고, 회개하고 돌아서면 다시 죄에 붙잡혀 있는 자신의 모습을 보게 된다.

그 때 그 절망의 밑바닥에서 십자가를 보면, 하나님께서 그를 무한한 죄와 영원한 죽음의 형벌에서 건져내셨다는 것을 알게 된다.

하나님은 사람이 지금 생각할 때, 구원받을 만큼만 은혜를 베푸신 것이 아니다. 오히려 성숙한 신자가 판단할 때, 충분하다고 느끼는 것 이상으로 은혜를 베푸신다. 그러나 우리는 후에 완성된 하나님의 나라에서 주님을 얼굴과 얼굴로 보게 될 때, 하나님이 십자가에서 베푸신 구원을 백에 하나, 만에 하나도 다 알지 못했음을 알게 될 것이다.

한 번 사람이 죽고, 단번에 그리스도께서 자신을 드리셨으므로, 수적 단회성에서는 일치한다. 하지만 이 말씀은 수적 단회성을 넘어서는 하나님의 지혜와 은혜를 증언한다. 히브리서 기자에 따르면, 인간의 죽음과 형벌을 치료하기 위해, "이와 같이" 그리스도께서 "단번에" 자신을 제물로 드리셨다. 이 말은 일차적으로 수적으로 오직 한 번 제물을 드렸다는 뜻이다. 하지만 이 단회성은 완전성을 내포한다. 만일 그리스도께서 구약의 제사와 제물처럼, 여러 번 나누어 속죄 제물을 바치셨다고 생각해 보자. 그러면 사람은 마음의 평화를 누리지 못한다. 왜냐하면 구속이 완성되지 않았기 때문이다. 죄 용서가 완전하지 않으며, 양심을 죄에서 씻지 못했기 때문이다. 그러나 그리스도는 "단번"에 자신을 제물로 드리셨다. 두 번이 필요 없고 자체로 완전한 제사를 드리셔서 속죄를 완성하셨다.

그러므로 만일 사람이 이 그리스도, 곧 단번에 자신을 제물로 드리신 그리스도를 믿고 영원한 대제사장으로 모시면 구원을 받는다. 예수님께서 말씀하셨다. "내가 진실로 진실로 너희에게 이르노니 내 말을 듣고 또 나 보내신 이를 믿는 자는 영생을 얻었고, 심판에 이르지 아니하나니, 사망에서 생명으로 옮겼느니라"(요 5:24). 또 예수님께서 말씀하셨다. "나는 부활이요 생명이니 나를 믿는 자는 죽어도 살겠고 살아서 나를 믿는 자는 영원히 죽지 아니하리라"(요 11:25).

우리에게 이런 대제사장이 있다(히 8:1-2)는 사실이 우리에게 어떤 위로와 유익을 주는가? 우리가 받아야 할 정죄를 대신 감당하신 분을 믿고 굳게 붙든다면, 영원한 심판에 이르지 않고, 한 번 사는 이 땅의 삶 속에서도 죽음이 우리를 위협하거나 두렵게 하지 못하는 그런 평안을 누릴 것이다. 나아가 한 번 사는 이 덧없는 인생 동안 참으로 가슴 벅차고 보람 있는 삶을 살게 될 것이다.

## 나가며

지금까지 관찰한 내용을 요약하면 다음과 같다. 성경은 인간의 삶과 운명에 대하여 분명하게 선언한다. 사람은 한 번 살고 죽으며, 그 후에는 심판이 있다. 이것이 하나님의 결정이요, 인간의 현 상태이다. 따라서 성경은 이 한번뿐인 삶에서 인생의 끝을 계산하고, 영원을 위해 준비하라고 단호하게 말한다. 이것이 지혜요 축복이다. 그러나 성경은 인간을 홀로 남겨두지 않고, 하나님이 무엇을 하셨는지 증언한다. 인간이 "한 번" 죽는 것이 결정된 것처럼, 하나님께서 자신의 아들 예수 그리스도를 십자가에서 "단번에" 제물로 드리게 하셨고, 이것을 영원한 생명에 이르는 길로 정하셨다는 것이다. 이것이 하나님의 은혜이다. 그러면 한 번 살고 죽으며, 그 후에 심판이 정해진 인생을 의미 있고 보람 있게 살기 위해서는 어떻게 해야 하는가?

1. 죽음을 삶에서 몰아내는 것이 아니라 역설적으로 죽음을 늘 염두에 두는 것이다. 성경은 모든 하나님의 백성에게 "종말과 연한"을 계산하라고 말한다. 그러면 언제 해야 하는가? 살아 있을 때 해야 한다. 지금 그 일을 해야 한다. 젊을수록 좋다. 지금 젊을 때 영원을 위해 심어야 한다.

> 너는 청년의 때에 너의 창조주를 기억하라. 곧 곤고한 날이 이르기 전에, 나는 아무 낙이 없다고 할 해가 가깝기 전에 너의 창조자를 기억하라. 해와 빛과 달과 별들이 어둡기 전에, 비 뒤에 구름이 다시 일어나기 전에 그리하라. (언젠가 힘이 약해져) 메뚜기도 짐이 될 것이며. 원욕(願慾)이 그치리라, 이는 사람이 자

> 기의 영원한 집으로 돌아가고 조문자들이 거리로 왕래하게 됨이라(전 12:1-5)

> 그리스도께서 이미 육체의 고난을 받으셨으니 너희도 같은 마음으로 갑옷을 삼으라. 이는 육체의 고난을 받은 자가 죄를 그쳤음이니 그 후로는 다시 사람의 정욕을 좇지 않고 오직 하나님의 뜻을 좇아 육체의 남은 때를 살려 함이라. 너희가 음란과 정욕과 술 취함과 방탕과 연락과 무법한 우상 숭배를 하여 이방인의 뜻을 좇아 행한 것이 지나간 때가 족하도다(벧전 4:1-3)

신자는 "육체와 함께 그 정욕과 탐심을 십자가에 못 박"아 세상에 대하여 죽은 사람이다(갈 5:24). 거듭나 새 사람을 입은 존재이다. 우리 옛 사람에 따라 살고, 땅의 일에 몰두하며, 위에 있는 것과 영원에 속한 일과 상관 없이 살아간 것이 "지나간 때가 족하다"(벧전 4:3). 십자가 복음을 받고도, "흔들리지 않는 나라를 받았으면서도"(히 12:28), 언제까지 "음란과 정욕과 술취함과 방탕과 연락과 무법한 우상숭배"(벧전 4:3)와 위선에 빠져 살겠는가? 언제까지 시대를 분별하지 못하고, 영원한 가치를 실현하는 일을 버리고, 영원한 나라와 의를 뒤에 두고 그리스도 밖에 있는 자들이 추구하는 것들을 앞에 두며 살아가겠는가?

2. 사람은 단 한 번 산다. 그런데 이 짧은 인생에서 영원이 결정

된다. 따라서 이 땅에 살아가는 시간이 얼마나 귀한가? 그러므로 지금 영원을 위해 준비해야 한다. 성경은 이 준비를 "겨자씨 하나를 심는 것"(마 13:31-32), "어떤 밭에서 보화가 감추어진 것을 발견하고 그 밭을 사는 것"(마 13:44), "불의의 재물로 친구를 사귀는 것"(눅 16:9) 등으로 표현한다. 한마디로 유한한 인생에 무한을 심는 것이다.

인생을 계산하고, 유한한 인생에 무한을 심는 일의 핵심은 그리스도를 만나는 일, 곧 그의 십자가의 복음을 받아들이는 일이다. 이것이 곧 사람이 할 수 있는 일 중 가장 크고 위대한 일이다. 그래서 주님은 그리스도를 믿는 일을 심지어 "하나님의 일"이라고 말씀하셨다(요 6:28-29). 그러므로 분주하고 바쁘게 살아가라고 종용하는 이 세상의 압력을 잠시 뒤로 하고, 하나님의 일이 무엇인지 알아가도록 힘써야 한다. 하나님이 그리스도의 십자가 안에서 신자에게 주신 생명이 어떤 생명인지 생각해야 한다. 하나님이 '나를 위해' 영원 안에서 계획하신 '나만의 인생'이 무엇인지 하나님께 물어야 한다. 성경은 말한다.

> 우리는 그의 만드신 바라. 그리스도 예수 안에서 선한 일을 위하여 지으심을 받은 자니, 이 일은 하나님이 전에 예비하사 우리로 그 가운데 행하게 하려 함이라(엡 2:10)

이렇게 물을 때, 모든 인생의 창설자요 주관자이신 하나님이 나의 삶을 그리스도 안에서 영원한 생명과 가치로 채워진 집과 같이 만들어 주시지 않겠는가?

그러면 죄와 사망에 종노릇하는 인간, 허무와 썩음의 종노릇하는 피조계를 위해 하나님은 무엇을 계획하셨고 어떤 일을 행하셨는가? 이것이 앞으로 두 번에 걸쳐 다룰 주제이다. 우선 요한복음 17장을 중심으로 하나님께서 영원부터 세우신 계획과 그 계획된 시간의 도래에 관하여 살펴보자.

## | 토론 문제 |

**01** 인간이 피조계의 대표였다는 사실과 이제 인간은 죽으며, 그 죽음이 죄의 삯이라는 현실과 두 현실의 격차를 당신은 어떻게 생각하는가?

**02** 만일 죽음이 죄에 대한 형벌이라면, 인간이 죽을 때 형이 이미 집행된 것인데, 죽음 후에 심판이 있다는 것은 무슨 의미인가?

**03** 사람이 한 번 죽는 것 같이 그리스도도 단번에 죽으셨다(히 9:27-28). 그러면 만일 그리스도께서 단번에 죽지 않으셨다면 어떤 일이 발생하는가?

**04** 오츠 슈이치의 『죽을 때 후회하는 25가지』에서 후회 목록에 들어가는 것과 들어가지 않는 것을 적고, 1) 내가 지금 힘쓰고 있는 일은 어디에 해당되는지 체크해보라. 2) "네 원수를 사랑하라," "먼저 하나님의 나라와 하나님의 의를 구하라"는 예수님의 말씀과 가까운 항목이 무엇인지 생각해보라.

| 후회하는 것 | 후회하지 않는 것 |
| --- | --- |
| | |
| | |
| | |
| | |
| | |
| | |
| | |
| | |

**05** 죽음과 심판이라는 인간의 현 상태를 공부하면서 당신의 마음에 일어난 가장 큰 질문은 무엇인가?

# II

# 하나님의 구원계획

**영원 안에서 계획** 요 17장
**역사 안에서 계시** 창 22장

요 17:1-5

1예수께서 이 말씀을 하시고 눈을 들어 하늘을 우러러 이르시되, 아버지여 때가 이르렀
사오니, 아들을 영화롭게 하사 아들로 아버지를 영화롭게 하게 하옵소서. 2아버지께서
아들에게 주신 모든 사람에게 영생을 주게 하시려고 만민을 다스리는 권세를 아들에게
주셨음이로소이다. 3영생은 곧 유일하신 참 하나님과 그가 보내신 자 예수 그리스도를
아는 것이니이다. 4아버지께서 내게 하라고 주신 일을 내가 이루어 아버지를 이 세상에
서 영화롭게 하였사오니, 5아버지여 창세 전에 내가 아버지와 함께 가졌던 영화로써 지
금도 아버지와 함께 나를 영화롭게 하옵소서

# 02

# 영원 안에서 계획

## 들어가며

요한복음 17장은 예수님께서 제자들과 나누신 마지막 유월절 만찬 장면을 보여준다. 그중에서도 마지막 부분에 나오는 기도를 듣게 한다. 혼자 하는 기도가 아니라, 제자들이 들을 수 있도록 하신 기도였다.[1] 마치 제자들을 하늘로 들어 올려 아버지 하나님과 아들 하나님 사이에 있는 장엄한 의논 속에 참여하게 하시는 듯한 장면이다. 몇 절 읽지 않은 독자들도 삼위일체의 영광스러운 교제 속에 들어온 느낌을 받는다. 1절부터 5절뿐만 아니라 요한복음 17장, 나아가 요한복음 어디를 펴든지, 요한이 "신학적이고 영적인 복음서"를 쓰고 있다는 말에 우리는 어렵지

1 F. L. Godet, *Kommentar zu den Evangelium des Johannes*, Dt. bearb. von E. R. Wunderlich/C. Schmid (Hannover: Verlag von Carl Meyer, 1890), 527.

않게 동의할 수 있다.

그러나 오늘 본문은 "역사"를 말하고 있다. "아버지여, 때가 이르렀습니다!"(요 17:1). 아들이 영광스러워질 그 때, 하나님께서 아들을 통해 높아지실 그 시간, 영원을 뚫고 도착한 그 시점, 보이지 않는 세계의 비밀이 드러날 바로 그 때를 말하고 있다. 이 "때"는 인간과 우주의 운명이 달려 있는 때이다. 이 시간은 하나님께도 결정적인 시간이다. 이 때는 한 인격에 신성과 인성을 지닌 특이한 사람, 곧 예수님의 시간이다. 문학비평가요 독서가인 클리프턴 패디먼(Clifton Fadiman; 1904-1999)은 헤로도투스의 『역사』라는 책을 호머의 작품에 가깝다고 평가했는데,[2] 호머의 『일리아드』에 대하여 이렇게 썼다.

> 이 작품은 하나의 국지전을 다루지만, 전쟁의 규모보다 인간과 신들의 스케일이 더 중요하다. 이 작품의 본질적인 특징은 고상함이다. … 지금까지 호머의 수준[스케일과 고상함, 장엄함]에 버금가는 다른 서사시는 존재한 적이 없다.[3]

그러나 인류가 남긴 역사기록 중에서 요한복음에 버금가는 스케일과 장엄함, 정확성과 보편성을 가진 역사책은 없다. 요한복

---

2 클리프턴 패디먼/존 S. 메이저, 『평생독서계획』, 이종인 옮김(고양: 연암서가, 2010), 44.

3 클리프턴 패디먼/존 S. 메이저, 『평생독서계획』, 28.

음은 인간의 상상력의 산물인 신들에 대한 이야기나 인간 이상을 집적하여 표현한 이야기가 아니라, 영원과 시공의 만남, 창조주 하나님이 영원 속에서 계획하시고 시공 안에서 실행하신 일에 대한 "역사"를 쓰고 있기 때문이다.

요한복음 17장을 읽을 때, 세 가지 질문이 떠오른다.

1. 요한복음 17:1이 선언하는 "때의 도래"에 관한 사도 요한의 증언은 무엇인가?
2. 하나님께서 이 시간의 도래와 함께 이루실 것으로 영원 안에서 계획한 사건은 무엇인가?
3. 마지막으로 그 영원한 계획 안에 포함된 신자의 구원의 영광은 무엇인가?

이제 요한이 쓴 "역사"를 탐험하면서, 이 세 가지 질문에 대한 답을 찾아보자.

## 시간의 도래[4]

먼저 사도 요한은 이 때의 도착에 대하여 무엇을 증언하는가? 예수님은 시간을 어떻게 의식하셨는가?

### 1. 예수님의 시간 의식

#### 때가 이름

예수님께서는 "아버지여, 때가 이르렀나이다"(요 17:1)는 말로 기도를 시작하신다. 여기서 "이르렀다"(ἐλήλυθεν)는 동사는 현재완료로서, 과거 사건의 현재적 결과나 상태를 표현한다. "때, 시간"이 도착하여 준비되어 있다는 말이다. 어떤 결정적인 시간이 이르러 예수님과 함께 있다.

그러면 결정적인 시간이 이르지 않은 때도 있었는가? 이 질문을 염두에 두고 요한복음을 다시 읽어보면, "아버지여, 때가 이르렀나이다"하는 말과 대조되는 표현을 다양한 상황에서 여러 번 발견할 수 있다.

4 마가복음 14:41에서는 겟세마네 기도를 마치신 후 "때가 이르렀다"(ἦλθεν ἡ ὥρα, ἰδοὺ παραδίδοται ὁ υἱὸς τοῦ ἀνθρώπου εἰς τὰς χεῖρας τῶν ἁμαρτωλῶν)고 말씀하신다.

### 때가 아직 이르지 않음

사도 요한에 따르면, 예수님께서 갈릴리 가나의 한 혼인 잔치에 초대받으신 적이 있다. 예수님의 모친이 와서 예수님께 포도주가 떨어졌다고 말하자, 예수님은 이렇게 대답하셨다.

> 내 때가 아직 이르지 아니하였나이다(요 2:4)

유대인의 명절인 초막절(요 7:2)이 가까운 어느 날, 예수님의 형제들이 예루살렘으로 올라가면서 "왜 시골에 파묻혀 중앙무대에 등극하려 하지 않느냐?"라고 물었다. 예수님의 대답이 무엇이었는가?

> 내 때는 아직 이르지 아니하였거니와 너희 때는 늘 준비되어 있느니라(ὁ καιρὸς ὁ ἐμὸς οὔπω πάρεστιν, ὁ δὲ καιρὸς ὁ ὑμέτερος πάντοτε ἐστιν ἕτοιμος; 요 7:6)

예수님께서 예루살렘과 성전에서 당시 상황에서는 위험수위를 넘는 말씀을 하셨을 때, 유대인들과 유대 관원들은 "예수님을 잡고자 했다. 그러나 손을 대는 자가 없었다"(요 7:30a). 왜 그랬는가?

> 이는 그의 때가 아직 이르지 아니하였음이러라(ὅτι οὔπω ἐληλύθει

ἡ ὥρα αὐτοῦ; 요 7:30b; 8:20)

이 구절들은 각각 다른 상황에서 나온 대답이나 설명이었다. 이 대답과 설명의 핵심은 예수님의 "때가 아직 이르지 않았다"는 것이다. 이렇게 "때가 이르지 않았다"는 표현이 있는가 하면, "때가 오고 있다"는 표현도 관찰할 수 있다.

### 때가 오고 있음

사도 요한은 예수님이 사마리아를 통과하여 갈릴리로 가실 때 사마리아 여인과 나눈 대화를 기록한다. 또 예수님이 예루살렘 베데스다 못에서 38년 된 병자를 고치신 후 하신 말씀을 자세히 기록한다. 여기서 '오고 있는 때'라는 개념이 등장한다.

> 예수께서 이르시되 여자여 내 말을 믿으라. 이 산에서도 말고, 예루살렘에서도 말고, 너희가 아버지께 예배할 때가 이르리라 (요 4:21)

> 이를 놀랍게 여기지 말라. 무덤 속에 있는 자가 다 그의 음성을 들을 때가 오느니라(요 5:28)

예수님은 사마리아 여인에게 "때가 이르리라"고 말한다. 하지만 "때가 이르리라"(ἔρχεται ὥρα)는 말은 현재이다. 헬라어 현재는

가까운 미래를 표현할 수 있으므로, 우리말 성경은 미래로 번역했지만, 현재는 더 근본적으로 현재적 진행과 반복을 나타낸다. 또 예수님이 38년 된 병자를 고치신 후 예루살렘 유대인들에게 하신 말씀도 마찬가지이다. 지금 "때가 온다"(ἔρχεται ὥρα)는 것이다. 이 구절에 근거해서 볼 때, "때는 오고 있다."[5]

앞에서 "때의 이름"과 "때가 아직 이르지 않음," "때가 오고 있음"에 대해 살펴보았다. 그런데 요한복음에는 또한 "때가 임박했다"는 표현도 나타난다.

### 때가 임박함

사도 요한에 따르면, 예수님께서 유월절 만찬을 하는 중간에 자리에서 일어나셨다. 수건을 두르고 제자들의 발을 씻기려고 하셨다. 이때 요한은 이렇게 기록한다.

> 유월절 전에 예수께서 자기가 세상을 떠나 아버지께로 돌아가실 때가 이른 줄(ὅτι ἦλθεν αὐτοῦ ἡ ὥρα) 아시고, 세상에 있는 자기

---

5 나아가 "때가 올 것인데, 바로 지금이다"는 역설적 동시성을 강조하는 표현도 있다.

> 아버지께 참되게 예배하는 자들은 영과 진리로 예배할 때가 오나니, 곧 이 때라(ἔρχεται ὥρα καὶ νῦν ἐστιν; 요 4:23).

> 진실로 진실로 너희에게 이르노니 죽은 자들이 하나님의 아들의 음성을 들을 때가 오나니 곧 이 때라(ἔρχεται ὥρα καὶ νῦν ἐστιν; 요 5:25).

사람들을 사랑하시되 끝까지 사랑하시니라(요 13:1)[6]

지금까지 관찰한 것들로부터 어떤 결과를 얻을 수 있는가? "아직 이르지 않은 때"가 있고, "때가 이르는 중에" 있기도 하고, "임박한 때"도 있다는 말이다. 그런데 요한복음 17:1에서 예수님은 그 "이르지 않았던 때," "이르는 중에 있었던 때," 그리고 임박하였던 그 "때"가 드디어 "이르렀다"고 말씀하신 것이다.

그러면 무슨 "때"가 이르렀다는 것인가?

## 2. "때"의 내용: 십자가와 죽음

다시 요한복음 17:1을 보자.

> 예수께서 ... 이르시되, 아버지여, 때가 이르렀사오니 아들을 영화롭게 하사, 아들로 아버지를 영화롭게 하게 하옵소서(요 17:1)

예수님은 시간의 도래와 아들과 아버지의 영광을 연결하고 있

---

6 Cf. 마태복음 26:18에서 예수님은 제자들에게 유월절을 준비하게 하시면서, 유월절 잔치 장소 제공자에게 이런 말을 전하게 한다. "선생님 말씀이 내 때가 가까이 왔으니(ὁ καιρός μου ἐγγύς ἐστιν), 내 제자들과 함께 유월절을 네 집에서 지키겠다 하시더라."

다. 다시 말하면, 이 "때"는 아들이 영화롭게 되는 때요, 그 아들을 통해 아버지께서 영화롭게 되는 때이다.

또 이 때는 무슨 "때"인가? 요한복음 13:1에 따르면 "예수님께서 세상을 떠나 아버지께로 가실 때" 이다.

사도 요한은 요한복음 13장부터 17장까지 마치 한 폭의 그림처럼, 예수님의 '귀향'과 '영광'을 묘사한다. 그런데 단순한 그림이 아니라 일부가 뒤로 접힌 그림이다. 16장까지는 접히지 않은 부분으로, 예수님은 이 세상을 떠나 본래 계셨던 아버지께로 가신다고 말한다. 그런데 이제 17장에서 접힌 부분이 펼쳐지며 영광이 드러난다. 예수님은 단순히 아버지께로 다시 돌아가시는 것이 아니라 이 일을 통해 자신도 아버지도 영화롭게 될 것이라고 말한다.

여기까지 보면, '이제 유대인의 적의나 살해 모의 등 복잡한 일이 끝나고 무언가 좋은 일이 일어나겠구나, 이제 곧 예수님께서 승리하시고 하늘에 오르시겠구나' 하는 생각이 든다. 그러나 지금까지보다 더 큰 어두움이 예수님을 기다리고 있다.

그러므로 여기서 말하는 "영화롭게 된다"는 말의 실제 내용을 살펴볼 필요가 있다. 요한복음 전체의 구조를 볼 때, 영광을 얻으시고 높아지시는 때(승귀)는 예수님께서 고난을 받으시고, 십자가에 죽으시는 사건과 관련이 있다. 요한은 유월절 만찬 직전에도 직후에도 이것을 언급했다. 요한복음 12:32–33에서 예수님은 자신이 "땅에서 들리는 방식"으로 죽으실 것이라고 말씀하셨다. 그리고 요한복음 17:1에는 "때가 이르렀나이다"는 말이 나오고, 요한복음 18-19장은 예수님께서 체포되어 신문받으시며 십자가에서 죽음을 맞으시는 사건들이 이어진다.

따라서 "영화롭게 된다"는 말은 첫인상과는 다른 현실을 가리킨다고 볼 수 있다. 이 말의 일반적인 의미와는 다른 역설적인 현실을 의미하는 것이다.

그러면 예수님은 언제부터 이 "때," 곧 자신이 죽으실 "때," 역설적인 영광의 "때"를 인식하고 있었을까?

### 3. 예수님의 시간 의식의 시작점

만일 갈릴리 가나 혼인 잔치에서 "내 때가 이르지 않았다"(요 2:4)고 말씀하신 시점이 공생애 초기였다면, 예수님은 공생애 초기부터 이 "때"를 인식하고 있었다고 볼 수 있다.[7]

---

7 다른 복음서 기자들은 어떠한가? 공관복음에도 "때"와 예수님의 십자가 죽음을 암시적으로 언급한 구절이 있다. 예를 들어 금식 논쟁을 살펴보자. 예수님과 제자들이 요한의 제자들과 바리새인들과는 다른 모습으로 사는 것을 보고, "왜 당신의 제자들은 금식하지 않은가?" 라고 물었을 때, 예수님께서는 이렇게 대답하셨다.

> 그러나 신랑이 빼앗길 날이 이르리니, 그 날에는 금식할 것이니라(막 2:20). Cf. "가난한 자들은 항상 너희와 함께 있거니와 나는 항상 함께 있지 아니하리라"(ἐμὲ δὲ οὐ πάντοτε ἔχετε; 마 26:11).

그러나 예수님의 시간 인식은 이보다 더 깊다. 왜냐하면 예수님께서는 이 "때"(ὥρα)를 공생애 시작 시점에서만이 아니라, 그보다 훨씬 이전부터 의식하고 있었기 때문이다. 본문은 말한다.

> 영생은 곧 유일하신 참 하나님과 그가 보내신 자 예수 그리스도를 아는 것이니이다.
> 아버지께서 내게 하라고 주신 일을 내가 이루어
> 아버지를 이 세상에서 영화롭게 하였사오니,
> 아버지여, 창세 전에 내가 아버지와 함께 가졌던 영화로써
> 지금도 아버지와 함께 나를 영화롭게 하옵소서(요 17:3-5)

여기서 예수님은 아버지께서 아들을 보내셨다고 하시고, 아들이 아버지께서 하라고 하신 일을 이루었다고 말한다. 그러면 아버지께서 언제 무언가를 하라고 하셨고, 아들은 언제 그것을 인식하게 되었는가? 태어날 때였는가, 12살 때였는가, 아니면 공생애가 시작될 때였는가?

요한복음 17:4은 "내가 이루었다"(τελειώσας; 부과)라고 말한다. 이것은 예수님께서 지금까지 공생애 동안 하신 말씀과 사역

---

이 말씀은 마가복음에서는 2장이고(막 2:20), 누가복음의 경우 5장이며(눅 5:35) 마태복음에서는 9장이다(마 9:15). 따라서 예수님은 공관복음이나 요한복음에 상관없이 공생애 초기부터 이 "때"를 의식하고 있었다고 볼 수 있다. 처음부터 자신이 십자가에서 죽음을 맞을 것이며, 이 죽음이 결정적인 "때"에 일어날 것을 알고 있었다는 것이다.

을 가리킨다. 그런데 예수님은 공관복음 용어로 천국복음을, 요한복음 언어로 진리를 어떤 말로 전할지 교육받은 적이 없다. 유대인들이 "이 사람은 배우지 아니하였거늘 어떻게 글을 아느냐?"(요 7:15)고 했을 때, 예수님은 이렇게 말씀하셨다. "내 교훈은 내 것이 아니요, 나를 보내신 이의 것이니라"(요 7:16). 또 니고데모와 대화하실 때, 예수님은 "우리가 아는 것을 말하고, 우리가 본 것을 증언하노라"(요 3:11)고 하셨고, 유대인들과 논쟁에서 "나는 내 아버지에게서 본 것을 말하노라"(요 8:38a)고 말씀하셨다.

이런 말씀들은 성자께서 성부에게서 무언가를 받은 시점이 창세 전인 것을 가리킨다. 왜냐하면 아들이 교훈한 것, 아들이 알고 있는 지식, 아들이 본 일들은, 아버지께서 아들을 "보냈다"는 사실에서 출발하기 때문이다.

예수님은 "아버지여, 때가 이르렀나이다"라고 기도하셨다. 이 "때"는 인자이시요, 하나님의 아들이시며, 메시아이신 예수님의 십자가 고난과 죽음, 부활 사건이 있을 때를 가리킨다. 예수님의 십자가에 대한 의식은 그의 공생애 시작뿐만이 아니라, 그분이 이 땅에 오시기 훨씬 이전으로 거슬러 올라간다. 그 훨씬 이전, 곧 영원 전에 삼위일체 하나님만 계실 때, 아버지와 아들 사이에 구속에 관한 의논이 있었고, 이렇게 의논한 바, 곧 아들이 아버지로부터 보고 아신 바를 역사 속에서 행하셨다는 것이다.

그러면 예수님은 이 "때"를 어떻게 맞이하셨는가? "때가 도착했을 때," 삼위일체 하나님의 계획과 시선, 타락한 인간을 구원하시려는 그분의 열심이 집중되는 그 시점에 이르렀을 때, 예수님은 어떻게 반응하셨는가? 요한복음 12장을 보자.

## 시간의 도래 앞에서 예수님의 반응

이 때를 맞이하면서 예수님은 "인자가 영광을 얻을 때가 왔도다!"라고 선포하셨다. 동시에 "아버지여, 나를 구원하여 이 때를 면하게 하여 주옵소서"라고 기도하셨다.

> 인자가 영광을 얻을 때가 왔도다(ἐλήλυθεν ἡ ὥρα; 요 12:23)

> 지금 내 마음이 괴로우니 무슨 말을 하리요,
> 아버지여, 나를 구원하여 이 때를 면하게 하여 주소서.
> 그러나 내가 이를 위하여 이 때에 왔나이다.
> 아버지여, 아버지의 이름을 영광스럽게 하옵소서(요 12:27-28)

여기서 특별히 요한복음 12:27-28을 주목할 필요가 있다. 이 장면은 많은 사람이 공관복음의 겟세마네 기도와 비교하곤 한

다(cf. 마 26:38).[8]

그런데 이것은 분명 겟세마네 기도보다 이전 사건이다. 언제인가? 명절에 예배하러 올라온 헬라인들이 예수님을 찾아온 때이다. 헬라인들은 빌립에게, 빌립은 안드레에게, 안드레와 빌립은 예수님께 헬라인들의 뜻을 전했다. 요한은 헬라인 사절들이 예수님을 만나고자 한 이유도, 빌립과 안드레가 전달한 구체적인 내용도, 예수님이 하신 대답도 말하지 않는다. 예수님은 다만 이렇게 말씀하셨다.

> 인자가 영광을 얻을 때가 왔도다(ἐλήλυθεν ἡ ὥρα).
> 내가 진실로 진실로 너희에게 이르노니,
> 한 알의 밀이 땅에 떨어져 죽지 아니하면 한 알 그대로 있고,
> 죽으면 많은 열매를 맺느니라(요 12:23-24)

예수님은 "한 알의 밀알이 땅에 떨어져 죽는 것"을 말씀하시는데, 이것은 자신의 죽음을 암시하는 말이다. 이 말씀을 하신 후 예수님은 마음의 괴로움과 깊은 번민을 말씀하셨다. "지금 내 마음이 괴로우니 무슨 말을 할까?"(요 12:27).

따라서 요한복음 12:27-28과 12:23-24를 함께 보면, 역설적

---

8 Th. Zahn, *Das Evangelium des Johannes* (Leipzig: Deichert, [5 u. 6]1921), 517; F. F. Bruce, *The Gospel & Epistles of John* (Grand Rapids: Eerdmans, 2001), 265.

인 두 가지 요소가 나타난다. 한편으로 인자가 영광을 받는 것과 이를 통해 하나님이 영광을 받으시는 것이다. 다른 한편으로 인자가 땅에 떨어진 한 알의 밀알처럼 죽는 것, 즉 땅에서 들리는 방식[십자가의 방식]으로 죽는 것이다. 이 일을 통해 사단을 쫓아내고 백성을 모으는 일을 성취할 것이다(요 12:31-33).

이 모든 것은 예수님의 "때"와 깊은 관련이 있다. 예수님의 의식에는 지금 영원을 뚫고 오고 있는 시간이 도달할 목표 지점이 보이기 시작했다. 동시에 모든 인류 중에서 자기 백성들이 모여 오는 것을 보고 있다. 이 두 움직임이 만나는 바로 그곳에, 하나님의 아들이시요, 참 신과 참 사람이신 메시아가 져야 할 십자가가 있는 것을 본 것이다. 예수님은 이때, 이 일을 위해 자신이 이 땅에 왔다는 것을 아셨다. 그러나 자신의 죽음의 절대적 필연성을 언급하셨을 때,[9] 그 죽음의 무게에 압도되지 않을 수 없었다. "내가 진실로 진실로 너희에게 이르노니..."

우리는 잠시 멈추어 예수님의 영혼을 흔든 심한 번민과 두려움, 공포를 생각해 보아야 한다. 주님이 이와 같이 영혼에 극심한 스트레스를 받으며, 죽음을 두려워하고 무서워한 것을 조롱하

9 W. Hendricksen, *Exposition of the Gospel According to John* (Grand Rapids: Baker Book House, 1981), 196.

는 사람들이 있다.[10] 순교자들은 그들의 신앙을 위해 죽음을 두려워하지 않았다. 이런 예는 기독교 밖에서도 얼마든지 찾을 수 있다. 유대인들은 율법과 안식일을 위해 기꺼이 자신들의 목을 내놓았으며, 그리스 철학자 소크라테스는 자신의 이상을 위해 죽음을 의연히 받아들였다. 그런데 예수님은 죽음 앞에서 주춤하는 것처럼 보인다. 그래서 사람들은 예수님을 비웃는다.

하지만 과연 이런 생각이 정당한 것인지 평가해 보아야 한다. 다시 요한복음 12장으로 돌아가 보자. 주님께서 "영혼이 괴로워" 무엇이라 할 말을 찾지 못한 것은 특별하고 결정적인 "때"였다(요 12:27). 사도 요한은 "때"나 "시간"이라는 인간의 언어를 쓰고 있지만, 이것은 하나님의 세계에도 단 한 번 있는 특별하고 결정적인 때였다. 이 "때"는 역사상 유월절이었고(12:20; cf. 12:1, 12), 헬라인 사절들이 예수님을 만나고 싶어 했던 바로 그 "때"였다. 유대인과 헬라인이 함께 그에게 나아오는 상황에서, 그의 영혼에 "한 알의 밀알의 죽음"이 모습을 드러낸 것이다. 그래서 "내가 땅에서 들리면, 모든 사람을 내게로 이끌겠노라"(요 12:32)고 말씀하셨다. 온 인류 중 자신의 택자들을 모두 모으기 위한 일, 그 일을 완성하기 위해 영원부터 기다려온 그 "때," 그 때에 이루어질 십자가 구원 사역이 그의 영혼에 구체적으로 성

10 Cf. J. Cavin, *Commentary on a harmony of the evangelists, Matthew, Mark, and Luke; Commentary on the gospel according to John 1-11*, Calvin's Commentaries 17 (Grand Rapids: Baker Book House, 1979), 32-33.

큼 다가온 것이다.

이 일을 위해서 그리스도가 해야 할 일이 있다. 그것은 죄로 인한 하나님의 진노와 저주를 진정시키고, 모든 인간, 곧 유대인과 헬라인이 그분의 거룩함과 명예, 뜻을 훼손시킨 일을 처리하는 일이다. 그러므로 그리스도의 죽음은 보통 인간이 자기 죄 때문에 죽는 죽음이 아니다. 예수님은 요한복음 18:11에서 "아버지께서 주신 잔을 내가 마시지 않겠느냐?"고 말씀하셨다. 다시 말해서, 예수님의 죽음은 하나님의 진노의 잔을 마시는 일이요, 그리스도의 죽음은 죄에 대한 형벌, 곧 영원한 죽음을 맞는 일이라는 것이다.[11] "그가 겪은 죽음은 두려움과 공포로 가득 찬 것이었다."[12] 인간 중 아무도 이 시시각각 다가오는, 마치 지옥에 내려가는 것과 같은, 그 고통을 인지하지 못한다. 또 어떤 면에서 "주님께서 겪으신 죽음은 공포로 가득 찼어야만 했다. 왜냐하면 그분이 하나님의 심판의 끔찍함, 그것으로 인한 저주와 공포를 경험하지 않으셨다면, 우리 모두가 그것을 경험해야 했을 것이기 때문이다. 그랬다면, 우리는 하나님의 진노의 무게 때문에 존재 자체가 소멸되고 말았을 것이다. 우리 주님이 그것을 경험하셨기 때문에, 우리 죄에 대한 형벌을 완전하게 담당하

11 Hendricksen, *John*, 382. Cf. *John*, 196..

12 J. Calvin, *Commentary on the Gospel According to John 12-21; Acts 1-13*, Calvin's Commentaries 18 (Grand Rapids: Baker Books, 1999), 32.

셨던 것이다."[13]

주님은 "지금 내 마음이 괴로우니 무슨 말을 할까? 아버지여 이때로부터 나를 구원하소서!"라고 기도하셨다. 주님은 이 전무후무한 죽음, 인간의 백과사전에서는 그 개념을 결코 찾을 수 없는 이 죽음이 자신의 정체를 드러내고 있는 것을 보고 있는 것이다. 이 죽음은 너무나 끔찍해서 예수님의 영혼마저도, 그분의 인성 밑바닥까지도 흔들리지 않을 수 없었다.[14]

이것을 통해 우리는 두 가지를 알 수 있다. 첫째, 우리 죄의 심각함이다. 인간은 죄가 얼마나 심각한지 짐작하지 못한다. 이 세상의 어떤 자로도 잴 수 없고, 이 세상의 어떤 저울로도 달 수 없다. 그것은 하나님의 아들이 십자가의 형벌을 받아야만 했던 크기요, 그것은 그리스도께서 십자가의 저주를 견디셔야 했던 무게였다. 둘째, 죄와 하나님의 심판에 대한 우리의 무감각이다. 주님께서 "내 영혼이 괴로워 무슨 말을 해야 할까?"라고 탄식한 그 절망을, 인간의 감각기관으로는 이전에도 앞으로도 감지하지도 다 공감하지도 못할 것이다. 이것은 마치 지구에 사는 인간이 어디를 가든지, 심지어 잠자거나 의식을 잃은 경우에도, 중력의 영향 아래 있으나, 그것을 느끼지 못하는 것과 같다. 우

13 Cf. J. Calvin, *John* II, 32.

14 Cf. Hendricksen, *John*, 200.

리 죄는 우리 존재 속에 너무나 깊이 들어와 있어서 감각조차 할 수 없다. 이 번민의 강도를 잴 수 있는 온도계는 참 하나님이시요 참 인간이신 우리 주님의 인격밖에 없다. 그 죄에 대한 형벌의 하중을 견뎌낼 수 있는 것은 우리 주님의 십자가 외에는 없다.

주님의 이 "때"는 가장 영광스러운 영화와 그에 앞선 가장 낮은 비하가 서로 만나는 지점이다.[15] 마지막으로, 그러면 이 시간의 도래의 결과는 무엇인가?

## 시간의 도래의 결과

그 결과는 하나님이 영화롭게 되는 것이다. 동시에 구속받는 신자들이 삼위일체 하나님의 영광과 사랑에 참여하는 것이다.

### 1. 하나님을 영화롭게 함

예수님은 영원을 뚫고 도래한 "때," 그 때에 자신이 역사 안에서 이룰 십자가 사역이 아버지와 아들을 영화롭게 할 것이라고 말

15 Cf. Hendricksen, *John*, 196: "영광의 고양에 앞서 있을 이 굴욕의 절정의 순간에 **인자**가 **영광을 받으셨다**"(강조: 핸드릭슨).

씀하신다.

> 아버지여,
> 때가 이르렀사오니
> 아들을 영화롭게 하사 아들로 아버지를 영화롭게 하옵소서.
> ......
> 창세 전에 아버지와 함께 가졌던 영광으로
> 아버지와 나를 영광스럽게 하소서(요 17:1, 5)

예수님은 십자가와 그 이후 있을 부활이 하나님께서 창세 전에 계획하신 모든 뜻을 이룰 것으로 확신하셨다. 주님은 십자가의 구속 사역이 삼위일체 하나님을 영화롭게 할 것이라고 전망하셨다.

그러나 여기에서 그치는 것이 아니다. 이 사건의 특징은 이 구속 사역의 대상을 그 영광 속에 참여하게 한다.

## 2. 신자들이 삼위일체 하나님의 영광에 참여함

예수님은 요한복음 17장 마지막 부분에서 이렇게 기도하셨다.

> 22 내게 주신 영광을 내가 그들에게 주었사오니, 이는 우리가 하

> 나된 것 같이 그들도 하나가 되게 함이니이다. [23]곧 내가 그들 안에 있고, 아버지께서 내 안에 계시어 그들로 온전함을 이루어 하나가 되게 하려 함은, 아버지께서 나를 보내신 것과 또 나를 사랑하심 같이 그들도 사랑하신 것을 세상으로 알게 하려 함이로소이다. [24]아버지여, 내게 주신 자도 나 있는 곳에 나와 함께 있어, 아버지께서 창세 전부터 나를 사랑하시므로 내게 주신 나의 영광을 그들로 보게 하시기를 원하옵니이다. … [26]내가 아버지의 이름을 그들에게 알게 하였고 또 알게 하리니, 이는 나를 사랑하신 사랑이 그들 안에 있고 나도 그들 안에 있게 하려 함이니이다(요 17:22-24, 26)

우리 주님께서 자신이 이 세상이 있기 전부터 계획하신 때, 그 시간이 도래했을 때, 십자가 죽음과 부활로 이루신 일이 무엇인가? 주님은 십자가 위에서 "아버지의 잔," 하나님의 진노와 저주의 잔을 마시셨다. 그 끔찍한 공포와 두려움의 심연으로 내려가셨다.

그러면 그 죄와 사망과 저주와 진노가 사실은 자신이 당할 형벌이었다는 것을 알게 된 신자들, 오직 이 십자가를 붙들고 하나님을 찬송하는 하나님의 백성에게 주신 특권이 무엇인가? 세 가지이다.

첫째는 하나 됨이다. 주님은 그들 안에 계셔서 하나를 이루겠다, 아버지와 아들의 하나 됨의 신비만큼 온전한 하나 됨을 이루겠다고 말씀하신다(요 17:22-23).

둘째는 비전이다. 창세 전에 아버지께서 아들에게 주신 영광을 보게 하겠다고 말씀하신다(요 17:24).

셋째는 하나님의 사랑이다. 하나님의 사랑이 그들 안에 있게 하겠다고 말씀하신다(요 17:26). 하나님이 사랑하시겠다는 것만이 아니다. 그보다 강한 표현이다. 하나님이 인간과 피조물을 사랑하는 그런 수준이 아니다. 어떤 강도와 수준의 사랑인가? 성부 하나님께서 창세 전에 성자 하나님을 사랑하신 그 사랑, 그 삼위일체적 사랑이 신자 안에 있다는 것이다.[16]

## 나가며

지금까지 관찰한 내용을 요약하면 다음과 같다. 예수님은 "아버

16 Calvin, *John II*, 187, 189: "He now says that the love of the Father is the cause of it; and, therefore, it follows that he was beloved, in so far as he was appointed to be the Redeemer of the world. With such a love did the Father love him before the creation of the world, that he might be the person in whom the Father would love his elect. | […] That is, that thou mayest love them in me, or that *the love with which thou hast loved me* may be exteded to them; for, strictly speaking, *the love with which God loves* us is no other than that with which he love his Son from the beginning, so as to render us also acceptible to him, and capable of being *loved* in Christ. … It is an invaluable privilege of faith that we know that Christ was *loved* by the Father on our account, that we might be made partakers of the same love, and might enjoy it for ever" (강조: 칼뱅).

지여, 때가 이르렀사오니, 아들을 영화롭게 하사 아들로 아버지를 영화롭게 하게 하옵소서"(요 17:1)라고 기도하셨다. 이 "때"는 참 하나님이요 참 사람이신 메시아께서 십자가에 오르실 때이다. 하나님의 아들이 "높이 들려" 영광을 받고, 아버지를 영화롭게 하실 때이다. 사단을 몰아내고, 자기 백성을 자기에게 모으실 때이다. 아버지께서는 이 구속을 영원 안에서 계획하시고 "때"를 정하셨고, 아들은 그 계획을 정해진 "때"에 역사 속에서 실행하셨으며, 그 구속 사역의 열매를 그를 믿는 자들에게 주셨다. 여기서 우리는 두 가지를 기억해야 한다.

1. 예수님이 이 땅에 오신 것, 곧 보이지 않는 하나님의 아들이 역사 속으로 오셔서 십자가에서 죽으신 사건은 인간의 죄 때문에 발생한 사고수습용 조치가 아니었다는 점이다. 예수님이 이 땅에 오신 것은 창세 전에 성부와 성자와 성령, 삼위일체 하나님 사이의 의논(구속 언약)에 근거하고 있다. 세상이 존재하기도 전에, 자신의 형상으로 지을 인간이 어떤 행동을 하기도 전에, 우리가 하나님의 이름을 부르기도 전에, 하나님은 우리를 구속하여 창세 전에 아버지와 아들이 동등한 지위에서 누리던 그 영광에 참여하게 할 생각부터 하셨다. 그리고 역사의 한 시점에 아버지 하나님과 아들 하나님, 성령 하나님은 그 일을 실행하셨다.

때로 신자는 죄의 공격에 지치고 괴로울 때, 하나님이 자신을 사랑하시지 않는다고 느낀다. 그에게 평안과 소망을 주지 않으시고, 심지어 벌을 내리셨다고 느낄 때도 있다. 그러나 우리는 기억해야 한다. 하나님은 "우리가 아직 죄인 되었을 때에, 그리스도께서 우리를 위하여 죽으심으로 하나님께서 우리에 대한 자기의 사랑을 확증하셨다"(롬 5:8). "우리에게 주신 성령으로 말미암아 하나님의 사랑이 우리 마음에 부은 바 되었다"(롬 5:5). 하나님의 생각은 "평안이요 재앙이 아니며," 우리에게 "미래와 소망을 주는 것"이다(렘 29:11). 하나님은 우리를, 창세 전에 자신의 독생자를 사랑하시는 것만큼 사랑하시려고, 그리스도를 십자가에 죽게 하신 분이시다. 이 분이 바로 우리 하나님이시다.

2. 하나님이 영원 안에서 우리를 구원하실 계획을 세우신 것은 자기 백성을 장엄한 구원 역사와 삼위일체의 신비로운 교제에 참여하게 하기 위함이다. 아버지와 아들과 성령 하나님은 영원 전에 "때"를 정하셨다. 예수님은 영원을 뚫고 온 그 "때"를 항상 의식하고 있었고, 그 "때"가 도달했을 때 십자가를 지셨다. 따라서 신자가 이 십자가를 붙들고, 그리스도를 믿음과 동시에 그는 삼위일체 하나님께서 영원부터 시작하신 역사로 '들어가게 된다.' 시공 안에서 실행된 그 역사에 참여한다. 아들과 아버지의 영광을 본다. 아버지는 아들 안에 있고, 아버지가 아들 안에 있는 것 같이 그들도 하나가 되어 아버지와 아들 안에 있게 된다(요 17:21). 아버지께서 창세 전에 아들과 누린 교제에 들어가고, 아버지께서 아들을 사랑하신 그 수준의 사랑이 머물 대상이 된다.

때로 신자는 삶에 지치고 힘들 때, 예수님이 자신을 사랑하시지 않는다고 느낀다. 자신을 생각하지 않으시고, 심지어 버리셨다고 느낄 때도 있다. 그러나 우리는 기억해야 한다. 예수님은 "자기가 세상을 떠나 아버지께로 돌아가실 때가 이른 줄 아시고 세상에 있는 자기 사람들을 사랑하시되 끝까지 사랑하셨다"(요 13:1, 34). "세상 끝날까지 항상 함께 있으리라"(마 28:20)고 약속하셨다. 예수님은 우리가, 자신이 영원 안에서 아버지와 누린 것만큼 교제를 누리게 하시고자, 자신을 십자가에 내어주신 분이시다. 이 분이 바로 우리가 믿는 예수님이시다.

그러면 삼위일체 하나님께서 영원 안에서 세운 이 계획은 역사상 어느 시점에 드러났는가? 예수님께서 역사 속에 오셨을 때, 혹은 공생애를 시작하신 후 어느 시점에야 비로소 나타나는가, 아니면 메시아가 역사에 출현하기 훨씬 이전 역사에서 계시되었는가? 이제 성경이 이 질문에 어떻게 대답하는지 살펴보자.

## | 토론 문제 |

01 당신은 예수님의 시간 인식을 단계별로 정리할 수 있는가?

| 때 | 성경 | 내용 |
|---|---|---|
| 아직 이르지 않음 | | |
| 오고 있음 | | |
| 임박함 | | |
| 이름 | | |

02 예수님이 "때가 이르렀다"고 할 때, 그 때는 무엇을 위한 때인가? 예수님께서 이 "때"와 아버지와 아들의 영광을 연결하신 것을 당신은 어떻게 생각하는가?

03 예수님의 시간 인식은 언제까지 거슬러 올라가며, 그 근거는 무엇인가?

**04** 예수님은 시간이 도래하여 일어날 사건이 하나님을 영화롭게 할 뿐만 아니라 신자들을 삼위일체 하나님의 영광에 참여할 수 있게 한다고 말씀하신다. 그 내용은 무엇인가?

**05** 하나님이 영원 안에서 계획하신 일이 무엇인지 공부하면서 당신의 마음에서 어떤 생각과 질문이 일어나는가?

창 22:1-18

[1]그 일 후에 하나님이 아브라함을 시험하시려고 그를 부르시되 아브라함아 하시니 그
가 이르되 내가 여기 있나이다. [2]여호와께서 이르시되 네 아들 네 사랑하는 독자 이삭
을 데리고 모리아 땅으로 가서 내가 네게 일러 준 한 산 거기서 그를 번제로 드리라. [3]아
브라함이 아침에 일찍이 일어나 나귀에 안장을 지우고 두 종과 그의 아들 이삭을 데리
고 번제에 쓸 나무를 쪼개어 가지고 떠나 하나님이 자기에게 일러 주신 곳으로 가더니,
[4]제삼일에 아브라함이 눈을 들어 그 곳을 멀리 바라본지라. … [13]아브라함이 눈을 들어
살펴본즉 한 숫양이 뒤에 있는데 뿔이 수풀에 걸려 있는지라 아브라함이 가서 그 숫양
을 가져다가 아들을 대신하여 번제로 드렸더라. [14]아브라함이 그 땅 이름을 여호와 이
레라 하였으므로 오늘날까지 사람들이 이르기를 여호와의 산에서 준비되리라 하더라.
[15]여호와의 사자가 하늘에서부터 두 번째 아브라함을 불러 [16]이르시되 여호와께서 이르
시기를 내가 나를 가리켜 맹세하노니 네가 이같이 행하여 네 아들 네 독자도 아끼지 아
니하였은즉, [17]내가 네게 큰 복을 주고 네 씨가 크게 번성하여 하늘의 별과 같고 바닷가
의 모래와 같게 하리니 네 씨가 그 대적의 성문을 차지하리라. [18]또 네 씨로 말미암아 천
하 만민이 복을 받으리니 이는 네가 나의 말을 준행하였음이니라 하셨다 하니라

03

# 역사 안에서 계시

## 들어가며

창세기 22장은 하나님께서 아브라함에게 주신 시험으로 시작하여(22:1-2) 그에게 하신 맹세로 끝난다(16-18). 이 시험과 맹세 사이에 아브라함의 믿음과 순종, 이삭의 질문과 침묵이 있다.

그런데 이 이야기에서 우리는 때로는 충격을 받고 때로는 좌절한다. '하나님이 어떻게 사람을 제물로 받으시는가? 아브라함이 이런 시험을 이길 수 있었던 것은 그가 믿음의 조상이요 신앙의 영웅이었기 때문이다. 하지만 나는 이런 시험을 이길 수 있을까? 그러면 나에게는 믿음이 있는 것인가 없는 것인가?' 이 외에 여러 가지 반응이 있을 수 있지만, 적어도 한 가지 공통점이 있다. 그것은 이 말씀을 차분하게 논리적으로 읽을 수 없고, 완전히 공감할 수도 없다는 점이다.

그러나 마음을 가라앉히고 다시 이 본문을 읽으면, 이 본문의 주인공은 이삭이 아니라는 것을 알 수 있다. 아브라함도 아니다. 본문의 주인공은 하나님이시다. 그리고 우리가 시야를 넓혀 하나님의 구원 역사를 보면, 하나님께서 아브라함이 이삭을 드린 사건을 일종의 '자기계시언어'로 사용하신다는 사실을 확인할 수 있다.

여기서 해야 할 질문은 두 가지이다.

1. 하나님은 자신이 반드시 "지시한 산"에서 이삭을 바치라고 명령하셨다. 아브라함도 삼 일이나 떨어진 곳으로 이동하여 이삭을 바쳤다. 그 이유는 무엇인가?
2. 아브라함은 그 장소를 "하나님께서 보심"(여호와 이레)이라고 이름 붙이는데, 그 의미는 무엇인가?

이 두 질문은 표면적으로 둘로 보이지만, 사실은 하나이다. 그것은 이곳에서 하나님께서 오랜 역사를 걸쳐서 그분 자신과 그분이 하실 일을 계시한다는 것이다.

## 하나님의 지정

먼저 창세기 22장은 두 가지에 대하여 큰 관심을 나타낸다. 첫째, 하나님은 한 산을 지정하시고 그것을 아브라함에게 알리셨다는 사실이다.

> 그 일 후에 하나님이 아브라함을 시험하시려고 그를 부르시되 아브라함아 하시니, 그가 이르되 내가 여기 있나이다. 여호와께서 이르시되, 네 아들 네 사랑하는 독자 이삭을 데리고 모리아 땅으로 가서 내가 네게 일러 준 한 산 거기서 그를 번제로 드리라(창 22:1-2)

창세기 22:2은 아브라함이 이삭을 바칠 산을 "모리아 땅"이라고 말한다. "모리아"(מוֹרִיָּה)는 라아(רָאָה, "보다")에서 온 명사로 "보임" 또는 "나타나심"이란 뜻이다. 따라서 "모리아 땅"이란 "하나님의 나타나심의 땅"이라고 해석할 수 있다. 하지만 "모리아"는 사건 전에 만들어진 이름이 아니요, 이 사건 후에 그 사건의 의미를 따라 붙인 것이다. 실제로 이 지명은 성경 지도책에 없다. 이 지명은 물리적 지명으로 의미가 있는 것이 아니요, 하나님의 구원 역사의 세계에서 의미 있는 장소인 것이다. 창세기 22:2 후반절에서는 이 장소를 "한 산"이라 부른다. 어느 산인지 언급이 없다. 창세기 22:14에는 "여호와의 산"이라고 말한다. 그러나 그 산이 구체적으로 어디인지 아무도 모른다. 다만 브엘세바에서 보통 사람의 걸음으로 3일을 가야 도착할 수 있는 곳에 있었다는 것만 안다.

> 제 3일에 아브라함이 눈을 들어 그 곳을 멀리 바라본지라(창 22:4)

하나님은 그 곳을 아브라함에게 말씀하셨고, 아브라함은 "하나님이 자기에게 일러준 곳으로 갔다"(창 22:3b). 아브라함은 종들을 두고 아들 이삭과 함께 "저기" 그 곳으로 나아갔고(22:5), "하나님이 그에게 일러주신 곳"(22:9)에 이르러, 제단을 쌓고 나무를 벌여 놓고 이삭을 결박하여 올려 놓은 뒤, 칼을 들어 잡아 번제로 드리려고 했다. 이것은 아브라함이 하나님의 명령을 비유적으로 받아들이지 않고, 사실로 받아들였다는 것을 나타낸다. 아브라함은 이 명령을 사라에게도 종들에게도 심지어 이삭에게도 알리지 않았다. 만일 아브라함이 조금이라도 이삭을 바칠 생각이 없었다면, 사라와 종들과 이삭에게 알렸을 것이다. 그러면 어머니의 '무기'와 종들의 저지, 이삭의 도피를 들어 아브라함은 정당하게 변명할 수 있었을 것이다. 따라서 아브라함의 침묵에서 그가 하나님의 명령을 이행하려는 결심이 얼마나 단호했는지 간접적으로 엿볼 수 있다. 아브라함의 눈은 오직 하나님이 일러주신 그 산, 그 지점만을 보고 있다. 아브라함은 거기서 이루어질 실제적이고 문자적인 의미에서 번제만을 생각하고 있다. 그리고 그 번제 제물은 자신의 독자 이삭이다. "한 장소"에 대한 관심, 이것이 본문의 첫 번째 관심사이다.

둘째, 본문은 하나님이 보신다는 점에 지대한 관심을 갖는다. 방금 앞에서 살펴본 아브라함의 행동은 단순해 보이지만, 그 속에는 무언가가 있다. 우리는 아직 하나님께서 아브라함에게 알려준 곳이 어디인지 알지 못하지만, 아브라함의 눈은 오직 그 곳만을 보고 달려가고 있다. 아브라함은 무엇을 보고 있었는가? 아브라함이 본 실재의 일면이 이삭과의 대화에 나타난다. 창세기 22:7-8을 보자.

이　　삭: 아버지, 우리 지금 번제를 드리려고 가는 것 맞지요?(22:7)

아브라함: 그렇단다, 아들아!(22:8)

이　　삭: 그런데 불과 나무는 있는데, 번제할 어린 양은 어디 있습니까?

아브라함: 번제할 어린 양은 하나님이 자기를 위하여 친히 "준비하시리라!"

사람들은 이 부분을 아브라함이 당황해서 얼떨결에 별 뜻 없이 한 말로 생각하곤 한다. 그러나 이 말은 당황해서 얼떨결에 한 말이 아니다. 이 말은 하나님이 한 산을 지시하시고, 아브라함이 다른 곳에서는 안 되고 오직 그 곳에서 자신의 아들이요, 하나님의 약속의 상속자요, 자신의 독자인 이삭을 바치라는 명령을 받은 후, 깊이깊이 생각해서 한 말이다.

또한 이 말은 아브라함의 믿음의 고백이기도 하다. 왜 그런가? "하나님이 자기를 위하여 친히 준비하시리라"(창 22:8)에서 "준비하시리라"는 말은 본래 "보시리라"는 말이다. 이 "보시리라"는 말은 히브리 말로 이르에(יִרְאֶה)인데, 여기서 "여호와 이레"(יִרְאֶה יהוה)라는 말이 나왔다. 그러므로 창세기 22:14에 이렇게 말한다.

> 아브라함이 그 땅 이름을 여호와이레라 하였으므로 오늘날까지 사람들이 이르기를 여호와의 산에서 보여지리라(יֵרָאֶה; 니팔 미완) 하더라(창 22:14)

우리말 성경은 8절과 14절을 모두 "준비하다"로 번역했다.

> 하나님이 자기를 위하여 친히 준비하시리라(יִרְאֶה; 창 22:8)
> 여호와의 산에서 준비되리라(יֵרָאֶה; 창 22:14)

하지만 이 두 구절에 쓰인 동사는 모두 "보다"(רָאָה)이다. 창세기 22:8에서는 "보다"의 칼 미완료형이 쓰였는데, 현대어의 미래에 해당한다. 직역하면 "그가 보시리라"이다. "보다"는 말은 때로 어떤 대상에 대한 애정이나 염려를 내포하기도 한다. 그래서 "살펴보다," "돌보다"는 의미로 쓰일 수 있다. 따라서 "보시리라"라는 말을 해석적으로 "준비하시리라"로 번역할 수 있다. 반면 창세기 22:14에서는 "보다"의 니팔 미완료형이 쓰였다. 이것은 현대어의 수동 미래형에 해당한다. 직역하면, "그것이 보여지리라"가 되고, 본문에 적용하면, "여호와의 산에서 보여지리라"(신적 수동태)이다. "보여지다"는 수동형은 능동형과 달리 화자의 애정이나 염려보다는 대상의 노출을 강조하므로 "준비되다"로 번역하기 어렵다. 이렇게 번역된 이유는 아마도 이르에(יִרְאֶה)가 "준비하리라"를 뜻한다고 확정하고, 여기서 이 말의 수동 의미를 끌어냈기 때문이다. 하지만 이러한 오역은 8절과 14절에 모두 "보다"라는 기본 의미를 적용하면 해결된다.

이 관찰이 맞다면, 창세기 22:8에서 아브라함은 이삭에게 하나님이 무언가를 보고 계시다는 생각을 전달한 것이다. 따라서 아브라함은 사라도, 종들도, 이삭도 알지 못하는 무언가를 알고 있다. 적어도 하나님이 하나님 자신을 위하여 친히 보고 계시다는 점을 알고 있는 것이다. 현재로서는 달라지는 것은 아무것도 없다. 독자 이삭을 데리고 가서 잡아 번제로 드려야 한다. 인간적인 눈으로 볼 때, 일이 어떻게 진행되고 어떤 결말에 이를지 아무것도 전망할 수 없다. 이 사건이 어떻게 끝날지 아브라함으로서는 짐작도 하지 못한다. 그렇지만 아브라함은 하나님이 "번제할 어린 양을 그분이 친히 보고 계시다"는 것은 분명히 알고 있다.

그런데 이상한 점이 있다. 이 사건이 이삭은 죽지 않고, 대신

다른 번제할 숫양이 예비되었으며, 그것으로 하나님께 번제를 드린 것으로 끝났음에도, 하나님의 시선은 끝이 나지 않는다는 점이다. 왜냐하면 아브라함은 그 땅 이름을 "여호와 이레"(여호와께서 보시리라)라고 불렀고, 사람들은 "여호와의 산에서 보여지리라"라고 기억했기 때문이다. 나아가 이르에(יֵרָאֶה)는 히브리어로 "보시리라"(미래)로 번역할 수도 있지만, "보고자 한다"(열망) 또는 "보리라/보고야 말리라"(단호한 의지)를 표현할 수도 있다(유시브 jussive). 이것을 본문에 적용하면, 아브라함이 이해할 때, 하나님은 이 산에서 제물을 보고자 열의를 가지셨고, 또는 제물을 보고야 말리라는 의지를 가지셨다. 만일 아브라함이 이삭을 바치기 전에 한 짐승을 예비하였다가 그것으로 대신 번제를 드리는 것을 또는 번제할 어린 양만을 보았다면, 이 지명은 아브라함의 믿음이 아니라, 아브라함의 예지 능력을 드높이는 역할 이외에는 다른 기능이 없었을 것이다. 그러나 "하나님께서 보시는 것" 그 일은 계속된다.

그러면 하나님은 이 산에서 무엇을 보고 계셨는가?

## 하나님의 시선

하나님께서 아브라함에게 일러준 한 곳, 그 장소가 후에 "모리아"("하나님의 나타나심")라고 일컬어지게 되었다는 사실을 기억하면서 구약에서 두 구절과 신약에서 세 구절을 찾아보자.

1. 구약에서의 하나님의 시선

먼저 역대하이다.

> 솔로몬이 예루살렘 모리아 산 위에 여호와의 전 건축하기를 시작하니 그 곳은 전에 여호와께서 그의 아버지 다윗에게 나타나신 곳이요, 여부스 사람 오르난의 타작마당에 다윗이 정한 곳이라(대하 3:1)

우선 주목할 점은 역대기 기자가 솔로몬이 성전을 지은 곳을 "모리아 산"이라고 말한다는 것이다. 이것은 분명히 아브라함이 이삭을 바친 장소로 거슬러 올라간다. 그런데 이 "모리아"라는 장소가 두 지명과 묶여 있는 것을 알 수 있다. 하나는 "예루살렘"이요, 다른 하나는 "여부스 사람 오르난의 타작마당"이다. 더욱 중요한 것은 이곳에 다윗이 성전 터를 정해두었다고 해설한다는 점이다. 이것은 매우 특이한 본문이다. 왜냐하면 성경 어디에도 다윗이 아라우나(오르난)의 타작마당을 성전 터로 지정했다는 말이 없기 때문이다. 하지만 아브라함이 막벨라 굴을 사고(창 23:17-18) 야곱이 세겜 땅을 산 것이 그들의 소유지가 되었듯이(창 33:18-20; 48:22) 아라우나의 타작마당을 산 것이 매매를 넘어서 '지정'의 뜻을 가졌다는 것을 알려준다. 이런 점에서 볼 때, 솔로몬은 성전을 지을 때, 그의 부친 다윗으로부터 설계도 뿐만 아니라(대상 28:11-19) 성전 터도 이미 받은 것이다.

더욱이 역대기 기자는 공간적인 지도가 아닌 약 1,200년에 걸친 장구한 역사를 가진 신학적인 지도를 그린다. 솔로몬이 지은 성전의 터가 가까이는 아버지 다윗이 산 아라우나의 타작마당이었고, 더 거슬러 올라가면 다윗이 정복한 예루살렘이며, 궁극적으로는 아브라함이 이삭을 바친 그 때, 그 산, 그 곳이었다는 것이다. 이 모든 것의 공통점은 모리아 곧 "여호와의 나타나심"이다.

그러면 왜 성전 터가 예루살렘에서 아무 장소나 될 수 없고, 꼭 "아라우나의 타작마당"이어야 하는가? 그 실마리를 사무엘하 24장에서 찾을 수 있다.

> … [24]왕이 아라우나에게 이르되 그렇지 아니하다. 내가 값을 주고 네게서 사리라. 값 없이는 내 하나님 여호와께 번제를 드리지 아니하리라 하고, 다윗이 은 오십 세겔로 타작마당과 소를 사고 [25]그곳에서 여호와를 위하여 제단을 쌓고 번제와 화목제를 드렸더니, 이에 여호와께서 그 땅을 위한 기도를 들으시고 이스라엘에게 내리는 재앙이 그쳤더라(삼하 24:18-25)

다윗은 아라우나의 타작마당을 사고 거기서 번제를 드렸다. 왜 그렇게 했는가? 다윗이 행한 인구조사 죄 때문이다(cf. 삼하 24:3, 10). 하나님께서 이 죄를 심각하게 보시고 이스라엘 온 땅에 전염병을 보내신다. 그래서 단에서 브엘세바까지 7만 명이 죽게 된다. 그런데 "여호와의 사자가 여부스 사람 아라우나의 타작마당 곁에" 나타났다. 다윗은 여호와의 사자에게 기도하고, 하나님께서는 그곳에 제단을 쌓으라고 명령하신다. 그러므로 "여부스 사람 아라우나의 타작마당"은 하나님이 나타나신 곳이요, 이스라엘의 죄를 용서하시고, 재앙을 그치게 한 곳이다.

지금까지 구약 아브라함 때부터 역대하 기자의 시대까지 신학적인 지도를 살펴보았다. 이 지도는 세 사건이 "모리아" 즉, 하나님이 각 시대에 나타나신 장소를 통해 서로 연결되어 있다는 점을 강조한다.

**구약**

**이삭을 바침: 모리아**
- **아라우나 타작마당** **죄 사함 〈 다윗의 인구조사**
- **예루살렘: 솔로몬 성전 터**

하나님의 시선은 여기서 멈추는가? 그렇지 않다. 그분의 시선은 신약까지 이어지며 종말까지 이른다.

## 2. 신약에서 하나님의 시선

사도 요한은 이 성전이 지어진 곳에서 있었던 일을 다음과 같이 기록한다.

> 예수께서 대답하여 이르시되 너희가 이 성전을 헐라. 내가 사흘 동안에 다시 일으키리라. 유대인들이 이르되 이 성전은 사십육 년 동안에 지었거늘 네가 삼 일 동안에 일으키겠느냐? 하더라. 그러나 예수는 성전 된 자기 육체를 가리켜 말씀하신 것이라 (요 2:19-21)

그러면 실제로 "이 성전," 곧 "성전된 자기 육체"가 헐린 곳은 어디인가? 바로 예루살렘 성 영문 밖이다.

> 우리에게 제단이 있는데 장막에서 섬기는 자들은 그 제단에서 먹을 권한이 없나니 [11]이는 죄를 위한 짐승의 피는 대제사장이 가지고 성소에 들어가고 그 육체는 영문 밖에서 불사름이라.[12] 그러므로 예수도 자기 피로써 백성을 거룩하게 하려고 성문 밖에서 고난을 받으셨느니라(히 13:10-12)

따라서 다윗 시대 이스라엘이 범죄하였을 때, 하나님이 나타나시고, 속죄가 이루어진 곳, 다윗의 아들 솔로몬이 성전을 지은 곳, 그 곳은 예수님께서 십자가에 죽으신 장소인 것이다.

그러면 다시 처음 질문으로 돌아가 보자. 하나님께서 이 산에서 무엇을 보셨는가? 아니 하나님은 무엇을 보고자 열망하셨고, 보고야 말리라고 결심하셨는가? 아브라함에게 한 산을 지시하시면서 하나님은 무슨 계획을 하셨는가? 하나님은 아브라함이 이삭을 번제로 바치는 이곳을 이미 몇천 년 후까지 보고 계셨다. 그곳에서 모세 이후 시대에 대속죄 제물이 드려질 것, 다윗의 시대에 범죄한 다윗과 이스라엘의 죄를 심판하시고 이스라엘 백성을 살리시기 위해 나타나실 것, 하나님 나라의 중심인 성전이 세워질 것, 구약의 제물과 성전의 실체이신 그리스도께서 하나님의 진노와 심판을 감당하시기 위해 십자가에서 죽으실 것을 보고 계신 것이다.

이렇게 생각할 때, 아브라함이 불과 칼을 들고, 산에 올라가는 장면과 이삭이 자기가 그 위에서 죽을 나무를 지고 올라가는 모습(cf. 창 22:6)은 새로운 조명을 받게 된다. 아브라함이 이삭을 바친 사건은 하나님께서 자기 아들을 십자가에 내주시면서 세상의 모든 죄를 심판하는 종말론적 심판과 공의, 사랑을 역사 속에서 미리 보여주신 것이었다! 예수님은 유대인들에게 너희 조상 아브라함은 나의 때 볼 것을 즐거워하다가 보고 기뻐하였느니라(요 8:56)고 말씀하셨는데, 실제로 아브라함은 그것을 비록 희미하게 볼 뿐이었지만 보고 있었다. 그래서 아브라함은 “번제할 어린 양은 어디 있는가?" 질문하는 이삭에게 "번제할 어린 양은 하나님이 친히 보시리라"고 말했던 것이다.

그러나 하나님의 시선은 여기서 그치지 않는다. 하나님의 시선은 예수님의 십자가를 넘어 종말에까지 이른다.

> 그들의 시체가 큰 성 길에 있으리니 그 성은 영적으로 하면 소돔이라고도 하고 애굽이라고도 하니 곧 그들의 주께서 십자가에 못 박히신 곳이라(계 11:8)

이 "성"은 성전이 가운데에 있었던 곳인데, 예루살렘을 가리킨다. 이방인들에게 짓밟히고, 무저갱에서 올라온 짐승이 전쟁을 일으켜 신자들이 순교한 곳, 바로 그 곳을 말한다. 그런데 사도 요한에 따르면, 그들이 죽은 곳은 그들의 주님이 십자가에 못 박히신 바로 그 장소이다. 그러나 주님이 십자가에 못 박히시고, 신자들이 순교한 이곳은 후에 다시 승리의 장소가 될 것이다.

> 또 내가 보니 어린 양이 시온산에 섰고 그와 함께 144,000이 서 있는데, 그들의 이마에는 어린 양의 이름과 그 아버지의 이름을 쓴 것이 있더라(계 14:1)

아브라함이 살던 때가 약 B.C. 1,900년이다. 이때부터 솔로몬이 성전을 건축한 때가 약 900년 후요, 그때로부터 예수님이 십자가에 못 박히신 것이 약 1,000년 후이다. 이 긴 시간 동안 일어난 여러 사건이, 하나님이 나타나시고, 심판을 행하시고, 죄를 용서하시며, 성전이 건축되고, 십자가 사건이 있던 한 장소로 묶여 있는 것이다.

이 사건들을 하나님의 시각에서 다시 보자. 그러면 모든 사건들이 겹치게 된다. 아브라함이 이삭을 바친 사건, 다윗이 아라우나의 타작마당을 구입하고 제단을 쌓은 일, 솔로몬 성전이 건축된 일, 예수님이 십자가에 죽으신 일, 이후 신자들이 핍박받는 현재와 미래의 완성이 이 장소 위에 투명한 필름처럼 겹친다. 바로 이것을 하나님이 보고 계신 것이다. 이 모든 사건에서 하나님은 주인공이요 계획자시요 완성자이시다.

**구약**

| 이삭을 바침 | 모리아 | 대속과 부활의 원리 계시 |
|---|---|---|
| | 아라우나 타작마당 | 죄 사함 〈 다윗의 인구조사 |
| | 솔로몬 성전 | 하나님의 임재 |

**신약**

| 예수님의 십자가 | 예루살렘(예수님=성전) | |
|---|---|---|
| | 큰 성 | 순교자들 |
| | 시온 | 승리한 성도들 |

그러면 하나님이 "보시면" 어떤 결과가 생기는가?

### 3. 하나님 시선의 결과

"하나님의 봄의 결과는 무엇인가?" 이 질문은 "하나님이 보시는 행동이 어떤 행동인가?"와 관련이 있다. 출애굽기 2–3장을 보자.

> 하나님이 그들의 고통 소리를 들으시고 하나님이 아브라함과 이삭과 야곱에게 세운 그의 언약을 기억하사 하나님이 이스라엘 자손을 보고(וַיַּרְא) 하나님이 그들을 아셨더라(וַיֵּדַע) (출 2:24-25)

> 여호와께서 이르시되 내가 애굽에 있는 내 백성의 고통을 분명히 보고(רָאֹה רָאִיתִי) 그 근심을 알고, 내가 애굽의 손에서 건지기 위하여 내려가리라(וָאֵרֵד לְהַצִּילוֹ מִיַּד מִצְרַיִם) (출 3:7-8)

이 구절에서 "보다"나 "보았다"는 말은 사물이나 사정에 대한 정보를 모으고 거기서 내용을 파악한다는 뜻이 아니다. 하나님은 영이시므로 존재와 그 존재와 활동의 토대인 속성이 분리되지 않는다. 그렇다면 하나님이 "보신다"는 말은 무슨 뜻인가? 이것은 비교와 결과 측면에서 살펴볼 수 있다. 첫째, 하나님이 "보신다"는 표현이 나오는 다른 구절과 비교해 보자. 예를 들어, 성경은 하나님이 온 천지를 창조하시고 "보시기에 좋았다"라고 말한다(창 1:4, 10, 12, 18, 21, 25, 31). 여기서 "보다"는 말은 자신의 창조를 즐거워하고, 만족하시며, 선하다 평가하시고, 완전함과 완성을 누리신다는 뜻이다. 이와 같이 하나님이 고통으로 신음하는 이스라엘 자손을 "보시고," 자기 백성의 고통을 "분명히 보셨다"는 말은, 하나님이 이스라엘이 언약 백성임을 확인하고 그들의 탄원을 존재와 성품을 다해 듣고 알아주시며, 이제 자기 백성을 위해 무엇을 해야 할지 계획하신다는 의미이다.

둘째, "봄"의 결과를 살펴보면, 이 "봄"의 내용을 추측할 수 있을 것이다. 하나님이 이스라엘과 그들의 고통을 "보셨을" 때 무슨 일이 일어났는가? 출애굽이다. 역사상 전무후무한 구원 사건이 일어났다. 따라서 하나님께서 "보신다"는 말은 전능하신 하나님이 자기 백성을 "불쌍히 여기시고 구원하시기 위해 일하신다"는 의미를 내포한다.

## 나가며

지금까지 관찰한 내용을 요약하면 다음과 같다. 하나님은 아브라함이 이삭을 바친 그곳에서 이미 십자가 사건을 보고 계셨다. 아브라함이 이삭을 데리고 "하나님께서 지시하신 한 산"에 가서 그를 제물로 바친 곳에서, 하나님은 약 1,900년 후에 자신의 독생자를 십자가에 내주게 될 사건을 미리 보신 것이다. 아브라함이 이삭을 바친 사건을 통해 하나님은 십자가 죽음과 부활의 방식으로 구원을 이루실 것을 계시하셨다. 아라우나의 타작마당 사건을 통해서는 하나님의 백성의 죄를 용서하는 사건이 될 것임을 계시하셨고, 솔로몬의 성전 터와 이 장소가 겹치는 것을 통해서는 십자가를 통해 하나님께 나아갈 길이 열릴 것을 계시하셨고, 우리 주님이 성전이 되신다는 점이 이것을 확증한다. 여기서 주님의 백성들이 신앙을 위해 순교할 것이며, 나아가 승리할 것을 보여주셨다. 따라서 아브라함은 "여호와의 산에서 보시리라"는 신비를 담아 그곳 이름을 여호와 이레(창 22:14)라고 붙인 것이다. 여기서 다음 두 가지를 기억해야 한다.

1. 하나님은 "아브라함이 이삭을 제물로 바치는 일"을 생각해 내신 분이라는 점이다. 하나님은 이 일로 이미 영원 전부터 계획하신 구원의 길을 "표현"하셨다. 하나님은 자기 아들을 십자가에 못 박는 사건을 자신의 계획과 자신의 사랑을 표현할 언어로 삼으신 것이다. 이것은 사람이 보기에 비상식을 넘어 불가능한 일이다. 그러나 하나님은 인간 철학 체계에서 인륜이나 천륜이라 말하는 것을 넘어서는 일, 종교개념 사전에 결코 나타나지 않을 길을 생각해 내신 분이다.

하나님이 이런 일을 "생각해 내신다"는 것은 무엇을 가리키는가? 이것은 성경의 근본적인 메시지와 관련이 있다. 성경에 따르면, 십자가는 즉흥적인 아이디어가 아니라, 창조와 역사 속에서 수많은 사건과 연결되어 있다. 그것도 하나님의 시선이 분명히 드러나도록 그 모든 사건이 하나님이 나타나신 장소와 연결되었다. 그렇다면 이렇게 장구한 시선과 유구한 계획, 영원에 이르는 집념은 무엇 때문인가? 그것은 성경의 근본적인 진단과 관련이 있다. 성경에 따르면, 인간의 죄가 그만큼 심각한 것이요, 무한히 지혜로우신 하나님의 지혜가 총동원되고, 전능하신 하나님의 능력이 총투입되며, 거룩하신 하나님의 공의가 총집결해야 했으며, 무한한 하나님의 사랑이 총집중되어야 했기 때문이다.

2. 신자는 자신의 구원의 뿌리가 영원에 있다는 점을 기억해야 한다. 하나님은 영원부터, 아브라함이 이삭을 바치는 곳에서, 다윗이 아라우나의 타작마당에서 제단을 쌓은 곳에서, 솔로몬이 성전을 건축한 곳에서, 이미 우리 주 예수 그리스도의 십자가를 보고 계셨다. 그러면서 그 십자가를 의지하고, 죄를 자복할 그의 백성도 보고 계셨다. 신자는 자신의 죄를 담당하기 위해 십자가에서 죽으신 그리스도를 보는 순간, 시간을 거슬러 골고다, 솔로몬 성전, 아라우나 타작마당, 모리아를 거쳐 영원으로 시야가 열린다. 거기서 시작된 하나님의 시선과 마주하게 된다. 그리고 자신의 구원이 영원에 정초하고 있다는 사실을 한꺼번에 깨닫게 된다.

앞의 2장과 3장에서 타락한 인간과 피조계를 위해 하나님께서 영원 안에서 계획하신 일이 무엇이며, 예수님이 이 땅에 오셔서 그 시간의 도래를 언제부터 인식하고 반응했는지 살펴보았다. 나아가 하나님께서 역사 안에서 자신의 구원계획과 방식을 어떻게 계시하셨는지, 하나님의 시선이 긴 역사를 넘어 얼마나 집요하게 유지되었는지 살펴보았다. 하나님은 아브라함이 이삭을 바친 사건을 통해 구원을 십자가 죽음과 부활의 방식으로 이루실 것을 계시하셨다. 예수님은 때가 이르렀을 때 그 시간의 목표점에서 일어날 일을 아버지께 영광을 돌리는 사건이요 아들을 영화롭게 하는 사건으로 인식하셨다. 동시에 하나님은 독자 이삭이 나무를 매고 올라가 제물로 바쳐질 그 장소, 그 사건에 영원부터 영원까지 펼쳐질 구속을 모두 연결하셨다.

그러면 이 십자가는 실제로 무엇이었기에, 누구에게 어떤 목적으로 시행되었으며, 무엇을 상징했기에, "창세 전에 ... 아버지와 함께 가졌던 영화로써" 아들을 영화롭게 하며(요 17:5), 거기에 하나님의 시선이 영원히 머물러 있는가(창 22:8, 14)? 이제 이 질문에 대하여 살펴보자.

## | 토론 문제 |

**01** "모리아"의 뜻은 무엇이며, 이 명칭과 관련된 가장 중요한 특징은 무엇인가?

**02** "여호와 이레(이르에)"는 무엇을 뜻하며, 아브라함에게 "이삭을 바치라"고 하신 명령과 어떤 관련이 있는가?

**03** 하나님의 시선이 구약에서 신약시대, 나아가 종말에 이르기까지 일관적으로 머문 곳과 거기서 일어난 사건들을 찾아 기록하고, 자신의 말로 표현해 보라.

| | 하나님의 시선 | 성경 | 내용 |
|---|---|---|---|
| 아브라함 | 모리아 | | |
| 다윗 | 아라우나 타작마당 | | |
| 솔로몬 | 성전 터 | | |
| 예수님 | 성전과 골고다 | | |
| 종말 | 큰 성 | | |
| | 시온 | | |

04 "하나님이 보신다"는 말은 출애굽기 2-3장 외에 어디에 나타나며, 무슨 의미인가?

05 하나님이 역사 안에서 계시하신 일이 무엇인지 공부하면서 당신의 마음에서 어떤 생각과 질문이 일어나는가?

# III

# 구원 성취 방법

십자가와 대속 원리 고전 1장

십자가의 도가 멸망하는 자들에게는 미련한 것(μωρία)이요 구원을 받는 우리에게는 하나님의 능력이라. [19]기록된 바 "내가 지혜 있는 자들의 지혜를 멸하고 총명한 자들의 총명을 폐하리라" 하였으니, [20]지혜 있는 자가 어디 있느냐? 선비가 어디 있느냐? 이 세대에 변론가가 어디 있느냐? 하나님께서 이 세상의 지혜를 미련하게 하신 것이 아니냐? [21]하나님의 지혜에 있어서는 이 세상이 자기 지혜로 하나님을 알지 못하므로 하나님께서 전도의 미련한 것으로 믿는 자들을 구원하시기를 기뻐하셨도다. [22]유대인은 표적을 구하고 헬라인은 지혜를 찾으나, [23]우리는 십자가에 못 박힌 그리스도를 전하니, 유대인에게는 거리끼는 것(σκάνδαλον)이요 이방인에게는 미련한 것이로되, [24]오직 부르심을 받은 자들에게는 유대인이나 헬라인이나 그리스도는 하나님의 능력이요 하나님의 지혜니라(고전 1:18-24)

그리스도인 예배의 초점이 자기 행실로 인해 최고형을 당한 한 사람과 파멸에 이르게 하는 나무 십자가(*crucis ligna*)에 있다고 말하는 것은 이 범죄자가 처형된 비참한 안식처가 그들에게 어울린다는 것과 그들이 드리는 예배의 종류를 규정한다(타키투스, 『옥타비아누스』 9,4)*

* 타키투스에 따르면, 이 말은 이교도 카이킬리우스가 기독교를 비난하기 위해 한 말이다.

04

# 십자가와 대속 원리

## 들어가며

예수님은 로마 시대 본디오 빌라도가 유대 총독으로 재임했을 때 예루살렘 성 밖 "해골"(골고다)이라 불리는 장소에서 십자가 형을 받으셨다. 기독교는 이 사건을 기억하고 십자가를 자신의 상징으로 채택했다. 그후 십자가는 건축과 그림에 등장했고, 사람들은 십자가를 기독교와 동일시하기 시작했다.

여기서 우리는 잠시 멈춰 서서 현대의 십자가상(像)을 내려놓고 생각해 보아야 한다. 만일 십자가가 역사상 사형수에게 주어진 형벌의 하나였다면, 예수님이 이 십가가 형이 시행될 때를 가리켜 자신과 하나님이 영화롭게 될 때라고 말씀하신 것이나, 하나님이 이 십자가 형이 시행될 장소에 아브라함 때부터 신약 시대까지 항상 자신의 시선을 머물게 하셨다는 사실이 어울릴 수 있는가? 만일 이것이 어울리지 않는다면, 복음서 기자들이나 성경 저자들이 오해한 것인가?

성경은 십자가가 고난이라는 것을 부인하지 않는다. 동시에 계시라고 주장하는 것을 머뭇거리지도 않는다. 성경에 따르면, 그리스도의 십자가는 고난의 절정이면서 동시에 계시의 절정이다. 왜냐하면 이 십자가에 그리스도를 대적하는 사람들이 다 모이기 때문이다(시 2:1-2; 행 4:25-26). 동시에 시편의 예언대로 "과연 헤롯과 본디오 빌라도는 이방인들(복수)과 이스라엘 백성과 합동하여(τε καί...σύν) 하나님의 기름 부으신 거룩한 종 예수를 거스려 하나님의 권능과 뜻대로 이루려고 예정하신 그것을 행하려고 이 성에 모였기" 때문이다(행 4:27-28).

그러나 역사적으로 볼 때, 십자가는 엄연히 사형수의 형틀이었다. 따라서 십자가에 대한 사도들과 성경의 시각은 너무나도 낯설다. 한 시대 한 문화권을 넘어 시대와 공간을 뛰어 넘을 만큼 낯설다. 어느 시대 어느 문화권에서도 사도들과 성경처럼 십자가를 보지 않기 때문이다. 따라서 그 낯섦의 정도를 제한할 수 없다. 만일 십자가를 계시라고 부를 수 있다면,[1] 이 계시는 하나님의 지혜와 구속 비밀의 심연을 드러낸다. 따라서 그 계시의

1 J. Stott, *Cross of Christ* (Downers Grove: IVP, 1986), 204-226 [=『그리스도의 십자가』, 황영철·정옥배 옮김(서울: IVP, 2007), 385-426]. 이하 번역서 쪽수는 [ ]에 표시한다.

규모를 제한할 수 없다. 여기서 세 가지 질문이 제기된다.

1. 고대 세계에서 "십자가"는 과연 어떤 것이었는가?
2. 초대교회에서 "그리스도의 십자가"를 어떻게 묘사하는가?
3. 그리스도의 십자가 외에 다른 구원의 길은 없는가?

그리스도의 십자가의 신비를 정당하게 평가하기 위해서는 사도들의 시각과 일반의 시각을 동시에 고려해야 한다. 여기서는 우선 십자가형에 대한 이방인들의 시각과 유대인들의 시각을 살펴보고, 다음으로 복음서 기자들과 사도 바울의 시각을 알아보자.

## 십자가에 대한 당시 일반인의 시각

먼저 2,000년 전 십자가를 어떻게 생각했는지 한번 살펴보자. 바울이 쓴 편지에 당시 일반인이 십자가에 대해서 어떤 시각을 가졌는지 전해주는 구절이 있다.

> 십자가의 도가 멸망하는 자들에게는 미련한 것(μωρία)이라. … [22]유대인은 표적을 구하고 헬라인은 지혜를 찾으나 [23]우리는 십자가에 못 박힌 그리스도를 전하니 유대인에게는 거리끼는 것(σκάνδαλον)이요 이방인에게는 미련한 것이로다(고전 1:18, 22-23)

이 구절을 보면, 당시 헬라인과 유대인이 십자가를 어떻게 생각하고 있는지 알 수 있다. 여기서 "유대인-헬라인"은 당시 세계를 구분하던 방식 중의 하나였다.

1. 정치적 관점: 로마인-비로마인, 로마 시민권이 있는 자와 없는 자
2. 철학적 관점: 헬라인-비헬라인, 지혜인-야만인
3. 민족적 관점: 유대인-비유대인, 언약 백성과 언약 밖에 있는 사람들

그런데 십자가는 헬라인들과 이방인들에게도, 유대인들에게도 매우 부정적인 것이었다. 이방인에게는 "미련한 것"이요, 유대인에게는 "거리끼는 것"이었다. 이들은 왜 이렇게 생각했는가?

### 1. 이방인들의 시각

바울은 십자가가 이방인들에게는 "미련한 것"(*μωρία*)이라고 말한다. 이것은 헬라인에게든 로마인에게든 공통적이다. 하지만 이들 각각의 강조점은 다르다. 그러면 이들 각각의 시각을 살펴보자.

## 헬라인의 시각

바울에 따르면, 헬라인들에게 십자가는 "미련한 것"(μωρία)이었다. 이것은 일차적으로 "지적으로 부족하다, 초월적인 지혜가 전무하다"는 뜻이다. "하지만 이것 이상이다."[2] 2세기 초 최초의 변증가이자 순교자였던 유스티누스(A.D. 110-165)는 『기독교 변증』이라는 책에서 다음과 같이 썼다.

> 그들은 이점에서 우리가 미쳤다고 선포합니다. 곧 우리가 십자가에 못 박힌 인간을 변치 않고 영원한 하나님, 만물의 창조자 다음 자리, 곧 두 번째 위치에 둔다는 [이유에서 말입니다].[3]

당시 이성적인 사람들의 눈에 "십자가에 못 박힌 그리스도를 신으로 믿는 일"은 그야말로 "조야하고 지나친 것이 끝이 없는 미신"[4]으로 보였다. 헬라인들에게 "십자가에 못 박힌 메시아"는 말은 성립하나 의미상 모순이요, 부딪히는 것이요, 짐승과 거의 다름없는 미개인의 소리로 들렸다.[5] 따라서 사도 바울과 그리스

---

2 Hengel, "Mors turpissima crucis: Die Kreuzigung in der antiken Welt und die 'Torheit' des 'Wortes vom Kreuz,'" in J. Friedrich and W. Pöhlmann u. a (Hg.), *Rechtfertigung*, FS Ernst Käsemann zum 70. Geburtstag (Tübingen: Mohr, 1976), 126 [= 헹엘, 『십자가 처형』, 이영욱 옮김(서울: 감은사, 2019), 11]. 이하 번역서 쪽수는 [ ]에 표시한다.

3 Justin, *Apol.* I 13,4, ANF 1, 166.

4 Pliny, *Ep.* X 96,4.

5 Cf. Hengel, *"Mors turpissima crucis,"* 131.

도인들이 십자가에 못 박힌 하나님의 아들을 전파하였을 때, 사람들은 그들이 단단히 미쳤다(μανία)고 추측할 수밖에 없었다.[6]

그러면 왜 이런 시각이 생겼는가? "십자가형은 당시 알려진 세계의 변두리에 살던 '야만인들'이 고안하여 뒤에 그리스인과 로마인이 받아들인 것으로 보인다. 이것은 지금까지 시행된 모든 처형 방법 중에서 가장 잔인한 방법일 것이다. 왜냐하면, 이것은 사람이 극도로 고통을 느낄 때까지 죽음을 늦추는 처형법이기 때문이다."[7] 십자가에 매달린 사람이 며칠 동안 죽지 않고 하는 행동은 보통 사람들에게는 상상의 세계에도 없는 장면들이다. 그래서 로마인들은 "살인, 반란 혹은 무장 강도 짓을 한 범죄자, 그 중에서도 노예나 외국인 혹은 사람 취급을 못받는 사람들에게만 이 형벌을 가했다."[8] 십자가형은 고대에 가장 잔인하고 야만적인 형벌이었다.[9] 따라서 십자가는 고대인들에게 극심한 공포를 불러일으키는 것이었고, 공포의 상징이었다는 것을 알 수 있다.

그러면 로마인들은 십자가를 어떻게 느꼈는가?

---

6 Cf. Hengel, "*Mors turpissima crucis,*" 126-129.

7 Stott, *Cross of Christ*, 23-24 [39].

8 Stott, *Cross of Christ*, 24 [39].

9 Cf. Hengel, "*Mors turpissima crucis,*" 137–141.

## 로마인의 시각

십자가에 대한 로마인의 시각은 키케로가 기원전 63년 라비리우스에 대적하여 한 연설에서 잘 엿볼 수 있다. 집정관 라비에누스(Tribun T. Labienus)가 라비리우스를 고소하여 시작된 이 재판에서 키케로는 변호 역할을 맡았는데, 그는 이 연설 § 9–17에서 십자가형에 관하여 길게 다룬다.

> 공개 재판의 치욕은 비참한 것이다. 형벌로 사람의 재산을 빼앗는 것은 비참한 것이다. 추방하는 것도 비참한 것이다. 하지만 이 모든 재난에도 여전히 자유의 흔적이 다소간 남아 있다. 심지어 사형의 위협을 받는다 해도 우리는 자유민으로 죽을 수 있다. 하지만 그 [십자가] 형 집행인들과 머리를 덮는 것, [십자가] 교수대를 단지 부르는 것도 제거되어야 한다. 단지 로마 시민들에게서 뿐만 아니라, 그들의 생각과 눈과 귀에서 멀리 제거해야 한다. 왜냐하면 실제적인 사실과 이 모든 일을 견디는 것뿐만 아니라 그들에 노출될 가능성, 기대나 그것을 언급하는 것도 로마 시민과 자유민에게 어울리지 않기 때문이다.[10]

그러면 로마 시민은 십자가형을 당할 수 있는가? 없다! "로마

10 Cicero, *Pro Rabirio*, 16; cf. J. G. Cook, *Crucifixion in the Mediterranean World*, WUNT 327 (Tübingen: Mohr, 2015), 72; 헹엘, 『십자가 처형』, 92-93.

시민은 오직 극단적인 국가 반역죄를 행했을 경우에만 십자가형을 당했다."[11] 그 외에 로마 시민에게 십자가형을 가하는 것은 있을 수 없는 일이었다. 키케로는 시칠리아 총독이었던 베레스 반박연설에서 베레스가 로마 시민에게 이 형을 가한 것을 심각하게 항의하고 있다.

> 지금까지 나는 이 계층에서 증인을 채택했을 뿐입니다. 이들은 단지 가비우스와 잘 안다고 말하는 사람들이 아니라, 가비우스가 자신은 로마 시민이라고 외치는데도 십자가로 끌려간 것을 본 사람들입니다. 그리고 오 베레스여, 당신도 같은 말을 합니다. 당신은 가비우스가 자신은 로마 시민이라고 외쳤다는 것을 실토했습니다. 하지만 [로마] 시민권이라는 이름이 당신의 마음에 최소한 망설임을 일으키거나, 이 가장 잔인하고 무지한 형벌을 잠시라도 유예하도록 하는데 아무 소용이 없었습니다.[12]

방금 살펴 본 키케로의 두 연설에서 우리는 로마 제국 시민권자들의 생각을 분명히 알 수 있다. '로마 시민의 입장에서 십자가형은 화제를 삼는 것도 어울리지 않는다. 하물며 십자가형이 로

---

11 Stott, *Cross of Christ*, 24 [40].

12 Cicero, *Against Verres* II 5,165; M. Tullius Cicero. *The Orations of Marcus Tullius Cicero*, literally translated by C. D. Yonge (London: George Bell & Sons, 1903).

마 시민에게 가해지는 것은 얼마나 경악스러운 일인가?'

그러면 로마 시민이 아니라 신이 십자가형을 받을 수 있는가? 그런 일은 결코 일어나지 않는다. 제우스 아들들도 고난을 당하지만, 결코 십자가 형벌을 당한 흔적은 없다.[13] 따라서 예수가 하나님의 아들이고, 진정으로 자신의 신성을 보여주려고 했다면, 설사 십자가에 달렸더라도 십자가에서 갑자기 사라졌어야 했다.[14] 이것이 예수님과 초대교회 당시 일반인들의 생각이었다.

그런데 그리스도인들이 이상한 주장을 하는 것이다. 그리스도인들에 따르면, 노예도 아니고, 외국인도 아니며, 자유민도 심지어 로마 시민권자도 아닌 신이, 하나님의 아들이 십자가에 못 박혔다는 것이다. 나아가 십자가에 못 박힌 사람을 자신들의 주인이라고 고백하는 것이다. 당시 일반인들이 그리스도인들에게 온전한 정신이 있다고 볼 수 없었던 이유가 여기에 있다. 따라서 '그리스도께서 고난 받은 것은 실제로 자기 육체가 아니라, 오직 그의 그림자뿐이었다'는 주장이 힘을 얻었고, 이 주장(가현설)은 초대교회에 결코 단순한 유혹이 아니었다.[15] 이런 이유로 "십자가의 말씀"(고전 1:18)은 기독교 복음을 이교도와 이단에서 구분하는 시금석이 된다.[16]

13 Cf. Justin, *Apol.* I 22,3-4; cf. ANF I, 170.

14 Origenes, *Contra Celsum II 68*; Cf. ANF IV, 458-459; 마 27:42, 막 15:32.

15 Hengel, *"Mors turpissima crucis,"* 133-137 [39-51].

16 Hengel, *"Mors turpissima crucis,"* 126 [12-13].

그러면 유대인들의 경우는 어떠했는가?

## 2. 유대인들의 시각

유대인들의 시각을 알기 위해서는, B.C. 1,500년 경부터 A.D. 70년까지 역사를 간략하게 들여다볼 필요가 있다. 유대인들에게 십자가에 달린다는 것은 "나무에 달린다"는 말과 같은 말이었다. 그들은 십자가에 못 박힌 죄인들을 볼 때, 즉각 모세의 말을 떠올렸다.

> [22]사람이 만일 죽을 죄를 범하므로 네가 그를 죽여 나무 위에 달거든 [23]그 시체를 나무 위에 밤새도록 두지 말고 그날에 장사하여 네 하나님 여호와께서 네게 기업으로 주시는 땅을 더럽히지 말라. 나무에 달린 자는 하나님께 저주를 받았음이니라(신 21:22-23)

성경에는 유대인이 유대인을 십자가에 매단 예가 없다. 오직 가나안 정복 전쟁 중에 아이 왕과 아모리 족속의 다섯 왕을 처형했는데, 이때 "나무에 매달았다"는 말이 나온다(수 8:29; 10:26-27). 따라서 전쟁에서 패한 적에게 행한 처벌이었던 것이다.

요셉 시대에 이집트 파라오가 떡 굽는 관원장을 "나무에 매달았다"는 기록이 있다(창 40:19, 22). 또 페르시아 왕 아하수에로(약 B.C. 486-465)가 자기 신하 하만을 처형하는 모습에서 "나무에 매다는 형"을 관찰할 수 있다(에 7:9-10).

중간기에 알렉산더 얀네우스라는 사람이 있었는데, 맛다디아와 그의 아들 유다 마카비가 이끄는 유대 독립왕국(하스모니안 왕조)에 속한 사람이었다. 얀네우스는 27년간(B.C. 103-76) 유대를 다스렸는데, 유대인들은 그의 폭정에 반기를 들었다. 특별히 바리새인들이 항거했는데, 자신에게 반역한 유대인들을 십자가에 처형했다.

> 알렉산더는 분노가 지나쳐서 불경건할 정도로 이성을 잃고 야만스러운 행위를 하게 되었는데, 도시 한복판에서 800명을 십자가에 매달도록 명령했으며 그들의 부인과 자식들의 목을 그들이 보는 앞에서 베어버렸다. 그리고 알렉산더는 자신의 후궁들과 누워서 희희낙락하면서 이 광경을 바라보았다. 이 모습을 본 백성들은 깊은 충격에 빠졌다. 그리하여 알렉산더를 반대하는 8,000명이 바로 그날 밤 유대를 떠나 망명하기 시작해 알렉산더가 죽은 후에야 그치게 되었다.[17]

그리스-로마 제국으로 넘어가 보자. 로마 정부가 유대인을 십자가에 매달았을 때, 유대인은 어떻게 반응했는가? 요세푸스는

---

17 Josephus, *Ant.* I 97-98.

유대인들에게 가해진 십자가 형벌을 몇 차례 보도했다. 로마 장군 바루스(Varus)가 기원전 4년 헤롯 대제가 죽었을 때, 유대인 2,000명을 십자가에 못 박았다.

| 요세푸스, 『유대고대사』 XVII 295 | 요세푸스, 『유대전쟁사』 II 75 |
| --- | --- |
| 이에 바루스는 그의 병력의 일부를 지방으로 보내어 반역을 일으킨 주동자들을 색출하도록 하였다. 그들은 반역자들을 잡아 바루스 앞에 무릎을 꿇게 하였다. 바루스는 죄가 무거운 | 바루스는 이제 그의 군대를 각지에 보내 소요의 주동자를 찾았는데, 그들 중 많은 사람이 붙잡혀 왔다. |
| 자들은 처벌하게 하고 경미한 사람들은 풀어주었다. 이때 십자가에 못 박혀 처형당한 사람은 2,000명이나 되었다. | 소요에 가담했던 정도가 비교적 가벼운 사람들은 감옥에 보내고, 깊이 가담한 약 2,000명은 십자가형으로 처형하였다. |

또 A.D. 70년 로마 장군 티투스(Titus)는 예루살렘을 포위했다. 그러자 예루살렘 주민들이 거기서 빠져나왔는데, 로마군들은 이들을 붙잡아 십자가에 못 박았다.

> [예루살렘에 남아있던 가난한 사람들이 기근에 견디다 못해 탈주했는데, …] 그들은 구타당하고 온갖 모든 고문을 당한 뒤 성벽 십자가에 처형을 당했다. ... 매일 500명 혹은 때로는 그 이상 되는 유대인들이 붙잡혔다. 한편 티투스는 전쟁 포로들을 그냥 풀어주는 것이 위험한 것이며, 이 많은 포로를 수용하는 것은

> 그만큼 관리자들이 필요함을 깨달았다. 그러나 티투스가 십자가에 처형하는 것을 중단시키지 않은 주된 이유는 아마 이 광경을 본 유대인들이 계속적으로 저항하다가는 십자가 처형을 당하리라는 두려움에서 항복할 것을 기대하고 있었기 때문이다. 로마 병사들은 분노와 증오에 차서 유대인들을 각각 다른 자세로 십자가에 못 박는 것을 즐겼다. 십자가에 못 박힌 수가 너무 많아서 십자가를 세울 공간도 찾을 수 없을 정도였으며, 사람의 몸을 [매달기 위한] 십자가도 찾아볼 수 없을 지경이었다.[18]

요세푸스는 이때 유대인들이 느낀 두려움을 간접적으로 기록한다. 그들이 얼마나 분개했는지 분명한 표현은 없다. 하지만 이때 예루살렘은 완전히 포위되었고, 기근이 심하여 자신들의 감정을 표현할 겨를도 없었다. 그러면 십자가는 유대인들에게 고난의 상징이 된 적이 있는가? 결코 없었다. 십자가는 유대인들에게 모욕이요 굴욕의 상징이었다. 그래서 바울은 유대인들에게 십자가는 "거치는 것"(σκάνδαλον)이라고 말한다. 다시 말해서, "넘어지게 하는 것," "허튼소리"(Unfug), "견딜 수 없는 것," "아주 충격적이게 비천한 것" 등등이다. 따라서 십자가에 못 박힌 메시아를 제정신으로 받아들일 수 있는 유대인은 아무도

18 Josephus, *Bell.* V 449–451.

없었다.[19]

지금까지 우리는 비유대인과 유대인들이 십자가를 어떻게 생각하는지를 살펴보았다. "유대인이든 헬라인이든, 로마인이든, 다른 외국인이든, 어느 누구에게라도 십자가에 달린 메시아 내지 십자가에 달린 하나님의 아들, 혹은 십자가에 달린 하나님이라는 표현은 그 자체로 모순이자 불편하고 어리석은 주장으로" 보였다.[20] 고대인들에게 "십자가"(*crux*)는 완전히 거리끼는 것이요, 불쾌감과 분노를 일으키는 것이었다.[21] 고대 세계에서 이렇게 불쾌하고, 두려우며, 그저 보고만 있어도, 생각만 해도 소름이 끼치는 것은 없었다. 그런데 초대 그리스도인들은 이 십자가에 못 박힌 사람을 신으로 믿고, 그 사람이 못 박힌 십자가를 자신들의 믿음의 상징으로 채택하기에 이른다. 일반의 시각에서 보면, 결코 이해할 수 없는 일이다. "정신이 온전한 사람이라면, 공정하게 죄인으로 정죄당해서 가장 수치스러운 처형방식으로 죽임을 당한 사람을 어떻게 하나님으로 경배할 수 있었겠는가?"[22]

그렇다면 타 종교와 현대인은 어떤가?

---

19 Cf. Hengel, *"Mors turpissima crucis,"* 177.

20 Hengel, *"Mors turpissima crucis,"* 131 [29].

21 Cf. Hengel, *"Mors turpissima crucis,"* 137.

22 Stott, *Cross of Christ*, 23 [39].

## 3. 타 종교와 현대인의 시각

이슬람교는 십자가를 거부한다. 왜 그런가? 가장 중요한 이유는 수치와 알라는 양립할 수 없기 때문이다. 그들은 이렇게 생각한다. "하나님의 중요한 선지자가 그렇게도 수치스러운 종말을 맞이하는 것은 불합리하다."[23] 이슬람교는 "죄를 담당하는 구주의 죽음의 필요성을 느끼지 않는다." 왜냐하면 꾸란에 따르면, "각 사람은 자기 행위 열매를 거두어야 하기 때문이다."[24] 성경은 십자가에 죽은 예수님을 말하고, 꾸란은 십자가 죽음을 부정하니, 이슬람은 고민에 빠졌다. 그래서 그리스도의 죽음을 부인한다. "하나님이 예수님을 구하기 위해 예수님의 대적들에게 마술을 걸어 가룟 유다나 구레네 시몬이 예수님 대신 죽게 하셨다"[25]고 말한다.

철학자 프리드리히 니체(Friedrich Wilhelm Nietzsche, 1844-1900)는 초인 사상에 따라 그리스도와 기독교를 혐오한다. 니체는 선, 악, 행복을 다음과 같이 정의한다.

> 선이란 무엇인가? – 그것은 힘의 감정과 권력을 향한 의지와 힘 자체를 고양시키는 모든 것이다.

---

23 Stott, *Cross of Christ*, 40 [71].

24 Stott, *Cross of Christ*, 41 [71].

25 Stott, *Cross of Christ*, 42 [71-72].

> 악이란 무엇인가? – 그것은 약함에서 비롯되는 모든 것을 말한다. 행복이란 무엇인가? – 그것은 힘이 증가되고 있다는 느낌, 저항을 초극했다는 느낌을 말한다.
>
> …
>
> 약한 자들과 실패한 자들은 몰락해야 한다. 이것이 우리의 인간애가 내세우는 제일의 명제다. 또한 우리는 그들이 몰락하도록 도와주어야 한다.
>
> 그 어떠한 악덕보다도 더 해로운 것은 무엇인가? – 불구자들과 실패한 자들에 대한 동정적인 행위 – 기독교.[26]

이 사상에 따르면, 기독교는 권력을 향한 의지가 가장 빈약하고, 연약함이 가장 크며, 온갖 천하고 잘못 만들어진 것을 가장 힘써 흡수하는 괴물이다.

마지막으로 현대인의 눈에 십자가 교리는 말 그대로 "야만적인" 것이다. 어떻게 인간이 태어나기도 전에, 어떤 행동을 하기도 전에, 죄(원죄)가 있을 수 있는가? 인간이 도덕적인 존재라면, 어떻게 타인이 자신의 죄를 대신 짊어지도록 할 수 있는가? 이 중 하나만 있어도 비이성적인데, 기독교는 "원죄교리와 대속 교

26 F. Nitsche, *Der Antichrist*, hg. Giorgio Colli und Mazzino Montinari, KSA 6 (New York/Berlin: De Gruyter, 1988), 170.

리가 함께 결합"했으므로, 본래 이성이 없거나, 있었는데 상실했거나 둘 중의 하나일 것이다.[27]

십자가는 고대인들에게는 어리석음과 꺼리는 것의 결정체요, 현대인들에게 불합리와 혐오의 대상이며, 비이성적인 교리의 표상이다. 그러면 이런 십자가를 복음서 기자들과 성경 저자들은 어떻게 보는가?

## 그리스도의 십자가에 대한 성경 저자들의 시각

### 1. 복음서 기자들의 묘사

복음서 기자들이 그리스도의 십자가를 기록할 때 나타난 특징은 두 가지로 요약할 수 있다. 하나는 형식적인 특징으로 복음서 기자들은 사실주의적이면서 동시에 인상파적인 묘사를 한다. 다른 하나는 내용적인 특징으로 복음서 기자들은 예수님의 무죄성을 강조한다.

#### 사실주의적이고 인상파적인 묘사

복음서 기자들은 예수님께서 판결을 받으신 후 '처형'되는 장면

---

27 Cf. Stott, *Cross of Christ*, 43 [75-76].

을 묘사하고 있다. 이들은, 당시 문헌과 비교해 볼 때, 십자가 사건과 이 사건의 장면들을 자세히 다루고 있다. 놀라운 것은 표현방식이다. 복음서 기자들은 십자가 사건을 매우 절제된 언어로 서술한다. 이것은 고대의 일반인들이 십자가를 법적이고 정치적인 관점에서 '이 형은 최고형에 해당한다, 그다음은 동물에게 잡아먹히는 것이다' 등으로 묘사하는 것과 차이가 난다. 또 당시 유대인들이 민족적인 입장에서 동료 유대인들을 십자가에 처형하는 것을 보고 얼마나 분개했는지 기록한 것과도 큰 차이가 난다. 나아가 로마 시민의 견해에서 이 형이 로마 시민과 얼마나 어울리지 않는지 서술하는 것과도 같지 않다. 대부분 이런 기록들의 공통점은 십자가형의 잔인성과 그 잔인성에서 필연적으로 유발되는 역한 감정을 표현한다는 점이다. 그런데 복음서 기자들은 이런 잔인한 사건을 마치 사실주의 화가처럼 지금 무슨 일이 벌어지고 있는지 그대로 적고 있는 것이다. 그러나 복음서 기자들의 기록은 사실주의 작품이면서 동시에 인상파 작품의 면모도 지니고 있다. 동일한 묘사가 어떤 각도에서 빛이 들어오느냐에 따라 전혀 다른 내용을 전하고 있기 때문이다.

이러한 사실주의적이고 인상파적인 묘사 방식과 더불어 이 묘사 속에 두드러진 특징이 하나 있다. 바로 예수님이 무죄하다는 것을 힘주어 말하는 것이다.

### 예수님의 무죄성 강조

복음서 기자들은 산헤드린 공회와 빌라도 앞에서 있었던 신문 과정에서 예수님의 무죄함을 강조한다. 사복음서에 나타난 신문 과정을 모두 비교해 보면, 이것은 세 단계로 이루어진다.

1. 거짓 증거와 유도신문
2. 유다의 증언
3. 빌라도의 증언

먼저 유대 관원들은 예수님을 고소할 증거를 찾는다. 복음서 기자들에 따르면, 증인은 많았으나 신빙성이 없었고, 증언들도 서로 일치하지 않았다.

> 거짓 증인이 많이 왔으나 얻지 못하였다(마 26:60)
>
> 그 증언이 서로 일치하지 못함이라(막 14:56)

마지막으로 두 사람의 증거가 제시되었다.

> 이 사람의 말이 내가 하나님의 성전을 헐고 사흘 동안에 지을 수 있다고 했다(마 26:60-61). 그러나 그 증언도 서로 일치하지 않더라(막 14:59)

다음으로 대제사장은 예수님께 유도신문을 한다. 대제사장은 예수님께 "살아계신 하나님께 맹세하게" 하면서 "네가 하나님의 아들이냐?"라고 묻는다. 예수님은 여기서 "그렇다!"라고 대답하셨다. 그런데 각 복음서 기자는 이 대답의 다른 측면들을 기록하고 있다. 마태복음과 마가복음은 각각 "네가 말하였다"(마 26:64a), "내가 그니라"(막 14:62a)고 명확하게 말씀하셨고, 누가복음은 선지자 예레미야의 어법으로 "내가 물어도 너희가 대답하지 아니할 것이니라"(눅 22:68; 렘 38:15; cf. 7:27)라고 말씀하셨다. 그리고 이어 말씀하신다.

> 인자가 권능자의 우편에 앉는 것과 하늘 구름을 타고 오는 것을 너희가 보리라(마 26:64b, 막 14:62b, 눅 22:69)

이 말에 유대 지도자들은 확인 질문을 하고, 예수님은 확답을 제시한다. "그러면 네가 하나님의 아들이냐? 내가 그니라"(눅 22:70). 유대 지도자들은 이 확답을 정죄의 근거로 삼는다. 따라서 예수님은 적극적으로 자신의 무죄를 변증해야 함에도, 그렇게 하지 않으시고 철저하게 침묵하신다. 이것은 놀라운 일이다.

예수님이 당한 정죄는 무엇인가? 산헤드린 공회는 예수님이 자신을 하나님의 아들이라고 말했다는 이유로 신성 모독죄를 언도한다. 그러나 그들이 로마 법정에 고발한 죄목은 대중 미혹, 납세 거부, 악행 등이었다. 신성 모독죄가 일차적인 기소 이유가 아니었다.

> 우리가 이 사람을 보니 우리 백성을 미혹하고 황제에게 세금 바치는 것을 금지하며 자칭 왕 그리스도라 하더이다(눅 23:2)
> 이 사람이 행악자가 아니었더라면 우리가 당신에게 넘기지 아니하였겠나이다(요 18:30)

> 유대인들이 대답하되 우리에게 법이 있으니 그 법대로 하면 그가 당연히 죽을 것은 그가 자기를 하나님의 아들이라 함이니이다(요 19:7)

이렇게 유대 관원들은 내부적으로는 신성 모독죄로 정죄하고, 외부적으로는 소동과 납세 거부 등으로 고소 이유를 찾은 후, 예수님을 빌라도에게 넘긴다.

한편 빌라도가 재판을 연 새벽, 그 시간에 가룟 유다는 유대 관원들(대제사장들, 장로들)에게 가서 예수님의 무죄를 증거한다. 마태복음은 이렇게 보도한다.[28]

28 마태복음 외에 다른 복음서들은 이 기사를 생략한다. 다만 누가는 사도행전 1:16-19에서 내러티브 형식으로 보도하고 있다.

내가 무죄한 피를 팔고 죄를 지었도다!(마 27:4a)

그것이 우리와 무슨 상관이냐? 네가 당하라(마 27:4b)

이와 동시에 복음서 기자들은 빌라도 신문 과정을 보도한다. 여기서 중요한 것은 빌라도가 적어도 세 번 예수님의 무죄성을 증언한 것이다.

내가 보니 이 사람에게 죄가 없도다!(눅 23:4; 요 18:38)

보라 그가 행한 일에는 죽일 일이 없느니라.

그러므로 때려서 놓겠노라(눅 23:15)

빌라도가 세 번째 말하되, 이 사람이 무슨 악한 일을 하였느냐?

나는 그에게서 죽일 죄를 찾지 못하였느니, 때려서 놓으리라!

(눅 23:22; 요 19:6)

그러나 요한복음 19:4이 명절 사면에 대한 타협안이 좌절된 후에 빌라도가 예수님의 무죄함에 관하여 언급한 것이라면 네 번의 무죄 선언이, 나아가 우리가 요한복음 19:4을 신문, 동정심에 호소, 명절 사면 등 모든 것이 좌절된 후에도 빌라도가 예수님을 석방하려고 했다는 것으로 받아들인다면, 총 다섯 번의 무죄 선언이 있었던 셈이다.

이것이 복음서 기자들의 세 단계 무죄 선언이다. 그런데 그 중간에 코러스가 있다. 그것은 첫 번째 무죄 선언과 두 번째 무죄 선언 사이에 등장한다. 빌라도가 유대인들에게 바라바냐 예수냐고 묻고 난 후 난감한 심정으로 재판석에 앉아 있는데, 빌라도의 아내가 전갈을 보내왔다.

> 저 옳은 사람에게 아무 상관도 하지 마옵소서. 오늘 꿈에 내가 그 사람으로 인하여 애를 많이 태웠나이다(마 27:19)

그러므로 예수님은 횟수로 세 번 이상, 인종적으로 유대인(거짓 증인)과 로마인(빌라도), 성별로는 남자(빌라도)와 여자(빌라도의 아내)의 증언을 통해 죄가 없다는 점, 의인이라는 증거를 받은 것이다. 온 인류가 예수님의 십자가 형 언도에 참여했고, 예수님은 의인으로서 죄인을 대신하여 죽으셨다.

따라서 예수님은 로마정부의 정식재판에 회부되었는데, 그 재판에서 아무런 죄가 없이 로마의 최고형을 받은 것이다. 하지만 여기서 그치지 않는다. 바울에 따르면, 십자가는 제국의 최고형일 뿐 아니라 하나님의 저주를 받은 자가 받는 형벌이다.

## 2. 바울의 십자가 묘사

십자가는 율법의 저주를 담당한 것이었다. 이것을 바울보다 잘 파악한 사람은 없다. 바울은 율법의 행위에 자신들의 구원과 실존의 근거를 두는 사람들에게 경고한다.

> 무릇 율법 행위에 속한 자들은 저주 아래에 있나니, 기록된바 누구든지 율법 책에 기록된 대로 모든 일을 항상 행하지 아니하는 자는 저주 아래에 있는 자라 하였음이라. … 그리스도께서 우리를 위하여 저주를 받은바 되사 율법의 저주에서 우리를 속량하셨으니 기록된 바 나무에 달린 자마다 저주 아래에 있는 자라 하였음이라(갈 3:10, 13)

모세는 이스라엘이 가나안 땅에 들어가면, 에발산과 그리심산에 서서 율법을 지키지 않았을 때 받을 저주를 선언하라고 말한다(신 27:11-13). 이 저주의 마지막은 이렇다.

> 이 율법의 말씀을 실행하지 아니하는 자는 저주를 받을 것이라 할 것이요 모든 백성은 아멘 할지니라(신 27:26)

따라서 누구든지 율법을 하나라도 범하는 자는 모든 율법을 범하게 되고 율법의 저주 아래 있게 된다(cf. 약 2:10). 따라서 율법으로 의롭게 될 육체가 없다(롬 3:19-20). 그러므로 모든 인간은 율법의 저주 아래 있게 되었는데, 그리스도께서 이 저주를 우리를 위해 받으시고 율법 아래 있는 자들을 구속하셨다(cf. 롬 3:23; 갈 4:5). 그것을 어떻게 알 수 있는가? 그것은 그리스도께서 "나무에 달리셨기 때문이다”(cf. 행 5:30; 갈 3:13; 신 21:22-23).

십자가 자체는 영광이나 생명이 아니다. 사형 방식이다. 그것도 극한의 고통과 수치와 모욕을 동반하는 형벌이요, 매장도 허락하지 않는 잔인함의 극치이다. 따라서 이방세계에서도 유대인들의 세계에서도, 구원과 연결되기 가장 어려운 것이 십자가이다. 그런데 하나님은 유구한 역사 속에서 십자가를 보고 계셨고, 예수님은 십자가가 설 자리를 메시아 사역의 목적지로 알고, 거기서 인자가 들려야 하고, 거기서 아버지를 영화롭게 하며, 자신이 영광을 받으실 것이라고 말씀하셨다. 그렇다면 그리스도의 십자가가 유일한 구원의 길인가?

## 대속, 유일한 구원의 길

헬라 지혜자들은 “어리석은 것”이라고 하고, 유대인들은 “거리끼는 것”이라고 하며, 성경은 “저주받은 것”이라고 하는 십자가가 어떻게 인간에게 구원이 되는가? 지금까지 십자가에 대한 평가에서 고대 헬라 세계 역사가들과 철학자들도, 유대인들도 고려하지 않은 것이 있다. 그것은 인간의 죄와 하나님의 사랑 이다.

그리스도의 십자가와 십자가에 달리신 주라는 복음의 메시지를 “어리석음,” “불합리”와 수치, 모욕 등으로 말하기 전에 인간은 한 번 생각해 보아야 한다. 만일에 도덕적인 존재로서 인간이 잘못, 실수, 불의, 죄와 악에 스스로 책임을 질 수 없다면, 어떻게 해야 하는가? 진정한 행복이 권력이 증가하는 것에 있지 않다면, 어떻게 되는가? 각 사람의 행위의 결과, 특히 죄와 악의 결과에 대해 요구되는 것이, 인간이 자신의 존재와 가치를 다 쏟는다 해도 갚을 수 없다는 것이라면 어떻게 해야 할까? 만일 고대인과 현대인이 조롱하는 하나님이, 완전히 미친 것, 이성 없는 짐승들에게나 어울리는 것, 거치고 넘어질 수밖에 없는 십자가 죽음을 요구할 만큼 죄를 심각하게 여긴다면, 그만큼 인간의 죄를 무겁게 보신다면, 어떻게 되는가? 인간이 생각할 때, 가장 작은 죄라고 생각하는 죄에도 마른 숲에 불이 일어나듯이 하나님이 진노하신다면 어떻게 되는가? 인간이 스스로 고상하고 숭고하다고 하는 도덕조차 하나님은 진공이요 공허뿐인 것으로 여기시고, 자신의 공의를 해친다고 판단하실만큼 하나님의 의가 높다면, 어떻게 되는가? 그래서 인간이 일어나 숨 쉬고 살아가는 모든 것이 대홍수로 쓸어버릴 수밖에 없을 만큼, 불과 유황불을 폭우처럼 쏟아 다 진멸시킬 수밖에 없을 만큼 혐오스러운 것이라면, 어떻게 되는가?

이런 상황에서 인간에게 남는 것은 무엇인가? 절망뿐이다. 세상 법은 간음해도 된다고 하여 간음해도 죄가 안 되는 세상이 되었지만, 하나님의 법은 간음하지 말라고 말한다. 하나님이 짝지어 주신 한 사람 외에 다른 여자나 남자나 동물이나 기계나 영상이나 그 어떤 것과도 관계하지 말라고 명령하신다. 이것을 어기면 하나님의 법을 어기는 것으로 간주한다. 그러면 사람이 볼 때, 천사가 조사해도 온전한 사람에서부터 극악무도한 사람에 이르기까지 단 한 사람이라도 멸망 받지 않고 구원받을 희망이라도 품을 수 있는가? 없다! 한 사람도 "나는 하나님 앞에 죄 없다" 말할 수 없다(시 143:2; 롬 3:10). 따라서 이 인간의 죄와 인간을 지배하는 죽음, 인간 안에 있는 어두움과 절망을 고려하지 않고 그리스도의 십자가를 어리석음이요 신성의 반대되는 증거라고 말하는 주장은 재평가해야 한다.

성경의 하나님은 인간의 죄를 그렇게 심각하게 보시지만, 동시에 단 한 사람도 멸망 받기를 원하지 않으신다.

> 하나님은 모든 사람이 구원을 받으며 진리를 아는 데에 이르기를 원하시느니라(딤전 2:4)

그러면 어떻게 해야 하는가? 하나님은 단 한 사람도 멸망 받지 않을 수 있는 길, 하나님의 존재와 성품에 단 한 가지도 반하지 않으면서, 인간을 구원할 수 있는 길을 찾으셨다. 그것이 무엇인가? 그것이 바로 십자가이다.

> 인자가 온 것은 섬김을 받으려 함이 아니라 도리어 섬기려 하고

자기 목숨을 많은 사람의 대속물로 주려 함이니라(막 10:45)

주님이 대신 죽으셨다는 말이다. 자기 백성을 위해. 그것도 헬라인들이 볼 때, 말이 되지 않고 짐승과 거의 다름없는 미개한 소리로 들리는 십자가형을 받으셨고, 미쳤다고 말할 수밖에 없는 죽음을 죽으셨다. 왜 그렇게 하셨는가? 우리의 죄 때문이다. "많은 사람," 곧 우리 모두의 죄가 그리스도를 십자가에서 죽게 했던 것이다. 그리스도께서 왜 극도로 고통을 느낄 때까지 죽음을 연장하는 형벌, 가장 잔인하고 야만적인 죽음, 공포의 상징인 그런 죽음을 죽으셨는가? 인간이 죄 때문에 받을 고통과 심판, 진노가 너무나 크고 무거워서 인간이 생물학적으로 죽는 것으로는 부족하기 때문이다. 하나님의 아들이 아니면 그 죄의 형벌을 질 수 없고, 하나님이 요구하시는 공의를 만족시킬 수 없기 때문이다. 예수님이 왜 모욕과 굴욕을 상징하는 형벌, 저주 자체로 여기던 십자가, 견딜 수 없이 비천한 죽음을 죽으셨는가? 죄인은 누구든지 하나님 앞에서 이 모욕과 굴욕, 저주, 무한한 비참함에 떨어질 수밖에 없기 때문이다. 그런데 그 자리에 예수님이 대신 가신 것이다.

그러므로 십자가가 "구원받는 우리에게는 하나님의 능력"이요(고전 1:19), 부르심을 받은 자에게는 유대인이나 헬라인이나 상관없이 "그리스도는 하나님의 능력이요 하나님의 지혜"인 것이다(고전 1:24).

## 나가며

지금까지 관찰한 내용을 요약하면 다음과 같다. 하나님께서 죽음과 심판의 운명에 처한 인간을 구원하시기 위한 계획은 거대하고 깊다. 그런데 이 깊이와 거대함을 담는 십자가라는 그릇은 너무도 낯설다. 하나님이 신자와 함께 하신다는 것만큼 큰 역설이요, 신이 인간이 되셨다는 선언만큼 큰 모순이다. 왜냐하면, 십자가는 가장 깊은 수치와 가장 큰 거리낌의 대상이기 때문이다. 십자가에 대한 일반인들과 성경의 시각에서 기억해야 할 것은 무엇인가?

1. 하나님이 얼마나 기이한 일을 행하셨는가 생각해야 한다. 당시 그리스-로마세계 일반인들이 십자가를 어떻게 보았는가? 그것은 미련한 것이요 미친 것이었다. 로마 제국 당시 최고형에 해당하는 형벌이었고, 로마 시민에게는 생각과 대화의 대상으로도 어울리지 않는 것이었다. 유대인들에게는 모욕과 굴욕의 상징이었다. 그들이 고대한 "표적"과는 정반대 위치에 있었다(cf. 고전 1:22).

이런 점에서 "십자가에 못 박힌 메시아, 십자가에 못 박힌 하나님의 아들, 십자가에 못 박힌 그리스도"는 헬라인에게도, 로마인에게도, 유대인에게도 거침돌이었다(cf. 롬 9:33). 나아가 다른 종교에도, 현대 철학과 현대인에게도 거침돌이다. 자기 행위는 자기가 책임져야 한다고 주장하는 종교나, 권력을 향한 의지가 약한 것을 크다고 하며 비천하고 불의한 것을 수용하려는 의지를 칭찬하는 괴물이라고 비난하는 철학이나, 원죄나 대속 교리 중 하나만 있어도 역겨운데, 이 둘을 모두 인정하는 야만적인 집단으로 평가하는 시대정신에도 거스른다.

그러나 "미련하다"라고 비웃는 자들도(헬라인), "교양 없다"라고 무시하는 자들도(로마인), "표적이 아니다"고 멸시하는 자들도(유대인) 조심해야 한다. 하나님은 인간이 도무지 믿지 못할 일을 행하셨기 때문이다(cf. 행 13:41; 합 1:5).

2. 신자가 얼마나 놀라운 구원을 받았는가 생각해야 한다. 그리스도의 십자가를 성경 저자들은 어떻게 보았는가? 복음서 기자들은 십자가를 기록한 유일한 "역사가들"이었다. 그들의 십자가 기사는 매우 길고 자세하다. 그들은 어떤 해석을 하려 하지 않고, 이 사건을 사실주의 작가처럼 묘사했다. 나아가 인상파 작품처럼 한 사건을 여러 각도에서 관찰할 수 있게 했다. 복음서 기자들은 예수님이 무죄한 자로서 십자가에서 죽었다는 사실을 강조했다. 바울은 그리스도의 십자가를 율법의 저주, 율법의 폭정 아래 있던 자기 백성의 저주를 담당하신 것으로 보았다. 그들을 율법과 사망이라는 지배자로부터 속량한 사건, 곧 새로운 출애굽, 종말론적인 구원사건으로 보았다.

어떻게 성경은 고대와 현대의 종교와 철학과 시대정신과 이렇게 다른 관점을 가질 수 있었는가? 이것은 단지 잔인하고 참혹한 현실을 덮기 위한 해석일 뿐인가? 그렇지 않다. 성경 밖 저자들의 시각은 인간의 죄와 하나님의 거룩함과 공의를 고려하지 않을 때만 가능하다. 인간의 죄와 하나님의 사랑을 고려한다면, 온 우주에서 유일하게 찾을 수 있는 해답이 바로 성경이 전하는 그리스도의 십자가와 대속인 것이다.

지금까지 그리스도의 십자가가 고난과 계시의 절정임을 살펴보았다. 그리스도의 십자가는 역사상 고대 로마 제국 시대에 발생한 사건이다. 그 당시 헬라인들에게 이 십자가는 미련한 것이었고, 로마인들에게는 생각하는 것조차 어울리지 않는 것이었으며, 유대인들에게는 거치는 장애물과 같았다.

그러면 복음서 기자들이 기록한 그리스도의 십자가의 메시지는 무엇인가? 이제 이 주제를 차례차례 살펴보자. 우선 마태복음이 어떻게 십자가를 이해하는가?

## | 토론 문제 |

01 당신은 오늘날 교회 첨탑 위에 있는 십자가, 목걸이나 장식품에 걸린 십자가, 그림이나 조각, 영화에 나오는 십자가 등을 보면서 어떻게 느끼는가?

02 당신은 고대 세계에서부터 현대에 이르기까지 십자가를 어떻게 생각하고 느꼈는지 비교할 수 있는가?

| | 시각 | 근거 | 내용 |
|---|---|---|---|
| 로마인 | | | |
| 헬라인 | | | |
| 타종교 | | | |
| 현대인 | | | |

03 성경 저자들이 그리스도의 십자가를 어떻게 묘사하고 생각하는지 토론해 보라.

**04** 당신이 지금까지 갖고 있던 십자가에 대한 생각은 무엇이었는가?

**05** 당신은 대속만이 유일한 구원의 길이라는 견해를 어떻게 생각하는가?

**06** 십자가와 대속 원리를 공부하면서 당신 안에서 해결되지 않은 질문은 무엇인가?

# IV

# 그리스도의 십자가

자기 백성의 고난을 지심 마 27장
절망의 심연에서 절규하심 마 15장
하나님 진노의 잔을 마심 눅 22장
죄인에게 낙원을 주심 눅 23장
나사렛 예수, 유대인의 왕 요 19장

33골고다 즉 해골의 곳이라는 곳에 이르러 34쓸개 탄 포도주를 예수께 주어 마시게 하려
하였더니 예수께서 맛보시고 마시고자 하지 아니하시더라. 35그들이 예수를 십자가에
못 박은 후에 그 옷을 제비 뽑아 나누고, 36거기 앉아 지키더라. 37그 머리 위에 이는 유
대인의 왕 예수라 쓴 죄패를 붙였더라. 38이 때에 예수와 함께 강도 둘이 십자가에 못 박
히니 하나는 우편에, 하나는 좌편에 있더라. 39지나가는 자들은 자기 머리를 흔들며 예
수를 모욕하여 40이르되 성전을 헐고 사흘에 짓는 자여 네가 만일 하나님의 아들이어든
자기를 구원하고 십자가에서 내려오라 하며, 41그와 같이 대제사장들도 서기관들과 장
로들과 함께 희롱하여 이르되, 42그가 남은 구원하였으되 자기는 구원할 수 없도다 그가
이스라엘의 왕이로다 지금 십자가에서 내려올지어다 그리하면 우리가 믿겠노라. 43그가
하나님을 신뢰하니 하나님이 원하시면 이제 그를 구원하실지라 그의 말이 나는 하나님
의 아들이라 하였도다 하며 44함께 십자가에 못 박힌 강도들도 이와 같이 욕하더라

05

# 자기 백성의 고난을 모두 지심

## 들어가며

사도 마태는 마태복음 27장에서 예수님께서 십자가에 달리시는 장면을 들려준다. 예수님께서 하나님의 진노의 잔을 그의 백성을 위해 받아 마시는 모습을 보여준다. 이때 마태는 어떤 해석도 하지 않고 그저 묘사만 하고 있다. 자신을 철저히 숨기고, 오직 우리 구주 예수님과 독자들이 직접 만나도록 하고 있는 것이다.

그런데 마태는 예수님께서 "쓸개 탄 포도주를 맛보시고는 그것을 마시기를 원치 않았다"(마 27:34)고 말한다. 반면 주님은 십자가 위에서 억울하고 괴로운 비난과 고소를 들으면서도 침묵하시고 어떤 저항도 하지 않는다(27:39-44). 이것은 보통 십자가에 달린 죄수들에게서는 발견할 수 없는 특이한 행동이다.

여기서 몇 가지 질문이 생긴다.

1. 군인들이 예수님에게 주려고 시도한 "쓸개 탄 포도주"는 무엇이었는가?
2. 예수님은 왜 그것을 맛보시고 마시기를 단호히 거부했으며, 이 행동은 예수님의 어떤 면을 보여주는 것인가?

## 쓸개 탄 포도주

마태복음 27:33을 보면, 로마 군인들은 예수님을 조롱한 후(마 27:27-32)에 골고다라는 곳으로 데리고 가서, "쓸개 포도주"를 마시게 하려 했다. 그리고 십자가에 못 박고 누가 옷을 차지하나 제비뽑기를 했다. 이것은 로마 군인들이 예수님에게 입힌 그의 옷(27:31a)을 벗기고, 예수님을 벌거벗긴 채로 십자가에 못 박은 것을 전제한다. 유대인의 처형법에는 남자는 앞을, 여자는 앞과 뒤를 가릴 수 있도록 허락했다. 그러나 마태복음 27:27-31에서 묘사된 로마 군인들의 행동을 볼 때, 그들이 그런 호의를 보였을 것 같지는 않다. 처형 전 고문과 조롱도, 쓸개 탄 포도주를 준 것도, 옷을 벗기고 십자가에 못 박은 것도, 죄수의 옷이나 소지품을 나누는 것도, 모두 십자가 처형에서 볼 수 있는 통상적인 모습이다. 그런데 십자가에 못 박힌 한 죄수에게 일반적이지 않은 점이 있다. 그것은 그가 "쓸개 탄 포도주"를 맛보고는 마시기를 단호히 거부한 것이다(마 27:34; οὐκ ἠθέλησεν πιεῖν; aor.). 그러면 군인들이 예수님에게 준 것은 무엇이며, 예수님은 왜 그것을 거부했을까?

마태복음은 "쓸개 탄 포도주"(마 27:34)라고 하는데, 마가복음은 "몰약을 첨가한 또는 가미한 포도주"(막 15:23)라고 한다. 그리고 마태복음도 마가복음도 "그들[군인들]이 그[예수님]를 십자가에 못 박고, 그 옷을 제비 뽑아 나누었다"고 말한다(마 27:35; 막 15:24). 따라서 로마 군인들은 예수님을 십자가에 못 박기 전에 쓸개 탄 포도주를 준 것이다.

군인들이 예수님을 십자가에 못 박기 전에 준 쓸개 탄 포도주와 구별해야 할 것이 있다. 예수님의 십자가가 세워진 후에, 마태복음 27:45–46에 따르면, 제6시(12시)부터 제9시(오후 3시)까지 어둠이 임한다. 그리고 이 어둠의 끝에 예수님께서 "엘리 엘리 레마 사박다니"("나의 하나님, 나의 하나님 어찌하여 나를 버리셨나이까?"; cf. 막 15:33 "엘로이 엘로이 레마 사박다니")하고 절규하신다. 그때 이 외침을 듣고, 군인이었는지 다른 유대인이었는지 "이 사람이 엘리야를 부른다" 말하고는, 그 중 한 사람이 "신 포도주"(마 27:48; 막 15:36; ὄξος "식초")를 마시게 하였다고 한다. 마태복음과 마가복음에 따르면, 이 일 곧 신 포도주를 준 것은 사람들과 군인들의 조롱이 끝나고 예수님께서 숨을 거두기 직전에 있었다.

여기서 순서에 유의할 필요가 있다.

1. 골고다 도착
2. 옷을 벗김
3. 쓸개 탄 포도주를 줌
4. 십자가를 세운 후 군인들이 식초로 희롱함
5. 제비뽑아 옷을 나눔
6. 정오부터 오후 3시까지 어둠이 임함
7. 오후 3시에 "나의 하나님, 나의 하나님, 어찌하여 나를 버리셨나이까?" 절규하심
8. 사람들이 예수님께서 엘리야를 부르는 줄로 생각하고, 식초를 줌
9. "내가 목마르다" 말씀하심
10. 사람들이 준 식초를 받으시고 영혼이 돌아가심

군인들은 예수님을 십자가에 못 박기 전에 "쓸개 탄 포도주"를 주었고, 십자가에 못 박은 후에는 그것과 구별되는 "신 포도주"를 주면서 조롱했다는 것이다.

그러면 다시 돌아와, 예수님이 십자가에 못 박히시기 직전, 그에게 군인들이 준 "쓸개 탄 포도주"(마 27:34), "몰약을 첨가한/가미한 포도주"(막 15:23)는 무엇이었는가? 예수님은 이것을 "맛보

시고는 마시기를 거부했다"고 하는데, 왜 그렇게 하셨는가?

여기서 "쓸개"(χολή)란 "쓴 것"이나 "쑥," 또는 "독"을 가리킬 수 있는 용어이다. 나아가 포도주에 무언가 쓴 물질을 넣는다든지 몰약(Myrrh)을 섞는 풍습이 유대 사회에도,[1] 로마 사회에도[2] 존재했는데, 마가복음의 "몰약을 가미한 포도주"는 이것을 가리킨다. 마가복음은 당시에 쓰이던 관용적인 표현법을 따라 쓴 것이고, 마태는 실제로 포도주에 첨가된 물질("쓸개")을 기록한 것이라고 볼 수 있다.

둘 중 어떤 경우든지, 무언가 쓴 것을 섞은 포도주를 십자가

---

1 bSanh 43a: "... einen Becher Wein mit etwas Weihrauch vermischt reiche, damit ihm das Bewusstsein verwirrt werde."

2 Pliny, *NH* 14,19: "We have already stated how various kinds of wine are made from the tree, the shrub, and the herb, respectively known as the lotus"; NH 14,15: "The wines that were the most esteemed among the ancient Romans were those perfumed with myrrh,[1] as mentioned in the play of Plautus, entitled the 'Persian,' though we find it there stated that calamus ought to be added to it. Hence it is, that some persons are of opinion that they were particularly fond of aromatites: but Fabius Dossennus quite decides the question, in the following line:—'I sent them good wine, myrrh-wine;' and in his play called 'Acharistio,' we find these words—'Bread and pearled barley, myrrh-wine too.' I find, too, that Scævola and L. Ælius, and Ateius Capito, were of the same opinion; and then we read in the play known as the 'Pseudolus:'—'But if it is requisite for him to draw forth what is sweet from the place, has he aught of that?' to which Charinus makes answer, 'Do you ask the question? He has myrrh wine, raisin wine, defrutum, and honey;' from which it would appear that myrrh wine was not only reckoned among the wines, but among the sweet wines too." 각주 1: "Called 'myrrhina.' Fée remarks that the flavour of myrrh is acrid and bitter, its odour strong and disagreeable, and says that it is difficult to conceive how the ancients could drink wine with this substance in solution."

에 손과 발을 못 박기 직전에 준 것이다. 무엇인가? 이것은 십자가에 못 박히는 죄수에게 주어지는 마지막 호의로 볼 수 있다.

## 우리의 모든 형벌을 지심

그런데 예수님은 그것을 맛보시고는 마시기를 거절하셨다. "예수께서 맛보시고 마시고자 하지 아니하시더라"(마 27:34b). 이에 관하여 수많은 설명이 존재한다.

어떤 사람은 예수님께서 마지막 만찬 때에 "내가 이제부터 포도나무에서 난 것을 아버지의 나라에서 새것으로 너희와 함께 마시는 날까지 마시지 아니하리라"(마 26:29)고 말씀하셨는데, 이 약속을 지키기 위한 것이었다고 말한다.[3] 하지만 이것이 사실이라면, 더 많은 문제가 발생한다. 왜냐하면, 예수님은 조금 후에 "내가 목마르다"라고 하시며, 신 포도주를 받으시고, "다 이루었다"고 말씀하셨기 때문이다(cf. 요 19:28-29). 또 예수님은 부활하신 후에 자주 제자들과 식사를 하셨는데, 만찬에 포도주가 없지 않았을 것이기 때문이다(cf. 행 1:4). 따라서 이 해석은 옳지 않다. 여기서 포도주를 거부한 것과 마지막 만찬에서 종말론

3 C. F. D. Moule, *The Gospel According to Mark* (Cambridge: Cambridge University Press, 1965), 126.

적 약속을 하신 것을 구별해야 한다.

어떤 유대인 학자는 예수님은 자신의 죽음을 대속(Atonement)으로 이해했고, 대속의 날 때 포도주를 금하는 유대인의 풍습을 따랐다고 주장한다.[4] 예수님의 십자가에 대속적인 의미가 있는 것은 사실이지만, 유대인의 풍속을 지키기 위해 포도주를 마시기를 거부했다는 설명은 십자가 고통의 현실을 너무 낮추어 보는 것이다. 나아가 예수님이 쓸개 탄 포도주를 마시지 않은 것은 개인이 금식하고 포도주와 편안한 잠자리를 삼가는 것과는 비교할 수 없이 무거운 행동이다. 이런 행위들은 대속을 기념하고 다시 역사를 되뇌는 행동이지만, 주님은 대속의 실체와 본질을 마련하는 과정에 있기 때문이다. 다시 말해서, 존재하는 대속죄일 절기를 지키는 것이 아니라 그 대속죄일이 가리키는 본질을 이루시고자 한 행위였다.

그래서 어떤 사람들은 여기 "쓸개"를 "독"으로 해석하고, 로마 군인들이 예수님께 자살을 종용한 것으로 보았을 가능성이 있다고 말한다. 어떤 사람은 예수님께서는 로마 군인들이 자신을 조롱하고 있는 것을 감지했는데 그것을 거절했다고 해석하

4 "대속"은 일년에 한 차례, 유대력 7월 10일, 현대의 달력 9월이나 10월 10일에 이루어지는 속죄를 가리킨다. 미쉬나에 따르면, 이 날에는 술을 마시는 것이나 목욕하는 것, 기름을 바르는 것 등이 금지되었다. cf. mYom 8,1: "Am Versöhnungstage ist es verboten zu essen und zu trinken, sich zu waschen und zu salben, Sandalen anzuziehen und den Bett zu benutzen"; *Mischnajot* II, 328; W. D. Davies, "The Cup of Wrath and the Cup of Blessing," Theology 51 (1948), 178.

기도 하였고,[5] 종교개혁자 칼뱅은 당시 여러 해석이 있지만, 이 "쓸개 탄 포도주"가 출혈 속도를 가속시켜서 죄수들을 더 빨리 죽게 한다는 해석을 선호했다.[6] 실제로 포도주를 마시면 혈액순환이 빨라진다.

그러나 더 신뢰할 만한 해석은 예수님께서는 군인들이 준 것을 맛보시고, 비록 그것이 저급 포도주라 해도 포도주라는 것을 알고 거부했다고 보는 것이다. 이 해석의 실마리는 마태복음 27:34에 있다. 왜냐하면 "예수께서 맛보시고"라고 말하기 때문이다. 주님은 자신이 마신 것이 포도주이고, 그 포도주가 쓴 맛이 나는 것을 인식하시고는, 그것이 이중적으로 고통 경감 효과가 있으므로 그것을 거부한 것이다. 여기서 "이중적으로 고통을 감소해 주는 효과"가 있다는 것은 무슨 말인가? 첫째, 포도주/술은 고대인들이 수술을 할 때 마취제 대신 사용했던 것이다. 수술을 하지 않더라도 큰 고통이 있는 사람들에게 고통을 잊도록 주곤 했다. 이것은 육신의 고통과 마음의 고통에 모두 해당한다.

---

5 R. E. Brown, *The Death of the Messiah: From Gethsemane to the Grave: A Commentary on the Passion Narratives in the Four Gospels* (New York: Doubleday, 1994), 943.

6 J. Calvin, *Commentary on A Harmony of the Evangelists, Matthew, Mark, and Luke* (Grand Rapids: Baker Books, 1979), 297-298.

르무엘아,
포도주를 마시는 것이 왕들에게 마땅하지 아니하고,
왕들에게 마땅하지 아니하며,
독주를 찾는 것이 주권자들에게 마땅하지 않도다.
술을 마시다가 법을 잊어버리고,
모든 곤고한 자들의 송사를 굽게 할까 두려우니라.
독주는 죽게 된 자에게,
포도주는 마음에 근심하는 자에게 줄지니라(잠 31:4-6)

포도주는 육신과 마음의 고통을 잊게 해 준다는 것이다.

둘째, 쓸개나 몰약은 환각 효과가 있고, 또 통증을 진정시키는 효과가 있다. 그러므로 "쓸개 탄 포도주"는 이중으로 고통 경감 효과가 있는 것이다. 그렇다면 왜 군인들이 예수님에게 "쓸개 탄 포도주"를 주었는지 이제 드러난다. 군인들은 십자가 형벌을 받는 죄수에게 마지막 마지막 호의를 베푼 것이다. 따라서 십자가 형을 받는 '죄수'가 이 마지막 호의를 거부한다는 것은 매우 특이한 행동인 것이다.

이 두 가지를 종합해 볼 때, "쓸개 탄 포도주를 맛보시고 마시기를 거부했다"는 것은 고통을 잊게 해주거나 고통을 감소해 주는 것을 예수님이 거절했다는 뜻이다. 다시 말하면, 예수님은 자신에게 주어진 십자가의 고통을 하나라도 빠뜨리거나, 피하려 하지 않으시고, 완전한 의식 가운데 그 고통을 받으셨다는 것이다.[7] 그러면 예수님의 행동은 무엇을 가리키는가? 이것은 고통을 이중적으로 수용한 것이라고 볼 수 있다. 다시 말해서, 예수님은 고통을 빠뜨리지도 않았고, 감소된 고통을 받지도 않은 것이다.

십자가가 무엇인가? 십자가에 매달린 사람은 짧게는 3일, 길게는 15일까지 매달려서 고통을 당한다. 몸의 하중이 아래로 쏠리고 횡경막이 허파를 압박하므로 숨을 쉴 수가 없고, 타는 듯한 갈증에 시달린다. 무시무시한 고독과 절망이 찾아온다. 못 박은 곳에 벌이나 파리가 파고 들어간다. 이 절망과 고통과 갈증으로 자신이 할 수 있는 모든 거친 저주와 욕설을 쏟아낸다. 이것이 얼마나 끔찍한 일이었던지 로마 정치가요 철학자였던 키

---

7 Th. Zahn, *Das Evangelium des Matthäus* (Erlangen: Deichert, [4]1922), 713: "Er wollte nicht in besinnungslosem Zustand hinüberschlummern." 그러면 왜 뒤에 준 식초는 받으셨는가? Zahn, *Matthäus*, 714-715: "Während er den betäubenden Trank verschmähte, um nicht bewußtlos hinüberzugehen, ließ er seinen Durst durch den dargereichten Essig lindern, um nicht zu verschmachten"; J. Calvin, *Auslegung der Evangelie-Harmonie*. 2. Teil. tr. by H. Stadtland-Neumann and G. Vogelbusch (Neukirchen-Vluyn: Neukirchener Verlag, 1974), 381: "Er aber ertrug seine Qualen so geduldig, daß er nicht aufgrund einer Angst vor dem Schmerz seinen Tod schneller herbeiführen wollte"; R. T. France, *The Gospel of Matthew*, NICNT (Grand Rapids: Eerdmans, 2007), 1067: "But if, as is more likely, it was intended to dull the pain, Matthew may have mentioned Jesus' refusal in order to show his determination to go through the ordeal in full consciousness"; A. Schlatter, *Das Evangelium nach Matthäus* (Stuttgart: Calwer, 1947), 411: "Jesus hat ihn nicht getrunken, weil er sich die Klarheit des Geites nicht dämpfen ließ."

케로는 다음과 같이 말한다. "로마 시민에게는 십자가를 화제로 삼는 것은 고사하고 그것을 생각하는 것도 어울리지 않는다"(*Pro Rabirio*, 16)

우리는 자주 질문한다. 예수님은 내 고통을 아실까? 하나님은 내 속 사정을 돌아보기나 하는 것일까? 나는 이렇게 몸이 아프고 마음이 고통스러운데, 나는 이렇게 미래가 불투명하고 무엇을 해야 할지 알 수 없어서 괴롭고 불안한데, 하나님은 지금 무엇을 하고 계시는가?

인간은 하나님께 끊임없이 무언가를 바란다. 그 욕망이 끝이 없다. 때로 그 욕망이 해롭고 맹목적이며, 파괴적이기도 한다. 그 욕망이 끝이 없다는 증거가 무엇인가? 하나님께서 메시아를 보내시고, 그들의 모든 죄를 담당하게 하시고, 우리의 질고와 고통을 당하게 하셨는데도, 이 메시아로도 이 구원으로도 만족하지 못하는 것이다. 사람의 욕망이 해롭고 파괴적이라는 증거가 무엇인가? 우리 구주이신 예수님은 십자가에서 못 박히시기 전 "쓸개 탄 포도주"를 마시기를 거부하시며 자기 백성의 모든 고통을 담당하고자 하셨는데, 그것으로도 부족하다고 여기는 것이다. 그리고 만일 하나님이 내게 안녕과 평안과 번영을 주시지 않는다면, 얼마든지, 언제든지, 하나님에 대한 믿음을 포기할 용의가 있는 심리이다.

'나는 그런 적이 없다'고 부인한다 해도 사실이 없어지지는 않는다. 십자가를 자기 삶의 절대 중심에 두지 않고, 그리스도도 믿고 안녕과 번영도 얻으려는 생각, 그것이 인간이 안녕과 번영의 신을 섬기고 있다는 증거이다. 이것이 초대교회 때 그리스도인들이 핍박을 피하면서도 도덕적으로 보이려고 회당과 교회를 함께 다닌 것과 무엇이 다른가? 이것이 오늘날 공인이면서도 나라와 국민을 위하지 않고 나라와 국민을 자기 욕망의 도구로 삼는 것과 무엇이 다른가? 오늘날 그리스도인이 천지를 지으신 하나님께 도움을 얻으면서도 바라고 욕구하는 것이 일반인과 똑같다면, 죽는 날까지 단 한 순간도 하나님의 소유된 백성으로(딛 2:14), 하늘 시민답게(빌 3:20), 위의 것을 찾고 생각하며(골 3:1-2) 살지 못할 것이다. 그러니 그 욕망이 얼마나 파괴적인가?

그러나 우리 주님은 이런 우리를 위해 무엇을 하셨는가? 주님은 "쓸개 탄 포도주"를 마시는 것을 거부하셨다. 주님은 사람이 하나님의 진노 때문에 받을 고통은, 그것이 무엇이든지, 완전히 자신에게 지워지기를 원하셨다. 자신이 의식적으로 감당하고자 하셨다. 십자가 고통이 자기 백성에게 가는 것을 원치 않으셨다. 만일 그랬다면, 그들은 모두 하나님의 진노에 소멸되어 버렸을 것이기 때문이다. 여기에 우리를 위한 예수님의 크고 깊은 사랑이 있다. "예수께서 쓸개 탄 포도주를 맛보시고는 마시고자 원하지 아니하시니라." 바로 이분이 우리의 구원자시요 메시아시다.

## 자신의 메시아 됨을 철회하지 않으심

마태복음 27:38–44은 넓게 보면, 문학적으로 인클루지오(*inclusio*)이다.

27:38 강도들과 함께 못 박히심
　27:39–40 유대인(일반 백성)이 조롱함
　27:41–43 유대 지도자들(대제사장들, 서기관들, 장로들)
　　　　　이 조롱함
27:44 강도들도 조롱함

앞에서 말한 키케로의 글에 나타난 로마 제국의 메시지는 로마인들과 주변의 야만인들에게는 무서운 경고였을 것이다. 하지만 유대인들에게는 그야말로 치욕과 수치로 다가왔을 것이다. "너희의 왕이라. 십자가에 달린 반역자의 수괴가 너희의 왕이라." 이것은 유대인들에게는 수치였다. 유대인들이 누구였는가? 유대인들은 로마인들을 비롯하여 이방인들에게 엄청난 경멸을 퍼부으면서 살았다. 비록 로마의 식민 지배를 받았으나 그들에 대하여 늘 교만한 우월의식을 가지고 살았다. 그런 그들에게 빌라도의 조롱이나 십자가에 달린 예수는 그야말로 참을 수 없는 수치와 치욕이었다.

그래서 예수님을 환호하던 유대인들이 갑자기 돌변하여 예수님을 저주한다. 머리를 흔들었다. 그리고 예수님의 말의 신빙성을 무너뜨리는 근거를 가지고 온다. "성전을 허물고 사흘 만에 짓는다고? 너나 스스로 구원해 보라. 만일 네가 하나님의 아들이라면 그 십자가에서 내려와 보라!"(마 27:40). 그들의 눈에 십자가의 나약함과 무력함은 예수님이 50여 년 가까이 지은 성전을 순식간에 일으켜 세우는 기적적인 힘이 없고, 따라서 자기도 구원하지 못하는 거짓 선지자의 증거였다.

일반 백성들뿐 아니라 유대 지도자들도 비방한다. "남은 구원하였으나 자신을 구원할 능력은 없도다. 그는 이스라엘의 왕이니 십자가에서 내려오라. 그러면 우리가 믿겠노라. 참 그렇지. 저가 하나님을 신뢰하였지. 하나님이 그를 기뻐하시면 그 하나님이 한번 구원해 보라 하지! 그가 스스로 말하기를 자신은 하나님의 아들이라 하지 않는가?"(마 27:42-43).

이들의 이 요구는 예수님의 자기주장을 무위화하려는 것이다. 그들의 눈에는 예수님이 십자가에서 내려오지 않고 하나님의 아들로서 자신을 구원하는 데에 아들의 권세를 사용하지 않는 것은 자신들의 주장을 확증하는 것으로 보였을 것이다.

그런데 이 모든 순간에 예수님께서는 침묵하셨다. 적어도 마태복음 27:11 이후에는 한마디 말씀이 없으셨다. 후대 랍비 전통에 따르면, 유대인은 죽기 전에 자기 죄를 고백하는 법이 있다. 여호수아는 아간이 여리고에서 여호와께 바쳐진 물건(헤렘)을 훔쳤다가 발각되었을 때 이렇게 말한다. "여호와께서 너를 오늘 괴롭게 하시리라"(수 7:25). 유대인들은 이 말에 근거하여 오늘 고난을 당하지만 오는 세상에서는 하나님이 긍휼히 여기실 것이라고 기대하였다. 또 만일 잘못이 없이 사형을 당한다면, "나의 죽음이 나의 모든 죄를 속량하기를, 단 이 죄를 제외하고!"라고 말하게 했다.

이 전통에 자리 잡고 있는 사상은 사람의 죽음이 죄를 속량한다는 것이다. 이런 전통 속에 살았던 사람들은 아마도 다음과 같이 생각했을 수 있다. '성전을 헐고 사흘 만에 짓는다고 했지. 자신이 하나님의 아들이라고 주장했어. 그러지 말고 우리의 말을 듣고 네 주장을 취소하는 것이 어떤가?' 이런 점에서 볼 때, 그들은 예수님이 자기주장을 취소할 것을 무언중에 강요한 것일 수도 있다.

그런데 예수님은 자신을 위해 십자가에서 내려오는데 능력을 쓰지 않았고 자기주장을 취소하지도 않았다. 오히려 예수님은 이 침묵으로 자신이 하나님의 아들이라는 사실을 더욱 강력하게 주장하셨다. 예수님은 아버지는 무한히 선하시므로 그 아버지의 뜻 또한 절대적으로 선하다는 것을 굳게 믿고 전폭적으로 신뢰하셨다. 그래서 자기 백성의 죄를 감당하기 위해서 하나님이 주신 잔을 묵묵히 마셨다. 그런데 유대인들과 유대 관원들은 이 사실을 알아보지 못한 것이다.

아우구스티누스는 "하나님은 죄를 지을 수 없다. 그러므로 그는 전능하지 않다"라고 주장하는 자들에게 그들의 논리의 질병을 지적한 적이 있다. 하나님이 죄를 짓지 않으시는 것은 하나님의 무능하심이 아니라 도리어 하나님의 전능하심과 거룩하심을 보여주는 것이다. 예수님은 이 침묵과 하나님의 뜻에 죽기까지 복종하신 것으로 유대인의 신학적 질병을 그대로 폭로하셨다. "메시아가 되어가지고 우리의 복지와 안녕에 하나도 도움이 되지 못한다면 그가 어디 메시아인가. 그런 메시아는 우리는 받지 않는다. 그는 하나님의 아들이 아니다!" 그러나 이러한 비방은 자기 숭배요, 결국 하나님을 모독한 것이다(마 27:39; ἐβλασφήμουν). 과연 이 질병과 자기 숭배가 저들에게만 있는가?

## 메시아관과 신관의 충돌

그러나 당시 이 메시아를 대하던 사람들은 어떤 것을 원했는가? 그들의 의지는 무엇이었는가? 이 모든 상황을 지켜보는 하나님은 어떤 것을 원하시고 의지하셨는가?

마태복음 27장에는 이 "바라다, 원하다, 의지하다"(θέλω)라는 말이 총 5번(마 27:15, 17, 21; 34; 43) 나온다.

1. "너희는 내가 누구를 풀어주기를 원하느냐? 바라바냐 그리스도라 하는 예수냐?"(빌라도, 유대인에게) (마 27:15, 17, 21)

2. "예수께서 맛보시고는 마시기를 원치 아니하시니라" (예수님) (27:34)
3. "하나님이 그를 원하시면, 그를 구원하실지니라"(유대인 관원들, 예수님에게) (27:43)

예수님께서 메시아와 대속자로서 어떤 것도 감하지 않고 온전한 의식 가운데 모든 고통을 담당하시고자 "쓸개 탄 포도주"를 맛보시고는 마시기를 "원치 않으신" 행동, 그 강한 의지적 행동은 우선 유대인들, 유대 관원들의 의지와 정반대이다. 그들은 강도와 예수님 중에 강도를 택한다.

바라바는 아마도 그냥 강도가 아니요 유대 열심당원 중 하나였던 것으로 보인다. 왜냐하면 예루살렘에서 난 "소요와 살인" 때문에 감옥에 갇혔기 때문이다. 만일 이것이 옳다면, 바라바는 적어도 유대 민족을 위한 일을 한 것이다. 그러나 예수님은 어떠한가? 빌라도가 예수님을 끌고 나와 "너희 왕이로다," "내가 너희 왕을 어찌하랴?" 하자, 유대인들은 자존심이 상해서 분노했다. 그들은 예수님이 유대인의 왕이라고 주장한 것을 빌라도가 이용해 유대인들을 비꼬는 것을 알았다. 그래서 더 참을 수 없는 모욕으로 느꼈을 것이다. 그래서 강도를 택한다.

그런데 이렇게 신의 없고 부패한 사람들을 위해 하나님은 무엇을 "원하셨는가?"

> 여호와께서 그가 상함을 받게 하시기를 원하사 질고를 당하셨도다(사 53:10)

하나님은 제각기 다 제 길로 감으로 형벌 받아 마땅한 백성들이 상함 받는 것이 아니라, 의로운 종이요 그의 기뻐하시는 뜻을 성취할 그리스도를 상하게 하셨다. 예수님은 무엇을 원하셨는가?

> 인자가 온 것은 섬김을 받으려 함이 아니라 도리어 섬기려 하고 자기 목숨을 많은 사람의 대속물로 주려 함이니라(마 20:28 cf. 막 10:45)

예수님은 십자가에 매달려 받게 될 고통을 모르고 이런 말씀을 하셨는가? 타는 듯한 갈증과 함께 무시무시한 고독과 절망이 온 몸과 영혼을 휘감을 줄 예상하지 못했는가? 모든 택자들의 죄에 대한 하나님의 진노가 자신에게 모두 남김없이 쏟아져서 자신의 존재가 무너져내리는 듯한 고통을 겪을 것을 알지 못하셨는가? 이 모든 것을 다 아시고도, 예수님은 “쓸개 탄 포도주” 마시기를 거부하셨다. 자기 백성의 죄를 다 자신이 감당하기를 원하셨다.

## 나가며

지금까지 마태복음의 십자가 기사를 살펴보았다. 사도 마태는 예수님께서 십자가에 달리시는 장면을 독자들 앞에 그린다. 우리 주님은 당시 사람들이 십자가 죄수에게 베풀었던 마지막 호의도 거절하시고 십자가의 고통을 다 마시셨다. 하나님께서 자신의 완전한 공의로 죄에 대한 고통을 정하셨을 때, 그 고통이 무엇이든지 예수님이 모두 담당하셨다.

주님께서는 십자가에 못 박히시기 전 "쓸개 탄 포도주"를 마시기를 거부하셨다. 예수님은 조롱과 모욕, 십자가에서 내려오라는 제의에 침묵하셨다. 이 침묵은 예수님이 자신의 메시아 됨을 철회하지 않은 것을 나타낸다. 여기서 신자가 경계해야 할 것과 기억하고 생각해야 할 것이 있다.

1. 먼저 신자는 자기 숭배를 경계해야 한다. 그때 유대인들과 로마인들처럼 오늘날 신자들도 일이 잘되지 않으면 '하나님이 함께 하지 않는다. 도움이 필요할 때는 나타나지 않는 그런 하나님이 하나님인가?' 라고 말하고 싶은 유혹을 받을 수 있다. 많은 사람이 우리 주님의 십자가를 떠나 하나님을 자신의 이익의 도구로 만들면서 살고 있다. 이것은 자기 숭배이다. 주님은 어디에나 어느 민족에게나 어느 시대에나 만연한 자기 숭배와 정면으로 대적하셨고, 그것을 무너뜨리고 창조주 하나님이 자신

이 지으신 만물과 특히 자신의 백성을 얼마나 사랑하는지 보여 주셨다.

2. 다음으로 신자의 주님과 왕이 누구인지 기억해야 한다. 예수님이 십자가에 못 박히시기 전 "쓸개 탄 포도주"를 마시기를 "원하지 않은" 것은 하나님께서 그가 질고를 당하는 것을 "원하셨다"는 것과 일치하고, "자기 목숨을 많은 사람의 대속물로 주고자 했다"(마 20:28)는 것과 같은 내용이다. 이 십자가에 달리신 분이 바로 신자가 섬기는 왕이다.

3. 마지막으로 우리가 해야 할 일이 무엇인가를 생각해야 한다. 주님께서 자기 백성의 고통은 단 하나도 빠뜨리지 않고 다 마시셨다면, 신자가 해야 할 일이 무엇이겠는가? 그 주님을 사랑하며 사는 것뿐이다. 주님의 나라를 위해서 사는 것뿐이다. 주님께서 자기 백성을 위해 하나님의 진노를 다 받아 마시셨다면, 이제 우리가 해야 할 일이 무엇이겠는가? 이 영광스러운 구원의 은총과 이 위대한 복음을 주신 하나님께 감사하는 일뿐이다. 우리가 그리스도의 십자가 안에서 모든 죄를 용서받았다면 이제 어떻게 살아야 하겠는가? 우리의 죄와 악이 이렇게 끔찍한 일이며, 그리스도를 십자가에서 죽게 할 정도로 심각한 것이라면, 그 죄와 악을 증오해야 하지 않겠는가? 전쟁하듯이 싸워야 하지 않겠는가? 주님께서 "쓸개 탄 포도주"를 마시기를 거부하

시며 자기 백성의 고통을 모두, 이중으로, 완전하게 수용하셨다면, 이제 우리가 해야 할 일이 무엇이겠는가? 우리에게 주신 은혜, 우리에게 주신 복음, 우리에게 주신 이 큰 가치에 합당하게 하나님 나라와 복음을 위해 무엇을 히고 실아야 할지 찾고 찾아 힘쓰는 일이 아니겠는가?

지금까지 마태복음의 십자가 기사를 살펴보았다. 그렇다면 마가는 그리스도의 십자가에 대하여 어떤 말을 하는가?

## | 토 론 문 제 |

**01** 예수님이 십자가에 못 박히시기 직전에 마신 포도주를 복음서 기자들이 어떻게 묘사하는가?

| | 포도주 | 성경 | 내용 |
|---|---|---|---|
| 마태 | | | |
| 마가 | | | |
| 누가 | | | |
| 요한 | | | |

**02** 예수님의 십자가 사건에 등장하는 "포도주"에는 어떤 것들이 있는가?

| | 포도주 | 시기 | 성경 |
|---|---|---|---|
| 1 | | | |
| 2 | | | |
| 3 | | | |
| 4 | | | |

**03** 예수님이 "쓸개 탄 포도주"를 마시지 않으신 이유는 무엇이며, 이 행위에 나타난 당신을 향한 그리스도의 사랑을 어떻게 말할 수 있겠는가?

**04** 예수님은 십자가에서 침묵하신다. 이 침묵과 예수님의 메시아 됨은 어떤 관련이 있는지 당신은 자신의 말로 표현할 수 있는가?

**05** 예수님은 "의지적으로" 쓸개 탄 포도주를 마시지 않으셨다. 그리스도의 십자가 사건에서 이 의지와 함께 나타나는 두 의지는 무엇인지 토론해 보자.

**06** 사도 마태의 십자가 기사를 공부하면서 하나님과 그리스도, 구원에 대해 당신이 새롭게 발견한 것은 무엇인가?

막 15:33-41

[33]제육시가 되매 온 땅에 어둠이 임하여 제구시까지 계속하더니, [34]제구시에 예수께서
크게 소리 지르시되 "엘리 엘리 라마 사박다니" 하시니 이를 번역하면 "나의 하나님, 나
의 하나님 어찌하여 나를 버리셨나이까?" 하는 뜻이라. [35]곁에 섰던 자 중 어떤 이들이
듣고 이르되 보라 엘리야를 부른다 하고, [36]한 사람이 달려가서 해면에 신 포도주를 적
시어 갈대에 꿰어 마시게 하고 이르되 가만 두라 엘리야가 와서 그를 내려 주나 보자 하
더라. [37]예수께서 큰 소리를 지르시고 숨지시니라. [38]이에 성소 휘장이 위로부터 아래까
지 찢어져 둘이 되니라. [39]예수를 향하여 섰던 백부장이 그렇게 숨지심을 보고 이르되
이 사람은 진실로 하나님의 아들이었도다 하더라. [40]멀리서 바라보는 여자들도 있었는
데 그 중에 막달라 마리아와 또 작은 야고보와 요세의 어머니 마리아와 또 살로메가 있
었으니, [41]이들은 예수께서 갈릴리에 계실 때에 따르며 섬기던 자들이요 또 이 외에 예
수와 함께 예루살렘에 올라온 여자들도 많이 있었더라

# 06

# 절망의 심연에서 절규하심

## 들어가며

마가는 마가복음 15장에서 예수님의 죽음을 묘사한다.

사람은 한 번 죽는다. 한 번 죽는 것은 정해졌다고 성경이 말하나 죽으려고 사는 사람은 없다. "먹고 마시고 결혼하고 심고 거두고" 쉬는 인간의 각 활동은 그 자체가 목표가 아니요 꿈도 아니다. 인간이 추구할 최종가치도 아니다. 이것이 지극히 높은 선(최고선)이 아닌 증거는 이 활동들의 가치가 죽음과 고통 앞에서 변화한다는 것이다.

만일 어떤 사람의 인생이 이 죽음으로 끝이 났다면, 사람들은 그 사람의 인생의 가치를 무엇으로 평가하는가? 그 사람이 살아 있을 때, 얼마만큼의 업적을 쌓았는가, 어떤 가치를 추구하고 실현했는가 등으로 평가할 것이다. 이 평가에서 그 사람의 죽음 자체의 의미는 묻지 않는다.[1] 죽음은 실패이기 때문이다. 고통이요, 두려움이요, 쓰라린 작별이기 때문이다. 죽음은 무요 어두움이어서 생명의 빛과 누림 저편에 있기 때문이다.

그러나 여기 인간이 겪는 죽음, 인간이 경험하는 고통과 인간이 마주할 수밖에 없는 두려움에 자신의 삶을 몰입시킨 사람이 있다. 그 사람을 따르던 사람들은 그가 죽기 바로 하루 전까지만 해도 그가 죽을 것이라고 생각하지 못했다. 그들이 볼 때, 그는 아직 해야 할 일을 하지 않았다. 외적으로는 그들이 생각한 모든 조건을 다 갖추었다. 그는 이미 기적을 행하는 능력이 있었고, 가르치는 데 탁월했다. 수도인 예루살렘에 입성했다. 그런데 무력하게 잡혀서 죽고 말았다.

우리 구주 되신 예수님은 모든 인생과 같이 한 번 죽으셨다. 그러나 그는 모든 사람과 달리 "자신의 사명이 고통과 죽음으로 완성된다"고 생각하였고, 복음서 기자들은 "이 사실에 대하여 놀라지 않았다."[2] 이것은 복음서 기자들이 예수님의 죽음 자체를 하나의 '가치'로 평가하고 있다는 것을 나타낸다. 어떤 가치인가? 그의 죽음이 메시아 사역의 핵심이요, 정점이라는 것이다.

---

1 물론 어떤 사람의 죽음이 다른 사람을 위한 희생이었다면, 그 죽음의 가치를 높게 평가할 것이다. 그러나 죽음의 본질에 관해 묻지는 않는다.

2 레온하르트 고펠트, 『모형론: 신약의 구약해석』, 최정태 역(서울 : 새순출판사, 1987), 142.

그러면 마가는 이 사건을 어떻게 기록하고 이 사건의 의미를 어떻게 전달하는가? 마가의 고난 기사를 읽을 때, 세 가지 질문이 생긴다.

1. 마가는 왜 하루 경과를 기록할 때, 이렇게 많은 시간 표시를 두었는가?
2. 이 하루 경과 중 제6시-제9시에 임한 어두움과 이 어두움의 의미는 무엇인가?
3. 예수님은 이 어두움의 시간 마지막 시각에 절규하셨는데, 그 절규가 가리키는 것은 무엇인가?

## 마가의 시간표시: 하루 경과

먼저 하루 경과이다. 마가의 고난 기사에는 몇 가지 독특한 점이 있다. 그중 한 가지는, 예수님이 십자가에 못 박히신 날의 시간을 여러 번 기록한 것이다.

| | | 현대시간 |
|---|---|---|
| 14:72 | 닭이 곧 두 번째 울더라 | 06시 전 |
| 15:1 | 새벽에 | 약 06시 |
| 15:25 | 때가 제 3시가 되어 | 09시 |
| 15:33 | 제6시가 되매 … 제9시까지 | 12-15시 |

| | | |
|---|---|---|
| 15:34 | 제9시에 | 15시 |
| 15:42 | 저물었을 때에 | 약 18시 |

이것을 보면, 예수님께서 십자가에 돌아가신 날 하루가 약 3시간 간격으로 시간 표시가 된 셈이다. 다른 복음서에는 "때가 제3시가 되어 그들이 그를 십자가에 못 박았다"(막 15:25)는 말이 없다.[3] 그런데 마가는 예수님께서 십자가에 못 박히신 날 오전을 이중으로 기록한다.

| | |
|---|---|
| 막 15:22-24 | 골고다〉몰약탄 포도주〉십자가에 못 박음〉제비뽑기, 옷을 나눔 |
| 막 15:25 | 제비뽑기 이전 상황 다시 묘사 |

첫 번째 묘사에서 두 번째 묘사로 넘어갈 때 시제가 바뀐다. "때가 제3시(9시)가 되었다"(미과). 그들[군인들]이 그[예수]를 십자가에 못 박았다(부과).[4] 헬라어에서 한 본문에 미완료와 부정과

3 cf. 요 19:14.

4 J. van Bruggen, *Marcus: Het evagelie volgens Petrus* (Kampen: Kok, [2]1988), 375–376: "In 15,25 doet Marcus een stap terug in de tijd. De kruisiging was tijdens het dobbelen om de kleren al een voldongen feit. Hij kommt nu op dat feit terug en beschrijft hoe men de kruisiging verrichtte: 'Het was negen uur in de morgen('het derde uur') en ze kruisigden Hem.' Het tijdstip geeft kleur aan de daad. Zonder einig dralen heeft men Pilatus' bevel uitgevoerd. Er was geen poging tot vertraging. Men spaart Jezus geen moment. Zoals het regelrecht naar

거가 함께 쓰이면, 미완료는 배경을, 부정과거는 주동작을 표현한다(cf. 갈 1:11-14).

그러면 마가의 시간 표시에서 우리가 기본적으로 얻을 수 있는 정보는 무엇인가? 우선 마가가 예수님이 십자가에 못 박힌 사건을 얼마나 중요하게 생각했는가 하는 것이다. 고대 어떤 역사 기록도 그 '때'를 몇 시간 단위로 기록하지는 않는다. 고대 기록에서는 년 월 단위도 간혹 나타난다. 열왕기하 25장과 예레미야 52장을 보면 예루살렘이 포위되고, 기근이 발생하고 성벽이 무너지며, 마지막으로 성전과 왕궁이 불타는, 역사상 잊을 수 없는 일들이 기록되었을 때, 년 월 그리고 일 단위까지 기록된다.

| 기록 | 통치자 | 연 | 월 | 일 | 시 | 성경 |
|---|---|---|---|---|---|---|
| 예루살렘 성 포위 | 시드기야 | 9 | 10 | 10 | – | 왕하 25:1 |
| 기근, 예루살렘 성벽 붕괴 | 시드기야 | 11 | 4 | 9 | – | 왕하 25:3 |
| 성전과 왕궁 파괴 | 느부갓네살 | 19 | 5 | 7 | – | 왕하 25:8 |

Schedelplaats ging (15,22) zo wordt de kruisiging ook ogenblikkelijk voltrokken al is het dan nog vroeg in de morgen"; auch Bengel, 『마가』, 210; Lane, *Mark*, 566–567: "Mark stated the fact of Jesus' crucifixion in verse 24a, and then proceeded to describe the division of Jesus' clothing by the soldiers following his execution. The reference to the fact of the crucifixion once more in verse 25 appears an unnecessary duplication of information just provided."

성경 역사만이 아니라 일반 역사에서도 어떤 사건은 시간을 자세히 언급하는 경우가 있다. 1592년 4월 13일 임진왜란이 발발하고 약 15일 후에 수도가 위협당하는 상황이 되었다. 서애(西厓) 류성룡은 선조가 수도를 버리고 파천하는 장면을 이렇게 묘사한다.

四月三十一曉 車駕西巡(사월삼십일효 거가서순)
"4월 3일 새벽에, 수레가 서쪽으로 돌다(임금이 서쪽으로 파천했다)"
(조금 지나서)
初更到東坡驛(초경도동파역)
"초경에 동파역에 이르렀다"[5]
(징비록 1권 19장 첫머리)

이것은 임진왜란 발생 후 가장 위급한 순간, 가장 충격적인 순간을 기록한 것이다. 아마도 류성룡에게 이 순간은 잊을 수 없는 시간이었을 것이다. 그래서 사건이 발생한 지 10여 년이 지나도록 시각("초경")까지 정확하게 기억하고 있는 것이다.

그런데 마가는 어느 날이 아니라 한 두번 시각이 아니라 그 날 하루 전체를 3시간 단위로 표시하고 있는 것이다. 열왕기하

5 초경: 별이 보이기 시작할 때(약 7–9경); 2경: 컴컴해 질 때; 3경: 한 밤중에; 4경: 좀 더 지나면; 5경: 별이 질 때를 말한다.

25장과 징비록 1권 19장과 비교해 보면, 마가를 비롯한 복음서 기자들이 십자가 사건을 얼마나 중요한 일로 받아들였는지 알 수 있다.

다음으로 사건 자체의 경과가 매우 빨랐다는 것을 알 수 있다. 마가에 따르면, 십자가에 못 박히기까지 몇 시간이 채 되지 않는다. 마가복음 15:25에 예수님께서 제3시 곧 '오전 8시에서 10시 사이'[6]에 십자가에 이미 매달려 계셨다는 것이다. 빌라도는 새벽에 재판을 하던 당시 관습대로 아침 일찍 재판 및 판결을 내렸고,[7] 군인들은 지체 없이 그 명령을 수행했다는 것을 알 수 있다.

지금까지 우리는 하루의 경과를 살펴보았다. 이제 시야를 좁혀 제6시에서 제9시 사이에 일어난 일을 살펴보자.

---

6 만일 마가가 '12시간' 계산법으로 시간을 표시한다면, 곧 해 뜨는 시간부터 해 지는 시간까지를 12등분 하는 계산법을 쓴다면, 계절에 따라 낮의 길이가 다르므로 시간도 달라지게 된다. 여름의 한 시간은 겨울의 한 시간보다 길다. 예수님이 십자가에 못 박히신 때는 유월절이다. 3/4월 14일. 이때는 태양이 춘분점을 지난 바로 직후이므로 낮이 길어지기 시작한 시기이다.

7 유대 예루살렘, 예컨대 "다윗의 집이여, 너는 아침마다 정의롭게 판결하며 탈취당한 자를 압박자의 손에 건지라"(렘 21:12), "날이 새매"(καὶ ὡς ἐγένετο ἡμέρα...; 눅 22:66)가 있다. 로마황제 베스파시안(Vespassian)은 날이 새기 전 이미 해야 할 행정 일을 마무리했다고 전한다. Cf. N. A. Sherwin-White, "The Trial of Christ in the Synoptic Gospels," in *Roman Society and Roman Law in the New Testament* (Oxford: Clarendon Press, 1963), 44-45; R. E. Brown, *The Gospel According to John*, Vol. 2 (New Haven: Yale University Press, 2008), 844.

## 슬픔 아니면 유기?

예수님이 십자가에 못 박히시고 약 두 세 시간이 지난 후, 곧 제6시(낮 12시)에 "온 땅에 어두움이 임했다."[8] 그리고 "제6시부터 제9시까지"(낮 12시에서 15시) 지속되었다. 지난 세기 탁월한 주석가였던 핸드릭슨(W. Hendricksen, 1900-1982)은 이 "어두움"에 관하여 세 가지 질문을 할 수 있다고 말했다.[9]

1. 무엇이 어두움을 가져왔는가?
2. 얼마나 광범위하게 일어났는가?
3. 어떤 의미가 있는가?

이 중 첫 번째 질문과 세 번째 질문을 잠시 생각해 보자.

첫째로 무엇이 이 어두움을 가져왔는가? 어떤 사람은 이 어두움의 원인을 개기일식에서 찾는다. 그러나 지금은 유월절(3/4월 14일; 출 12:6)이다. 만월(滿月)이다. 태양과 달이 정반대 위치에 있는 것이다. 이때는 개기일식이 일어날 가능성이 없다. 나아가 일식이 3시간이나 지속되는 경우는 역사상 일어난 적이 없다.[10]

---

8 이것은 모든 복음서 기자들의 공통증언이다.

9 W. Hendricksen, *Exposition of the Gospel According to Mark* (Grand Rapids: Baker Book House, 1981), 659-661.

10 지금까지 역사상 최장 일식 지속 기간은 "2시간 35분 21초"였다(2009년 7월 22일;

다시 말해서, 만월이므로 일식 가능성이 없고, 설사 일식이라고 해도 본문에 있는 것처럼 제6시에서 제9시까지 지속된 그런 종류의 일식일 수 없다는 것이다. 이것은 여호수아 때 태양이 내려가는 것이 멈춘 일(수 10:12-14)이나 히스기야 때 그림자가 뒤로 10도 물러간 것(왕하 20:11)과 같이, 초자연적 기적이지 자연현상이 아니다. 그래서 핸드릭슨은 이 어두움에 대하여 이렇게 말한다. "'하나님께서 어둡게 하셨다'라고 말하는 것이 안전하다. … 최선의 대답은 여기서 일어난 사건을 하나님의 특별한 역사인 이적으로 간주하는 것이다."[11]

이 "어두움"이 자연현상이 아니라 하나님의 특별한 이적이었다면, 자연스럽게 이 이적의 의미를 묻게 된다. 이 어두움은 무엇을 뜻하는가? 칼뱅 당시 주석가들은 이 "어두움"은 그리스도께서 죽으실 때, 하나님께서 모든 범죄 중에서 가장 어두운 범죄를 보지 않고자 하심을 나타낸다고 해석했다.[12] 그러나 이런 심리적인 해석은 본문을 옳게 해석한 것이 아니다. 왜냐하면 그 안에 심하게 일그러진 하나님 상(像)을 담고 있기 때문이다. 만

---

09:34-12:06). 그러나 이것은 한 지역에서 일어난 것이 아니라 그 일식 자체의 지속 기간을 측정한 것이다. 한 지역에서 개기 일식의 최대지속 기간은 "7분 31초"였고, 지난 1900-2000년 동안 오직 10건의 개기 일식만이 7분 이상이었다. 최근의 경우는 "7분 3초"로 1973년 6월 30일에 있었다.

11 Hendricksen, *Mark*, 660.

12 Cf. J. Calvin, *Commentary on A Harmony of the Evangelists, Matthew, Mark, and Luke* (Grand Rapids: Baker Books, 1979), 316.

일 하나님이 이렇게 감성적인 분이라면, 어둠을 임하게 했겠는가? 전부 밀어버리고 자기 아들을 십자가에서 구해내면 된다. 한편 교부 멜리톤(† c. 180)은 이 어두움을 은유적으로 해석하기도 했다. 즉, "이에 [하늘의] 빛이 사라졌고 낮이 어두워졌다. 십자가 위에서 벗김을 당한 그를 가릴 수 있도록 말이다."[13]

하지만 이와 반대로 성경은, 우리가 이해하기 힘들지만, 하나님은 그분의 아들이 십자가에서 고난 받는 것을 원하셨고, 아들은 그것을 자발적으로 받아들였다고 증언한다. 그러면 이 어두움, 하나님이 특별한 역사로 임하게 하신 이 어두움은 어떤 의미인가? "'어두움'은 심판의 의미가 있다."[14] 성경은 어두움을 한편으로 심판의 '수단'과 연결한다. 출애굽기 10:21-22에는 흑암 재앙이 나오는데, 삼일동안 이집트 온 땅에 흑암이 있었다. 그러나 이스라엘이 있는 곳은 빛이 있었다.[15] 또 이사야는 "보라, 어둠이 땅을 덮을 것이며 캄캄함이 만민을 가리려니와 오직 여호와께서 네 위에 임하실 것이며, 그의 영광이 네 위에 나타나리라"고 예언했다(사 60:2). 아모스는 여호와의 날에 관한 예언에서

13 멜리톤의 『수난설교』 in 헹엘, 『십자가 처형』, 51.

14 Hendricksen, *Mark*, 660.

15 애굽에 내린 10재앙이 심판과 깊은 연관이 있다는 것은 창세기 15:13-14에서 확인할 수 있다. "그들이 섬기는 나라를 내가 징벌할 것이다." 또 출애굽기 12:12과 민수기 33:4에서 "애굽의 모든 신들을 내가 심판하리라"는 말씀에서 확인할 수 있다. 또 그 후에 장자의 죽음 재앙이 있는데 십자가 사건과 흥미로운 유사성이 있다.

사람들의 오해에 대하여 경고한다. 사람들은 여호와의 날을 구원과 평강의 날이라 생각하고 그날을 사모하나, "그날은 어둠이요 빛이 아니다. 여호와의 날은 빛없는 어둠이 아니며, 빛남 없는 캄캄함이 아니냐?"(암 5:18, 20)는 것이다. 이와 같이 성경에서 흑암은 하나님이 심판하시는 수단이다.

그런가 하면 성경 기자들은 어두움으로 심판의 결과를 표시하기도 한다. 예수님은 종말강화에서 "이 무익한 종을 바깥 어두운 데로 내쫓으라. 거기서 슬피 울며 이를 갈리라"(마 25:30; cf. 마 8:12)고 말씀하셨고, 베드로는 불의한 자들은 "물 없는 샘이요 광풍에 밀려가는 안개니 그들을 위하여 캄캄한 어둠이 예비되어 있다"(벧후 2:17; cf. 유 13)고 경고했다. 따라서 성경에서 흑암은 심판의 결과와 관련이 있다.

성경의 유비에 따르면, 어두움이 임하는 것과 하나님의 심판이 실제적으로 시행되는 것이 많은 경우 일치한다. 그런데 그 중에서도 어둠은 "내어버림"과 직접적인 관계가 있다. "바깥 어두운 데로 내쫓으라," "그들을 위하여 캄캄한 어둠이 예비되어 있도다." 그리고 그 내어버림의 대상은 언제나 하나님을 대적하는 인간들, 하나님이 없다고 말하는 죄인들이다.

그런데 마가복음에서는 이 "내어버림," 곧 유기가 "예수님께" 적용되고 있는 것이 문제이다. 어떻게 하나님께서 예수님을 마치 하나님을 대적하는 가장 악한 죄인들과 같이 대하신다는 말인가? 진정으로 하나님이 그의 아들을 죄로 삼고 있다는 말인가? 그렇다. 바로 그것이다. 하나님이 우리를 대신하여 그의 아들을 죄를 삼고 있는(고후 5:21) 모습이 바로 이 어두움이 지속되고 있는 장면이다. 예수님이 십자가에 매달려 우리 죄에 대한 하나님의 심판과 진노가 그 십자가에서 지옥불처럼 타고 있는 모습, 그것이 이 세 시간 동안 지속된 어두움이 보여주는 것이다. 핸드릭슨은 이 어두움의 의미를 이렇게 설명했다.

> 그래서 주님은 우리의 대속자로서, 가장 무서운 고뇌와 말로 형용할 수 없는 저주, 무시무시한 고독을 맛보시고 버림받으신 것이다. 그날에 지옥이 갈보리에 임하였고, 구주께서는 거기서 우리를 대신하여 그 공포를 견디셨다.[16]

그러면 이 말로 표현할 수 없는 고난과 공포, 저주와 고독, 진노와 심판을 온몸으로 받으면서 예수님은 어떻게 하셨는가? 이제 시야를 더 좁혀서 제6–9시 마지막 부분에 집중해보자.

---

16 Hendricksen, *Mark*, 660.

## 마지막 순간에 절규하심

예수님은 어둠이 임한 세 시간 동안 침묵했다.[17] 그리고 제9시, 곧 어두움의 마지막 순간에 절규하셨다. "나의 하나님, 나의 하나님 어찌하여 나를 버리셨습니까?"(막 15:33-34). 이 "어두움"과 "외침"은 그저 사건의 순서 정도로 이해하는 경우가 많다. 그러나 이 둘은 그 이상의 밀접한 관계를 갖고 있다. 이 밀접한 관계를 이해하기 위해서는 우선 마가의 언어를 이해할 필요가 있다. 그중 두 가지 면을 살펴보자.

첫째, 마가는 예수님의 고난이 점점 심화되는 것으로 보고 있는데, 어두움은 점점 가중되고 깊어지는 고통의 마지막 단계이다. 첫 번째 단계는 무엇인가?

1. 새벽: 신문당할 때,
   산헤드린 공회, 뺨을 맞으심,
   그 후 빌라도 앞에서 신문, 군인들의 조롱.

이것이 첫 번째 단계이다. 두 번째 단계는 무엇인가?

---

17 W. L. Lane, *The Gospel According to Mark: The English Text with Introduction, Exposition, and Notes* (Grand Rapids: Eerdmans, 1974), 572과 비교하라. 그는 "예수께서 십자가 위에서 어떻게 행동하셨는지 묘사하지 않았다"고 말한다. 그러나 이것은 너무나 피상적인 관찰이다. 마가복음은 그가 십자가 사건에서 꼭 필요한 자기주장 외에는 "침묵"하고 있다고 말한다(막 15:5).

2. 제 3시: 십자가에 달리셨을 때,
제사장들, 백성들 조롱.

이것이 두 번째 단계이다. 그러면 세 번째 단계는 무엇인가?

3. 제6시-9시: 어둠이 임함.

이 어두움이 임한 후에는 사람의 조롱이 나타나지 않는다. 신 포도주를 준 행동에는 이미 조심하는 모습이 드러난다. 제6시 이전 고난이 육체적 고통, 모욕감, 분노 등을 참으신 것이라면, 제 6–9시의 고난은 하나님으로부터 외면당하고 하나님으로부터 버림당한 자의 고뇌를 표현한 것이다.

그런데 세 번째 단계에 이르렀음에도, 처음도 중간도 아니라, 이 마지막의 단계의 마지막 순간이 되어서야 예수님의 외침이 있다는 것이다!

둘째, 마가에 따르면, 어두움은 예수님 외침의 내용을 상징한다.[18] 만일 예수님이 하나님께 도움을 호소하기 위해 "나의 하나님, 나의 하나님, 어찌하여 나를 버리셨나이까?"라고 기도하셨다면, 이 기도를 언제 했어야 하는가? 이렇게 어두움이 시작되

18 Hendricksen, *Mark*, 661.

고 세 시간이 지난 후에 했어야 했는가, 아니면 어두움이 시작될 때, 아니 그 이전에 그렇게 기도했어야 했는가? 당연히 어둠이 시작되기 전에 기도했어야 했다. 시편 22편을 보자. 1절에서 다윗은 "내 하나님이여, 내 하나님이여, 어찌 나를 버리셨나이까?"고 기도한다. 다윗은 이 기도 다음에 계속해서 말한다.

> 어찌하여 나를 멀리하여 돕지 아니하시오며 내 신음을 듣지 아니하시나이까? 내 하나님이여 내가 낮에도 부르짖고 밤에도 잠잠하지 아니하오나 응답하지 아니하시나이다 … 나를 멀리하지 마옵소서. 환난이 가까우나 도울 자 없나이다. 많은 황소가 나를 에워싸며 바산의 힘센 소들이 나를 둘러쌌으며, 내게 그 입을 벌림이 찢으며 부르짖는 사자 같으니이다(시 22:1-2, 11-13)

만일 예수님이 하나님께 도움을 호소하는 기도를 드린 것이라면, 다윗처럼 어두움이 시작되기 전에 기도했어야 했다.

그러나 예수님은 어두움이 시작될 때 외치지 않으셨다. 어두움이 진행되는 중간에도 침묵하셨다. 그뿐만 아니라 마지막까지 하나님의 철저한 외면을 견디셨다. 아니 하나님께로부터 완전히 저주를 당하고 버림을 당하셨다. 그리고 어두움의 마지막 순간, 곧 제9시에 "엘로이 엘로이 레마 사박타니"(나의 하나님, 나의 하나님, 어찌하여 나를 버리셨습니까?) 절규하셨다. 그러므로 예수님의 이 절규는 마가를 비롯한 복음서 기자들이 심혈을 기울여 밝히고 전하고자 했던 "가장 심오한 내용을 표현"하고 있는 것이다. 즉, "예수께서 하나님께 버림받았다고 크게 소리 지르셨을 때, 그것은 인자가 마지막으로 지나야만 했던 절망의 최저 심연에서 터져 나온 외침이었다."[19] 그러나 이 절망은 사실은 우리가 겪어야 했던 절망이요, 이 절망의 심연도 우리가 내려가야 할 자리였다.

그러면 예수님이 다윗과 같이 하나님께 도움을 호소하지 않고 저주를 받고 버림을 당하되, 그것을 견디고 침묵하다가 절망의 최저 심연에서 절규한 것은 시편 22편과 마가복음 15장이 모순된다는 것을 의미하는가? 그렇지 않다. 다윗에게는 "나의 하나님 나의 하나님 어찌하여 나를 버리시며 어찌하여 나를 돕지 아니하시나이까?"라고 부르짖는 것, 이것 자체가 하나님을 전적으로 신뢰하는 행동이었다. 따라서 다윗은 하나님을 절대적으로 신뢰하는 메시아의 예표로 행동하고 있다. 그러나 이 예표가 가리키는 실체이신 예수님은 "예표–성취"와 함께, 그것을 뛰어넘는 삼위일체의 내적 일치성 수준에서 성자가 성부를 전적으로 신뢰하는 것을 보여준다. 지금 우리는 인간의 논리와 성경 계시가 열어주는 마지막 지점에 서 있다. '어떻게 될 것인가? 성부께서 진정으로 성자를 버리시는가? 성자의 위격적 연합 안에

19 고펠트, 『모형론』, 175.

서 죽음의 문제는 어떻게 진행되는가?' 우리는 모른다. 다만 거대한 삼위일체 신비의 바다를 바라보고 있을 뿐이다.

동시에 우리는 이 거룩하신 하나님 앞에서 우리 안에 있는 죄와 어두움의 깊이를 직시한다. 그때 놀라게 되는 것은 첫째는 죄가 이렇게 심각하고 무서운 것인가? 하는 것이고, 둘째는 바로 나 자신이 그리스도를 십자가에 매달았다는 사실이다.

예수님은 하나님 앞에서 자신을 죄인과 완전히 동일시했다. 하나님은 심판자이고, 예수님은 심판을 당하는 것이다. 이사야가 말하는 것처럼, 그가 "우리의 죄를 짊어지신 것이다."[20] 마가는 이것을 이렇게 말했다. "인자가 온 것은 섬김을 받으려 함이 아니라 도리어 섬기려 하고, 자기 목숨을 많은 사람의 대속물로 주려 함이라"(막 10:45).

마가는 지금 이 대속적 고통을 기록하고 있다. 그는 '왜 예수님은 제9시 곧 마지막 순간에 절규하셨는가?' 하는 질문에 '자기 백성의 죄를 대신하여 완전한 형벌을 받으려면 그렇게 하셔야 했다'고 조용히 대답하고 있다.[21]

"죄 없는 하나님의 아들이 죄인의 죽음을 죽으시고, 가장 쓴 버림당함을 경험했다."[22] 이 고통을 죄인을 대신하여 겪는 동안 그

20 Cf. 사 53장; Hendricksen, *Mark*, 661-662.

21 Hendricksen, *Mark*, 663.

22 Lane, *Mark*, 573; cf. J. A. Alexander, *A Commentary on Mark* (New York: Anson

는 침묵했다. 보통 십자가에 매달린 사람은 분노와 고통, 나아가 표현할 수 없는 절망으로부터 나오는 거친 저주들을 쏟아놓았지만,[23] 예수께서는 침묵하셨다. 이것을 지켜보던 백부장은 이 처참한 현장에서 지금까지 자신의 경험 세계에 없는 이 낯선 현상을 보고 "이 사람은 진실로 하나님의 아들이었도다"라고 말한다. 이 침묵이 세상을 정복한 것이다.

그리고 그 유기의 마지막 순간에 하나님의 아들은 하나님이 자신을 버리셨다고 절규했다. 바로 이 절규의 순간에 어둠이 물러가고 빛이 나타났다(cf. 막 15:33). 이 말이 이상하지 않은가? 어느 소설가가 누군가에게 주인공이 철저히 버려졌다고 하면, 그것을 외적으로 표현하기 위해 어두움이 좋겠는가, 아니면 빛이 좋겠는가? 그러므로 이 어두움과 빛의 대조 또한 복음서의 언어이다. 빛. 예수님의 메시아 사역이 이루어진 것, 그리고 하나님이 죄와 사망을 정복한 것을 나타낸다. 예수님의 전쟁, 곧 어둠과 죄, 마귀와 사망과의 전쟁이 끝난 것이다. 승리하신 것이다(cf. 골 2:15). 오늘 이렇게 심판을 당하시고 자기 백성을 구속하신 예수님은 승리자로서 마지막 날에 심판을 행하실 것이다.

볼지어다. 구름을 타고 오시리라. 각인의 눈이 그를 보겠고, 그

---

D. F. Randolph & Campany, 1858), 425.

23 Cf. Lane, *Mark*, 572.

> 를 찌른 자들도 볼 것이요, 땅에 있는 모든 족속이 그로 인하여 애곡하리니 그리하리라. 아멘!(계 1:7)

> 내가 보니 여섯째 인을 떼실 때, 큰 지진이 나며 해가 검은 털로 짠 상복같이 검어지고 달은 온통 피같이 되며 하늘의 별들이 무화과나무가 대풍에 흔들려 설익은 열매가 떨어지는 것 같이 떨어지며 하늘은 두루마리가 말리는 것 같이 떠나가고 각 산과 섬이 제자리에 옮겨지매 땅의 임금들과 왕족들과 장군들과 부자들과 강한 자들과 모든 종과 자유인이 굴과 산들의 바위틈에 숨어 산들과 바위에 말하되 우리 위에 떨어져 보좌에 앉으신 이의 얼굴에서와 그 어린 양의 진노에서 우리를 가리라. 그들의 진노의 큰 날이 이르렀으니 누가 능히 서리요 하더라(계 6:12-17)

하나님은 그의 아들의 십자가에서 구원 사역을 완성하신 것이다.

## 나가며

지금까지 관찰한 내용을 요약하면 다음과 같다. 예수님은 모든 인생과 같이 한 번 죽으셨다. 그러나 자연적으로 죽음을 맞이한 것이 아니다. 예수님은 고난과 죽음이 왔을 때, 자신의 존재를 걸고 완성해야 할 사역으로 생각하셨고, 종말론적 하나님의 나라를 완성하는 토대를 놓는 건축가처럼 몰입하셨다. 그래서 예수님은 모든 사람과 달리 "자신의 사명이 고통과 죽음으로 완성된다"라고 생각하였고, 복음서 기자들은 "이 사실에 대하여 놀라지 않았다."[24] 복음서 기자들은 예수님의 죽음 자체를 하나의 '가치'를 넘어 바로 그 '가치,' 하나님께서 영원부터 계획한 '가치,' 하나님이 자신의 전능한 능력으로 이룰 '가치'로 평가하고 있다. 예수님의 죽음이 메시아 사역의 핵심이요, 정점이라는 것을 웅변적으로 증거한다. 그의 죽음이 하나님의 거룩한 사랑과 엄위로운 공의를 계시하며, 인간의 죄의 끔찍함을, 사망의 공포를 이긴다는 것을 선포한 것이다.

마가는 이것을 어떻게 표현하는가? 마가는 하루 경과를 매우 면밀하게 표시하고, 이 시간 표시에 근거하여 예수님의 십자가 사역을 선포했다. 마가는 예수님이 십자가에 못 박히신 "하루 경과"를 3시간 단위로 표시한다. 이것은 그가 이 사건을 얼마나 중요하게 생각했는지 보여준다. 예수님은 제6–9시의 마지막 순간에 "나의 하나님, 나의 하나님, 어찌하여 나를 버리셨나이까?" 절규하셨고, 그 순간에 승리의 빛이 나타났다. 예수님은 절망의 최저 심연에까지 내려가셔서 우리 죄로 인한 심판, 하나님의 버리심(유기)을 담당했다. 제6–9시, 그 시간대 마지막 시점을 역사상 전무후무한 사건, 곧 하나님이 역사에 개입하신 사

---

24 고펠트, 『모형론』, 142.

건, 그토록 바랐던 메시아적 구원 사역이 완성되는 시점으로 본 것이다. 예수님의 이 십자가 사역에 근거하여 우리는 의를 얻고 하나님의 자녀가 되었다.

오늘날 우리는 사람 안에 있는 악과 죄, 탐욕이 현시된 것과 같은 시대를 살고 있다. 세상과 교회 안에 나타나는 악이 너무 거대해서 숨이 막히고 압도당한다. '이것을 어떻게 해결할까?' 하고 생각할 때면, 우리 자신이 너무 무력하게 느껴진다. 밖으로는 악이 너무 편만하고 안으로는 무력감이 너무나 깊으므로, 사람은 이 생각과 감정을 하나님께 적용하기도 한다. 마치 하나님께서도 이 어둠과 악을 해결할 수 없을 것 같다고 생각하고 느끼는 것이다.

그러나 하나님은 사람이 아니다. 하나님이 십자가에서 죄와 악을 다루는 모습을 보라. 이스라엘 백성들은 남북왕조 때 자신들이 얼마나 부패할 수 있는가 경험했다. 또한 그들은 나라가 망하고 네 개의 세계 제국을 차례로 거치면서 인간의 악과 불의가 어느 정도인가 경험했다. 이렇게 역사적으로 인간의 악이 극한까지 '계시'되었을 때, 십자가 사건이 일어났다. 십자가를 보라. 죄와 부패, 악과 불의를 하나님이 어느 정도의 깊이로 다루는지 보라. 처음부터 무한대의 깊이와 무한대의 능력이 투입된 구속 사역, 이것이 십자가이다. 그러므로 바울은 인간의 죄의 실상을 지도처럼 보았음에도(cf. 롬 1:18-3:20), 이제는 율법 외에 하나님의 의가 나타났으니 십자가를 통해 이루신 의라고 자랑

했다(롬 3:21).

하나님은 인간의 죄가 깊어지는 것을 보시고 그것에 맞추어 더 깊은 악에 대한 해결책을 마련하신 것이 아니다. 십자가 하나로 족하다. 아무리 인간이 자기 죄와 악을 숨기려 해도 하나님은 다 찾아내어 심판하신다. 교회의 부패와 세상의 불의와 비리가 아무리 깊다 해도, 하나님이 심판하실 것이다. 어느 정도로 하시는가? 십자가 수준으로 하신다. 우리 안에 있는 죄가 아무리 크다 해도, 그래서 택한 백성이 탄식하며 구원을 갈망할 때, 십자가 하나면 족하다. 그 죄가 아무리 깊더라도 하나님이 아들을 버리시는 것과 아들이 절망의 최저 심연에까지 내려가 견디신 것을 이길 수는 없다. 십자가가 이미 이 모든 악과 마주쳤다. 그러므로 설사 이 악에 연루된 사람들이라도, 이 불의에 연루된 나라라도, 치료받을 수 있다. 그러나 이 악에 계속해서 머무르는 사람이나 사회나 나라는 하나님이 십자가에서 자신의 완전한 진노를 쏟으셨다는 것을 기억해야 한다. 동시에 예수님께 쏟으신 것과 동일한 진노를 하나님은 훗날 그들 위에 내리리라는 것을 기억해야 한다.

이 사실을 통해 지금부터 그리고 앞으로도 신자가 결코 잊어서는 안 되는 것은 무엇인가? 두 가지이다.

1. 우리 주님은 우리를 구원하시기 위해 절망의 최저 심연까지

내려가셨다. 하나님의 공의가 하나님 아들의 죽음과 저주를 요구한다면, 우리의 사소한 죄 하나가 예수님을 십자가 죽음을 요구했다면, 우리가 얼마나 죄를 심각히 여겨야 하겠는가? 주님께서 우리의 눈과 마음을 밝혀 주셔서 내 죄의 심각함을 깨달았다면, 죄를 멀리하고 증오하기를 생명을 건 전쟁을 하듯이 살아야 하지 않겠는가?

2. 우리 하나님은 우리를 구원하시기 위해 하나님 아들이 죽는 것과 버림받는 것을 원하셨다. 하나님의 사랑이 자기 아들의 죽음과 절망과 저주를 원할 정도라면, 이 하나님의 사랑이 얼마나 무서운가? 하나님께서 십자가에 달리신 예수를 믿는 믿음을 주신 것만으로도 우리가 천지를 지으신 하나님께 무한한 사랑을 받는 존재인 것을 증명하고도 남는다. 그런데 우리는 지금까지 이 사실을 몰라도 너무 몰랐고, 알아도 너무 피상적으로 알지 않았는가? 그러므로 지금부터 평생토록 십자가를 힘써 알아가자. 지금부터 십자가를 더 자랑하고 살아가자. 십자가 때문에 고통이 온다면 기꺼이 감수하자. 이 십자가를 통해 구원과 진리가 드러나고, 거짓 없는 겸손과 진실한 사랑과 세상이 금할 수 없는 영광이 나타날 것이다. 그러므로 이 십자가와 이 놀라운 구원을 계획하신 하나님 안에서 우리의 유일한 자랑과 보람을 찾자.

지금까지 마가복음의 십자가 소식을 들었다. 그러면 누가복음은 그리스도의 십자가를 어떻게 이해하는가? 이제 예수님이 십자가를 지시기 바로 전날 새벽에 드린 기도[25]와 십자가 기사를 차례로 살펴보자.

25 누가복음에 기록된 겟세마네 기도는 여러 면에서 독특한 점이 많다. 이 중에서 예수님이 기도하실 때, 천사가 나타나 힘을 더한 일에 대해서는 김영호, 『기도란 무엇인가? 누가복음과 사도행전에서 배우는 기도』(수원: 합동신학원출판부, 2019), 96-109를 참조하라.

## | 토론 문제 |

01 마가는 예수님이 십자가에 달리신 하루 경과를 자세히 기록하는데, 어떤 시간 표시가 등장하고, 그 시간 표시의 의미는 무엇인가?

02 사람들은 제6시에 임한 "어두움"을 어떻게 이해하며, 당신은 어떤 견해가 옳다고 생각하는가?

| | 견해 | 내용 | 반박 |
|---|---|---|---|
| 1 | 개기일식 | | |
| 2 | 슬픔 | | |
| 3 | 수치를 가림 | | |
| 4 | 유기 | | |

03 예수님은 어두움이 임하기 시작하신 제6시에도, 제6시와 9시 사이에도 외치지 않다가, 어두움이 끝나는 제9시에 "나의 하나님, 나의 하나님, 어찌하여 나를 버리셨나이까?" 절규하셨다. 당신은 예수님이 이렇게 하신 이유가 무엇이라고 생각하는가?

04 그리스도의 절규와 함께 어두움이 빛으로 바뀌는데, 이 '사건 언어'의 의미가 무엇인지 토론해 보자.

05 마가의 십자가 기사를 공부하면서 그리스도의 십자가에 대해 당신이 새롭게 깨달은 점은 무엇인가?

눅 22:39-46

[39]예수께서 나가사 습관을 따라 감람산에 가시매 제자들도 따라갔더니, [40]그곳에 이르
러 그들에게 이르시되 유혹에 빠지지 않게 기도하라 하시고, [41]그들을 떠나 돌 던질 만
큼 가서 무릎을 꿇고 기도하여 [42]이르시되 "아버지여, 만일 아버지의 뜻이거든 이 잔을
내게서 옮기시옵소서. 그러나 내 원대로 마시옵고 아버지의 원대로 되기를 원하나이
다" 하시니 [43]천사가 하늘로부터 예수께 나타나 힘을 더하더라. [44]예수께서 힘쓰고 애써
더욱 간절히 기도하시니 땀이 땅에 떨어지는 핏방울같이 되더라.

[45]기도 후에 일어나 제자들에게 가서 슬픔으로 인하여 잠든 것을 보시고, [46]이르시되
"어찌하여 자느냐? 시험에 들지 않게 일어나 기도하라" 하시니라

07

# 하나님의 진노의 잔을 마심

## 들어가며

그리스도의 고난은 신약 저자들이 그 본질을 드러내기 위해 심혈을 기울이는 주제 중 하나이다. 반면에 신약 독자들은 자주 감지하지 못하고 지나가는 부분이기도 하다. 개혁신학에서는 그리스도의 고난이 언제부터 시작되었는가? 라고 묻고 성육신 때부터라고 말한다. 적절하고 전적으로 옳다. 그러나 문제는 이 질문에 기계적으로 대답하고 그리스도의 고난을 더 들여다보려는 노력을 중단하는 것이다. 이것이 문제가 되는 것은 두 가지 면에서이다. 한편으로 그리스도의 고난의 깊이를 충분히 이해하지 못한 사람은 인간과 자신의 죄를 피상적으로 이해하게 된다. 왜냐하면 인간이 자신의 죄의 심각성을 얼마나 깊이 자각하느냐 하는 것은 그리스도의 고난을 얼마나 깊이 인식하느냐에 비례하기 때문이다. 다른 한편으로 그리스도의 고난의 무게를 충분히 이해하지 못한 사람은 하나님과 하나님의 은혜에 진정으로 감사할 수 없다. 왜냐하면 하나님께 얼마나 감사하느냐 하는 것은 그리스도께서 신자를 위해 얼마나 무거운 고난을 받으셨느냐 인식하는 것에 비례하기 때문이다. 이런 점에서 예수님께서 죄 많은 여인에 대해 말씀하셨다. "저의 많은 죄가 사하여졌도다. 이는 저의 사랑함이 많음이라. 사함을 받은 일이 적은 자는 적게 사랑하느니라"(눅 7:47).

이것을 염두에 두고, 이제 본문에서 시작하여 누가복음을 거꾸로 읽을 것이다. 먼저 그리스도의 고난의 해부도라고 할 수 있는 예수님의 겟세마네 기도를 살펴보자.

누가복음 22:39-46은 예수님의 감람산 기도 장면이다. 이곳은 "겟세마네라는 곳"(마 26:36)으로서, 작은 "정원"(κῆπος; 요 18:1)이다. 여기서 예수님은 자신이 이제부터 가게 될 고난의 길을 앞에 두고 기도한다. 결박당하시고, 조롱당하시고, 이방인의 손에 넘겨져 정죄를 받아 겪으실 치욕스러운 죽음을 목전에 둔 기도이다. 십자가의 그림자가 드리워진 기도이다.

그런데 예수님은 자신의 고난, 자신의 십자가를 "잔"이라고 표현한다. "만일 아버지의 뜻이거든 이 잔을 내게서 옮기시옵소서"(눅 22:42). "내가 마시지 않고는 이 잔이 내게서 지나갈 수 없거든 아버지의 원대로 되기를 원하나이다"(마 26:42). 이 잔이 "마셔야 하는 잔"임을 암시한다. 요한복음 18:11은 "아버지께서 주신 잔을 내가 마시지 아니하겠느냐?"고 말한다.

그러면 예수님은 왜 자신의 고난과 십자가를 "잔"이라고 표현하는가? 어떤 이유에서 예수님은 자신의 고난을 "잔"으로 생각하는가? 이 질문에 대한 답을 얻기 위해서는 두 가지 더 근본적인 질문을 해야 한다.

1. 예수님은 왜 이 "잔" 앞에서 이렇게 나약한 모습을 보이는가?
2. 이 "잔"이란 은유에는 어떤 배경이 있는가?

이제 "잔" 앞에 예수님 모습과 "잔" 뒤의 배경을 관찰하면서, 이 "잔"이라는 은유의 심층으로 들어가, 그리스도의 십자가에 나타난 하나님의 일을 살펴보자.

## 이 "잔" 앞에서 예수님의 모습

누가복음은 예수님을 기도하는 분으로 소개한다(cf. 눅 4:42; 6:12). 예수님은 규칙적으로 기도한다. 그리고 주로 혼자 기도한다. 그런데 겟세마네 기도에는 보통 때 기도와는 다른 점이 있다. 먼저 제자들과 함께 있다(눅 22:39-40). 마태복음 26:37은 베드로와 요한, 야고보를 "데리고" 갔다고 한다. 또 예수님은 "고민하고 슬퍼하셨다"(마 26:38)고 말한다. "내 마음이 매우 고민하여 죽게 되었으니 너희는 여기 머물러 나와 함께 깨어 있으라." 그래서 누가에 따르면 천사가 힘을 더해야 했다(눅 22:43). 그러면서 "이 잔을 내게서 옮기시옵소서"(눅 22:42)라고 하셨다. 한없이 나약한 모습이다.

그러나 누가복음은 (나아가 복음서는) 예수님을 질병과 죽음을 지배하는 권세가 있으신 분(눅 7:1-10 "백부장의 종을 고침", 7:11-17 "나인성 과부의 아들을 살리심", 8:40-56 "열두 해 혈루증이 있던 여인을 고치심, 열두 살 난 야이로의 딸을 살리심"), 이스라엘에게 약속하신 메시아요(7:18-35 "세례 요한의 질문 및 예수님의 대답"), 그러므로 이미 선지자로서 기름 부음을 받은 분(7:36-50 "예수님께 선지자요 메시아로 기름을 부음"), 자연 위에 계신 창조주시요(8:22-25 "풍랑을 잠잠케 함"), 영적인 세계의 통치자(8:26-39 "거라사 군대 귀신을 쫓아내심"), 곧 이스라엘 백성에게 광야에서 만나를 주신 여호와 하나님과 동등한 분(눅 9:10-17 "오병이어 기적"), 나아가 세상이 감당할 수 없는 영광과 빛에 거하시는 분(눅 9:28-36 "변화산 사건")이라고 말한다.

그러면 자연과 인간 나아가 보이지 않는 세계의 지배자요 죽음까지도 지배하는 영광스러운 하나님의 아들 예수님께서 왜 "이 잔"은 그토록 두려워하고 고민하는가? 죽게 될 만큼 슬퍼하며, 견딜 수 없을 만큼 무거운 시험으로 인식하고 있는가?

우리가 예수님께 임한 공포를 다 이해한다는 것은 불가능하다. 이것은 성자 하나님이 그의 인성 안에서 경험하신 공포의 내용이요, 성자 하나님이 자신의 낮아진 상태에서 감당하신 공포의 신비이다. 그러나 그 내용과 비밀을 아는데 조금이나마 접근하기 위해서는 "잔"이라는 말이 의미하는 바를 추적하는 일에서 시작해야 할 것이다.

## 예수님이 마신 "잔"의 의미

성경에서 "잔"이란 말은 긍정적인 문맥에서도 부정적인 정황에서도 쓰인다.

긍정적인 의미로 쓰인 예로는 다윗의 고백을 들 수 있다. 다윗은 "여호와는 나의 목자시요 …"라고 고백하면서, 자신이 받은 축복을 이 "잔"이란 말로 표현했다. "내 잔이 넘치나이다." 또 예수님께서 요한과 야고보에게 "너희가 내 잔을 마실 수 있느냐?"(마 20:22; 막 10:38)고 물으실 때, 그들은 "할 수 있나이다"(마 20:22)라고 대답했다. 요한과 야고보 형제가 이해한 "잔"의 의미는 분명히 다윗이 시편 23편에서 말한 "잔"의 의미에서 그리 멀지 않을 것이다.

그러나 "잔"이란 말은 부정적인 의미로도 쓰인다. 특히 구약에서 "잔"은 심판과 진노를 표현한다. 선지자들은 자주 이 은유를 사용하여 하나님의 심판과 분노 또는 이스라엘의 회복을 표현했다.

> 여호와의 손에서 그의 진노의 잔을 마신 예루살렘이여,
> 깰지어다, 깰지어다. 일어설지어다. 네가 이미 비틀걸음치게
> 하는 큰 잔을 마셔 다 비웠도다. … 네 아들들이 곤비하여 …
> 20그들에게 여호와의 진노와 네 하나님의 견책이 가득하도다
> (사 51:17, 20)

> 그러므로 너 곤고하며 포도주가 아니라도 취한 자여,
> 이 말을 들으라.
> 22네 주 여호와, 그의 백성의 억울함을 풀어주시는 네 하나님이
> 이같이 말씀하시되
> 보라 내가 비틀걸음 치게 하는 잔
> 곧 나의 분노의 큰 잔을 네 손에서 거두어서
> 네가 다시는 마시지 못하게 하고
> 23그 잔을 너를 괴롭게 하던 자들의 손에 두리라(사 51:21-23)[1]

여기서 이사야는 하나님께서 이스라엘에 심판을 내리시는 것

---

1 진노와 분노를 쏟으시나 '잔' 비유가 사용되지 않고 ("쏟으시다, 부으시다" 대신) "치다"(렘 21:5)라는 용어가 쓰이기도 하고, "불이 일어나 사르다"(렘 21:12)가 쓰이기도 한다.

을 "하나님의 진노의 (큰) 잔을 마시게 하는 것으로, 반대로 이스라엘을 회복하시는 것을 "분노의 잔을 거두시는" 것으로 표현한다.

그러면 이 "잔"의 대상은 누구인가? 방금 앞에서 살펴본 것처럼, 이사야는 가장 먼저 "예루살렘"이 이 "잔"을 마실 것이라고 말한다. 예레미야는 "우리가 여호와께 범죄하였으므로, 우리 하나님 여호와께서 우리를 멸하시며, 우리에게 독한 물을 마시게 하심이니라"(렘 8:14; cf. 렘 9:15)고 선언한다. 에스겔은 오홀리바(예루살렘)가 자신의 형인 오홀라(사마리아)의 잔(כּוֹסָה)을 마실 것이라고 말한다. "주 여호와께서 이같이 말씀하셨느니라. 깊고 크고 가득히 담긴 네 형의 잔을 네가 마시고 코웃음과 조롱을 당하리라"(겔 23:31-35). 다윗은 "비틀거리게 하는 포도주를 마신" 이들이 "주의 백성"이라고 말한다(시 60:3). 따라서 이 잔은 처음에 사마리아에 내려졌던 하나님의 진노를 표현한다. 그 잔을 예루살렘이 마셨고, 나중에는 하나님이 "주의 백성" 전체에게 주신 것이다. 그래서 하나님의 백성으로 하여금 포도주가 아닌 데도 취하게 하고 비틀거리게 하며 멸망과 놀램과 비웃음과 저주를 당하게 한 것을 가리킨다.

그러나 여기서 그치지 않는다. 예레미야는 이 "잔"을 마시는 대상이 확대될 것이라고 말한다.

이스라엘의 하나님 여호와께서 이같이 내게 이르시되, 너는 내

손에서 이 진노의 술잔을 받아서 내가 너를 보내는바 그 모든
나라로 하여금 마시게 하라. [16]그들이 마시고 비틀거리며 미친
듯이 행동하리니, 이는 내가 그들 중에 칼을 보냈기 때문이니라
하시기로, [17]내가 여호와의 손에서 그 잔을 받아서 여호와께서
나를 보내신바 그 모든 나라로 마시게 하되,
[18]예루살렘과 유다 성읍들과 그 왕들과 그 고관들로 마시게 하
였더니, 그들이 멸망과 놀램과 비웃음과 저주를 당함이 오늘과
같으니라(cf. 사 51:17-20).
[9]또 애굽의 왕 바로와 그의 신하들과 그의 고관들과 그의 모든
백성과 [20]모든 섞여 사는 민족들과
우스 땅의 모든 왕과
블레셋 사람의 땅 모든 왕과 아스글론과 가사와 에그론과
아스돗의 나머지 사람들과
[21]에돔과 모압과 암몬 자손과
[22]두로의 모든 왕과 시돈의 모든 왕과 바다 건너 쪽 섬의 왕들과
[23]드단과 데마와 부스와 살쩍을 깎은 모든 자와
[24]아라비아의 모든 왕과 광야에서 섞여 사는 민족들의 모든 왕과
[25]시므리의 모든 왕과 엘람의 모든 왕과 메대의 모든 왕과
[26]북쪽 원근의 모든 왕과 지면에 있는 세상의 모든 나라로 마시
게 하니라.
세삭 왕은 그 후에 마시리라(렘 25:15-26)

여기서 "세삭"은 바벨론을 가리킨다(cf. 렘 51:41). 예레미야는 예루살렘을 중심으로 시계 방향으로 확대하면서 원을 그리고 있는 것이다. 따라서 이 "잔"은 예루살렘과 사마리아뿐만 아니라 "세상의 모든 나라"에 내려질 하나님의 진노를 표현한다.

그러면 왜 이 진노와 맹렬한 분노가 그들에게 임하는가? 선지자들에게는 분명하다. 그것은 죄 때문이다. 하나님께서 선지자들을 통해 자기 백성과 세계에 끊임없이 말씀하셨으나(23년 동안) 듣지 않고, 그들이 다른 신들을 따라가며, 그 신들을 섬기고 경배하며 하나님을 노엽게 하였다(렘 25:3, 4, 6-7). 그러나 이제 하나님께서 그분의 거룩한 공의의 영광을 이 죄에 대하여 드러내시는 것이다. 이것을 표현하여, "진노의 술잔"이라고 한 것이다.

이 진노의 잔을 마신 자들은 공포로 비틀거리고 미치게 된다. 결국 멸망과 놀램과 비웃음과 저주당한 모습이 되는 것이다. 하나님이 진노하시면, 하다가 그만두는 일이 있는가? 그런 일은 없다. 예레미야는 말한다. "여호와의 진노는 그의 마음의 뜻한 바를 행하여 이루기까지는 돌이키지 아니하나니 너희가 끝날에 그것을 깨달으리라"(렘 30:24). 죄인은 개인이든 국가든 예외 없이 마셔야 한다. '나는 못 합니다. 내가 왜 그런 것을 마십니까?' 그렇게 말하지 못한다. 하나님이 말씀하신다. "반드시 마셔야 하리니 … 세상 모든 주민을 칠 것임이라"(렘 25:28-29; cf. 렘 49:42).

따라서 "아버지여, 만일 아버지의 뜻이거든 이 잔을 내게서 옮기시옵소서"(눅 22:42)라고 기도하실 때, 예수님은 선지자의 용어를 사용하신 것이라고 볼 수 있다. 선지자들의 예언이 자신에게 닥쳐오고 있다고 생각하신 것이다. 예수님은 북이스라엘과 남유다와 온 세계가 하나님께 범죄했을 때, 그들에게 내릴 깊고 크고 가득 담긴 분노가 자신에게 오고 있다는 것을 안 것이다. 한 사람뿐만 아니라, 한 나라뿐만 아니라, 이스라엘과 남유다에 그치지 않고, 이집트부터 바벨론까지 모든 나라에 이르고, 현시대를 넘어 창조 때부터 종말까지 모든 자기 백성의 죄, 그 죄에 대한 하나님의 진노가 자신에게 오고 있다는 것을 보고 계신 것이다. 예수님이 경험하신 공포는 바로 이 공포이다.

그러나 선지자와 예수님의 기도에서 "잔"이라는 유비는 여기까지이다. 왜냐하면 예수님이 시시각각 다가오는 십자가 죽음 앞에서 겪으신 공포와 두려움은 인간적인 것을 넘어선 것이기 때문이다. 이 두려움은 인간적인 공포가 아니라 매우 신학적인 것이다. 예수님은 죄가 없으시고, 범법자가 아니다. 따라서 피하고자 하셨다면, 얼마든지 피할 수 있었다. 그러므로 예수님은 신문 과정에서 대제사장이나 빌라도나 세상 권력에 자신의 무죄함을 호소하지 않는다. 도리어 침묵한다. 그리고 "아버지"께만 호소한다. 아버지 하나님과 그분의 뜻이 이 "잔"을 아들에게 이르게 한 근본적인 원인이기 때문이다. 아들은 죄인이 아니요 의인이시나, "불법자와 동류로 여김을 받았고, 아들에 관한 일이 성취되어 갔기" 때문이다(cf. 눅 22:37-38).

여기에 예수님이 경험하신 공포의 잔혹함이 있다. 첫째, 예수님에게는 죄가 없다. 우리는 죄 속에 태어나 살아가기 때문에, 죄가 무엇이고, 그 죄를 하나님이 얼마나 싫어하시고 혐오하시며 역겨워하시는지, 그 죄가 얼마나 큰 하나님의 진노를 불러오는지 잘 모른다. 인간이 죄에 무감각하다는 것을 무엇으로 설명할 수 있는가? 마치 후각의 피로와 같다. 우리 인간에게 있는 감각 중에 코가 제일 쉬이 피로를 느낀다. 예를 들어, 사람이 어물시장이나 고기집에 들어갔을 때, 처음에는 냄새를 강하게 맡지만, 조금 지나면 무디어진다. 이것이 후각의 피로현상이다. 인간은 본래 사방이 죄로 둘러싸인 생태계에서 나고 성장하고 움직이며 죽으므로 죄를 감각하지 못하는 것이다. 그러나 죄는 엄연히 존재하고, 매우 심각한 것이다. 이것을 무엇에 비할 수 있는가? 마치 중력과 같다. 우리 인간 중 아무도 지구상에 살면서 지구 중력을 감지하거나 느낄 수 없다. 그런데 우주 비행사들은 다르다. 그들의 머리는 중력을 느끼지 못해도, 몸은 중력에 반응한다. 우주비행사들이 장시간 우주공간에 나가 무중력 상태에서 생활할 때, 그들 몸에 대한 중력이 감소하므로, 뼈 생성 세포가 억제된다. 따라서 뼈 분해가 활성화된다. 그래서 한 달이면 1%의 뼈를 잃는다. 또 근육에 인력이 덜 작용하므로 근육이 약해지고 빠진다. 또 달에 간 사람은 자신이 현저히 가벼

워진 것을 알게 되고, 반대로 지구에 오면 자신이 달에 있을 때보다 더 큰 인력권에 있다는 것을 알게 된다. 이와 같이 사람은 죄라는 중력장 속에서 태어나 성장하고 움직이며 죽으므로 죄의 존재에 대해 무감각할 수 있다. 하지만 죄는 엄연히 존재한다. 거듭나고서야 비로소 그 죄를 무겁게 느낀다. 그러나 주님은 본래 죄가 없으시므로, 죄와 죽음으로 가득 찬 세계에 들어온 것만으로도 그 역겨움과 혐오스러움으로 숨이 막혔을 것이다. 그런데 지금 모든 나라 모든 시대 모든 자기 백성의 죄가 자신에게 수렴하고 하나님의 진노가 그 죄에 집중하고 있으니 그 공포를 무엇으로 표현할 수 있겠는가?

둘째, 예수님은 한 번도 하나님과 분리되거나 버림당하거나 신적 교제의 영광을 떠나 본 적이 없다. 예수님께는 마치 막 태어난 아이가 부모에게 갖는 밀착감 같은 '감각'이 있다. 따라서 인간은 하나님과 멀리 있어도 견딜 수 있지만, 예수님은 그분과의 교제가 끝이 없기 때문에 하나님께 외면당하는 고통이 무엇인지 '감지'하는 것이다. 그런데 지금 빠른 속도로 십자가 죽음의 고통이 와 있는 것을 예견한다. 예수님은 하늘에 계신 아버지로부터 "버림당하는 것"이 무엇을 의미하는지 미리 맛보고 계신 것이다. 이 두려운 고난의 시간 동안 그의 제자들은 잠들어 있었다. 그때 예수님은 홀로 싸우셨다.

힘쓰고 애써 더욱 간절히 기도하시니, 땀이 땅에 떨어지는 핏방

울같이 되더라(눅 22:44)

홀로 얼마나 심한 고뇌를 당하셨던지, 몸의 모세혈관이 다 터지고 그의 육체가 견뎌내지를 못했다.[2] 이것은 시편 22:12-13에서 시인의 모습과 겹치는 부분이 있다. "나를 멀리하지 마옵소서. 환란이 가까우나 도울 자가 없나이다. 많은 황소가 나를 에워싸며 바산의 힘센 소들이 나를 둘러 쌌으며 내게 그 입을 벌림이 찢으며 부르짖는 사자 같으니이다."

예수님은 죄 없는 분이셨다. 그럼에도 자기 백성의 모든 죄가 그에게 넘겨졌다. 그분은 죄인에게 하나님이 얼마나 큰 진노를 쏟아부으실지 완전하게 이해하고 있는 유일한 분이시다. 그러므로 하나님께 버림당한 자의 비참함과 이것으로부터 오는 두

---

2 Cf. W. Hendrickson, *Gospel of Luke* (Edinburgh: Banner of Truth, 1997), 983: "In connection with Christ's sweat becoming like thick drops of blood, it is natural that Luke as a physician would inquire into and record this occurrence of *hematidrosis*. It took place while Jesus, suffering intensely, was engaged in fervent prayer. It must be borne in mind that the human nature of Jesus was sinless, and therefore very sensitive. When these factors—extreme anguish, earnest supplication, unparalleled sensitivity—are combined, the resulting strain can easily cause subcutaneous capillaries to dilate to such an extent that they will burst. And when this happens, as it is almost bound to do, in the vicinity of sweat glands, blood and sweat will be exuded together. This can happen over a large part of the body. The thick drops or clots of blood, imparting a reddish color to the beads of perspiration, will then trickle down to the ground" [= 『누가복음 하』, 김유배 옮김(서울: 아가페출판사, 1984), 336].

려움을 아시는 유일한 분이시다. 이것을 미리 맛보고 있는 증거가 바로 "이 잔을 내게서 옮기시옵소서"라는 기도이다. 그분은 사단과 마귀들이 하나님의 뜻마저 이 공포를 빌미로 저버리도록 시험할 때, 그것과 싸우며, "아버지의 원대로 되기를 원하옵나이다"라고 기도하셨다.

그러면 예수님이 하나님께 이렇게 기도하셨을 때, 하나님은 어떻게 하셨는가?

## 십자가 구속에 나타난 하나님의 일

하나님께서는 자기의 독생자의 기도를 들으셨으나, 자신의 뜻대로 곧 만세 전부터 감추어진 그분의 뜻을 행하셨다. 하나님은 예수님을 범죄자로 취급하셨다. 예전에 하나님의 말씀을 듣지 않고 하나님 아닌 다른 신을 섬기며 그분을 진노케 한 죄인에게 내릴 진노의 잔을 마시게 하셨다. 그는 저주를 받았고, 벌거벗겨져 나무에 벌레처럼 매달려 조롱과 모욕을 당하셨다.

더 비참한 것은 하나님이 자기 아들을 외면하고 등을 돌려버린 것이다. 온 우주가 하나님의 저주와 진노와 외면 앞에 두려워 빛을 잃고 말았다. 그래서 "제 육시에 흑암이 온 땅을 덮었다"(눅 23:44)고 말한다. 이 세 시간 동안 지속된 흑암은 일식이 아니라, 흑암 재앙과 같은 초자연적인 역사이다.

이 진노는 전무후무한 것이었다. 이전에 하나님께서 진노하신 적이 있다. 노아 홍수, 소돔과 고모라 멸망, 바벨론 유수 등. 그러나 심판하실 때조차도 자신의 분노를 완전하게 쏟으신 적이 없다. 단 두 번 하나님은 그의 진노를 결코 억제하지 않으시고 그분의 충만한 공의를 따라 모두, 그중 처음이 십자가에서 당신의 아들에게 하신 것이다.

하나님은 앞으로 한 번 더 이 분노를 완전히 쏟으실 것이다. 하나님은 이 진노를 끝끝내 그리스도를 믿지 않는 자들에게 내리실 것이다. 사도 요한은 이렇게 말한다.

또 다른 천사 곧 셋째가 그 뒤를 따라 큰 음성으로 이르되,
만일 누구든지 짐승과 그의 우상에게 경배하고 이마에나 손에
표를 받으면,
10 그도 하나님의 진노의 포도주를 마시리니,
그 진노의 잔에 섞인 것이 없이 부은 포도주라.
거룩한 천사들 앞과 어린 양 앞에서
불과 유황으로 고난을 받으리라(계 14:9-10)

큰 성이 세 갈래로 갈라지고 만국의 성들도 무너지니,
큰 성 바벨론이 하나님 앞에 기억하신 바 되어,
그의 맹렬한 진노의 포도주 잔을 받으매,

[20]각 섬도 없어지고 산악도 간데없더라.
무게가 한 달란트나 되는 큰 우박이 하늘로부터 사람들에게
내리매,
사람들이 그 우박의 재앙 때문에 하나님을 비방하니,
그 재앙이 심히 큼이라(계 16:19-21)

그런데 이 진노의 포도주 잔이 등장하는 배경을 유의하여 살펴보아야 한다. 요한계시록에는 인, 나팔, 대접 재앙이 일곱 겹으로 순차적으로 등장하는데, 다음 재앙은 그 전 일곱 재앙 중 일곱 번째 재앙에서 폭발한다. 이때 "하나님의 진노의 잔" 은유가 일곱 번째 나팔 재앙과 일곱 번째 대접 재앙을 채운다. 이것을 도식화하면 다음과 같다.

요한 계시록
1) 일곱 인(계 6:1-7:17)
2) 일곱째 인 → 일곱 나팔(8:1-5 | 8:6-11:14)
일곱째 나팔(11:15), 마지막 심판(14:10)
이때 "하나님의 진노의 포도주,
그 잔에 섞인 것이 없이 부은 포도주"!
3) 일곱 나팔 → 일곱 대접(16:1)
일곱째 대접(16:17-21):
이때 "그 맹렬한 진노의 포도주 잔"

만일 사도 요한이 하나님이 내리실 재앙이 중첩되는 모습을 그리고 있다면, 하나님의 진노의 포도주 잔은 더 무겁고 더 강한 것을 생각할 수 없는 최종적인 진노를 말한다.

그런데 여기에 또 한 가지 매우 특이한 표현이 나온다. "섞인 것이 없이 부은 포도주."[3] 고대에는 포도주를 마실 때, 물과 섞어 마셨다.[4] 순도 100! 포도주가 하나님의 진노를 가리키므로, 이 잔에 섞인 것이 없이 부은 포도주란 하나님의 진노의 순도가 100인 것을 의미한다. 다시 말해서, 이제 더는 용서가 없다는 것이다.

그러므로 바울은 하나님의 진노가 완전하게 쏟아진 첫 번째 사건인 십자가와 두 번째 사건인 마지막 재앙 사이에 은혜의 시대가 열렸다고 외친 것이다. "지금은 구원의 때요 지금은 은혜 받을 만한 때로다"(고후 6:2). 이 종말론적 은혜의 때가 이르렀고, 만세 전에 감추어졌던 하나님의 계획, 천사들도 알고 싶어 하던 하나님의 뜻이 그리스도의 십자가와 구속 사역으로 교회를 통

---

3 시편 75:8에서 아삽은 "여호와의 손에 잔이 있어 술거품이 일어나는도다. 속에 섞은 것이 가득한 그 잔을 하나님이 쏟아 내시니 실로 그 찌꺼기까지도 땅의 모든 악인이 기울여 마시리로다"고 말한다. 또 잠언 23:30에는 "혼잡한 술"이라는 표현도 있다. 박윤선 목사님은 시편 75:8을 이렇게 설명한다. 여기서 "섞은 것"이란 "혼합함이 아니고 취하는 성질을 강화하는 혼합물을 가리킨다"(『박윤선 주석성경』, 927); 이것은 여러 술을 섞은 것이거나 술에 넣은 물질을 말한다. 그래서 "술 거품이 일어난다"고 말한다. 이러한 구절들은 요한계시록 14:10과 비교할 때 문자적으로는 정반대를 말하는 것 같으나 동일한 내용을 표현하고 있다.

4 플라톤, 『국가론』 2,372c; 박종현 역주(파주: 서광사, 1997), 154쪽 각주 37과 677쪽 추가설명을 참조하라.

해 이미 모두 드러나고 있다(cf. 엡 3:8-11). 그러므로 교회는 인간의 복지, 국가나 세계 이상이다. 교회는 하나님의 복지, 하늘의 복지를 실현하도록 세우신 영광스런 기관인 것이다.

하나님께서는 그리스도의 십자가에 비밀히 자기의 진노를 쏟으셨다. 우리 주님은 겟세마네에서 이미 자신의 십자가 죽음이 임박한 것을 아셨다. 거기서 그 고난의 절정을 미리 맛보셨으며, 그 시험의 혹독함 앞에서 "이 잔을 내게서 옮기시옵소서"라고 기도하셨다. 주님이 겪으신 고난과 공포는 생물학적 죽음의 공포가 아니었다. 육신적이고 인간적인 치욕과 모욕에 대한 두려움도 아니었다. 주님의 고난과 공포는 생물학적인 고통, 육신적이고 인간적인 치욕과 모욕에 대한 두려움을 넘어서는 것이다. 선지자들이 이스라엘 백성들과 세계 열방이 주께 범죄했을 때, 그들 위에 내리리라고 예언한 하나님의 분노에 대한 공포요, 하나님의 완전한 공의에서 쏟아지는 진노에 대한 두려움이었다. 죄 없으신 자로서 인류의 모든 죄를 지고, 죄인으로서 하나님의 진노와 버림당하는 고통이었다. 메시아로서 하나님과 교제가 끊기는 극심한 두려움 때문에 하나님의 길에서 떠나도록 하는 시험 앞에서 하나님의 뜻에 복종하려는 치열한 투쟁에서 오는 고난이었다. 주님은 이 잔을 마시며 진정으로 "지옥으로 내려가는" 고통을 겪으셨다.

그러나 "그 날"이 오면, 하나님은 "이 잔"을 다시 한 번 부으실 것이다. 누구에게 부으실 것인가? 끝까지 그리스도를 믿지 않는 자들에게 부으실 것이다. 세상의 유일한 구주를 믿지 않고 끝까지 조롱한 그들에게 쏟으실 것이며, 섞인 것이 없는 진노의 포도주 잔을 마시게 할 것이다. 어떻게 나타날 것인가? 하나님께서 예수님에게 자신의 완전한 진노를 쏟아부으신 것처럼, 그때는 용서 없는 진노와 완전한 공의를 그리스도를 믿지 않고, 십자가를 의지하지 않는 모든 사람에게 쏟으실 것이다.

그러면 예수님은 이 고난을 겟세마네에서 비로소 알게 되었는가? 아니다. 그리스도는 이 고난을 겟세마네 동산에 도착해서야 맞닥드린 것이 아니다. 그의 절규는 너무나 낯선 요소가 갑자기 들어와 그의 영혼을 괴롭혔기 때문에 그제야 터져 나온 것이 아니었다. 그렇다면 언제부터 알고 있었는가?

## 그리스도의 고난의 시작점

예수님은 이미 공생애 초기부터 그것을 알고 있었다. 마태복음에 따르면, 예수님이 명백하게 자신의 수난을 제자들에게 알리신 것은 가이사랴 빌립보에서 베드로가 그를 그리스도로 고백한 후이다.

이때로부터(ἀπὸ τότε) 예수 그리스도께서 예루살렘에 올라가 장로들과 대제사장들과 서기관들에게 많은 고난을 받고 죽임을 당하고 제삼일에 살아나야 할 것을 제자들에게 비로소 가르치셨다(마 16:21)

그러나 예수님은 그 이전에도 자신의 십자가 죽음을 내다보았다. 그것을 어떻게 알 수 있는가? 예수님은 바리새인들과 세례 요한의 제자들이 왜 그의 제자들은 금식하지 않느냐고 물었을 때, 혼인 잔치 비유로 대답하셨다. "그러나 신랑이 빼앗길 날이 이르리니 그날에는 금식할 것이니라"(막 2:20). 만일 여기서 "신랑을 빼앗김"이 십자가 죽음을 가리키는 것이 분명하다면, 예수님은 공생애 사역 초기부터 이미 자신의 죽음을 의식하고 있었다는 것을 알 수 있다.

하지만 래드(George Eldon Ladd, 1911-1982)에 따르면, 예수님이 자신의 고난을 인식한 때는 이보다 더 앞선다. 예수님은 세례받을 때, "우리가 이렇게 하여 모든 의를 이루는 것이 마땅하니라"(마 3:15)고 말씀하셨다. 그러므로 예수님은 이미 메시아로서 자신을 죄인과 동일시하고, 그들의 죄를 담당할 것을 염두에 두고 있었다.[5] 그렇다면 예수님은 자신의 공생애 최초 시작점부터 하나님의 진노가 완전히 쏟아 부어질 때를 의식하고 있었다고 할 수 있다.

---

5 조지 래드, 『신약신학』, 이한수·신성종 옮김 (서울: 대한기독교서회, 2005), 223.

그러나 이것이 전부가 아니다. 요한복음에 따르면, 예수님은 십자가를 목전에 두고 아버지께 드디어 "때가 이르렀나이다!" 라고 기도하셨다. 이 "때"는 예수님이 하나님의 진노의 잔을 마실 때를 가리킨다(cf. 요 12:23-24; 7:6, 30). 이것은 창세 전에 정해진 때이다(cf. 요 17:1, 5).[6]

여기서 그리스도의 신비가 드러난다. 그리스도는 이미 창세 전에 이와 같이 끔찍한 일이 계획된 것을 알고도 받아들이셨다. 이 땅에 오셨다. 30년을 사셨다. 공생애를 시작하셨다. 그리고 세리와 창기들과 죄인들을 하늘 잔치에 초대하여 즐거워하셨다. 그렇게 즐거워하는 중에도 잠시도 잊지 않으셨다. 그때가 되면, 하나님의 완전한 진노의 잔이 자신에게 주어질 것이며, 그는 그 잔을 마셔야 한다는 사실을. 그러면 주님의 고난이 언제부터 시작되었고, 그 규모는 어떤 것이었는가? 보스(Geerhardus Vos)는 이렇게 말한다.

> 그리스도의 성육신은 죄 없는 영혼이 육체라는 헐어빠진 장막에 거주해야 했고, 그래서 죽음과 가장 가까운 결합에 들어가셨다는 것을 보여준다. 이것이 그의 고난의 가장 중요한 부분에

---

6 앞의 제 2장 "영원 안에서 계획"을 참조하라.

속한다.[7]

이렇게 오신 주님은 십자가에서 세계와 죄인에 대한 하나님의 진노, 타락 이후 종말까지 모든 인류에게 쏟아부어질 섞인 것이 없는 포도주와 같은 하나님의 진노, 본래 우리가 마셔야 했을 진노의 잔을 마셨다. 주님은 이 잔 앞에서 두려워하셨다. 그러면서도 그 잔을 마심으로 그들 중 자기 백성들이 구원받을 것을 보면서, 제자들이 모르는 양식으로 즐거워하셨다(cf. 사 53:10-11; 요 4:34-35).

## 나가며

지금까지 살펴본 내용을 요약하면 이렇다. 예수님은 자신의 고난을 "잔"이라고 인식했다. "이 잔을 내게서 옮기시옵소서"(눅 22:42). 주님이 겪으신 고난과 공포는 생물학적 죽음의 고통 이상이다. 육신적이고 인간적인 치욕과 모욕보다 깊은 것이었다. 그것은 선지자들이 이스라엘 백성들과 세계의 모든 나라가 주께 범죄했을 때, 그들 위에 내릴 하나님의 공의의 진노와 분노였다. 주님은 죄 없으신 자로서 인류의 모든 죄를 지셨다. 마치

7 G. Vos, *Dogmatiek* II ch. 1, Q. 19,5 C.

자기 백성의 죄가 모두 자신의 죄인 것처럼 떠맡으셨고, 하나님은 자기 백성의 모든 죄가 마치 그리스도에게 모두 있는 것처럼, 그에게 진노의 잔을 쏟으셨다. 주님의 겟세마네 기도는 하나님의 진노 앞에서도 하나님의 뜻을 최고선으로 여기고, 자신의 존재가 지옥의 심연으로 내려가는 것 같은 순간에도 하나님이 선하시므로 그분의 뜻을 성취하려는 싸우이었다. 이 본문에서 우리는 무엇을 배울 수 있는가? 세 가지이다. 즉 하나님께 감사하고, 우리 자신의 죄를 심각하게 여기며, 타인에 대해 존중하는 마음을 갖는 것이다.

1. 우리는 삼위일체 하나님께 감사해야 한다. 하나님은 자신의 완전한 공의에 합당한 완전한 진노를 십자가에 쏟으셨다. 그리고 예수님은 이 모든 고난을 우리를 위해 받으셨다. 만일 사람이 스스로 이 고난과 하나님의 진노와 공의를 담당할 수 있었다면, 주님은 결코 이런 일을 할 필요가 없으셨다. 그러면 하나님은 누구를 위해 이렇게 자기 아들에게 혹독하셨고, 예수님은 누구를 위해 이렇게 십자가의 죽음을 마다하지 않으셨는가? 우리를 위해 그렇게 하셨다. 죄 많고 신의 없으며 구제불능인 우리를 이처럼 사랑하사 독생자를 주셔서 멸망치 않고 영생을 얻게 하시려고, 그의 기쁘신 뜻 안에서 사랑하는 아들 안에서 당신의 사랑하는 자녀들이 되게 하시려고, 하나님은 이 모든 것을 계획하셨다. 예수님은 아버지의 뜻에 복종하셨고, 자기 몸과 피를

내놓으셨으며, 아버지께서 주신 잔을 마시며 지옥의 고통을 겪으셨다. 성령님은 우리의 상속의 담보가 되시고, 이렇게 고집스럽고 죄와 부패로 냄새나며, 그 안에 거하는데 이루 말할 수 없이 불편한 우리를 거처로 삼으셨다. 주님이 이 고통으로 자신을 주시며 나를 구원하셨으니, "살아서나 죽어서나 나는 나의 것이 아니요, 몸된 영혼도 나의 신실한 구주 예수 그리스도의 것"이다(『하이델베르크 요리문답』, 제1문). 어찌 일평생 동안 감사와 찬송과 영광을 돌리지 않을 수 있겠는가?

2. 우리는 우리 자신 안에서 죄를 볼 때마다 두려워해야 한다. 우리가 보기에 가장 작은 죄 하나가 예수님을 십자가에서 죽게 하고, 죄인이면 개인이든 국가든 이전 시대든 오는 시대든 누구든지 받아야 할 하나님의 진노가 임하게 한다면, 우리는 얼마나 죄를 두려워하고 심각하게 여겨야 하겠는가? 또한 죄를 두려워해야 할 뿐만 아니라 지난날의 죄를 회개해야 할 것이다. 우리는 우리의 죄가 이렇게 심각한지 몰랐고, 우리 죄에 대한 책임이 이렇게 큰 것인지 몰랐다. 이것을 깨닫는 것이 회개의 시작이다. 그래야 "나를 불쌍히 여겨 주소서"라고 기도했던 세리의 심정을 진정으로 이해할 수 있기 때문이다(cf. 눅 18:13). 나아가 우리 안에 죄의 실체를 깨닫는 일은 죄를 진정으로 미워하고 주님의 십자가를 붙드는 동력이 되기 때문이다.

3. 우리는 옆에 있는 사람들을 볼 때, 그들의 허물과 죄를 볼 때, 불쌍히 여기고 동시에 존중해야 한다. 왜 존중해야 하는가? 거룩하신 하나님이 자기 아들을 내어주고 그 사람을 구원하셨기 때문이다. 우리의 눈에 가장 작은 사람, 우리가 생각할 때 도덕적으로든 사회적으로든 아무런 가치가 없어 보이는 사람이라도, 하나님이 보실 때, 그는 그리스도의 십자가만큼의 가치가 있다. 그러므로 존중해야 한다.

나아가 우리는 지금 믿지 않는 사람들을 볼 때, 불쌍히 여겨야 한다. 왜 불쌍히 여겨야 하는가? 하나님은 "이 잔"을 끝까지 그리스도를 믿지 않는 자들에게 주실 것이기 때문이다. 십자가 위에서 예수 그리스도에게 완전한 진노를 쏟아부으신 것처럼 다시 한 번 쏟으실 것이기 때문이다. 그러므로 우리 가족이나 친구나 이웃, 동료나 주위에 잃어버린 영혼이 있다면, 아직도 십자가 복음을 듣지 못한 자가 있다면, "저들을 불쌍히 여겨 주소서" 기도하며 복음을 전해야 한다.

지금까지 누가복음에 기록된 겟세마네 기도에 나타난 "잔"과 "십자가"의 관계와 의미를 살펴보았다. 이제 누가복음이 그리스도의 십자가를 어떻게 이해하는지 살펴보자.

## | 토 론 문 제 |

**01** 복음서의 십자가 장면에서 평소에 이상하다고 생각하거나 느낀 점을 나눠보자.

**02** 예수님은 십자가를 앞에 두고 한없이 약해 보이신다. '고대 영웅들은 죽음을 두려워하지 않았고, 소크라테스는 용감하게 독배를 마셨으며, 순교자들은 신앙을 위해 화형과 짐승에게 먹히고 가죽이 벗겨지는 극형을 마다하지 않았다.' 이 두 현상을 당신은 어떻게 설명할 수 있는가?

**03** 성경에 나오는 "잔"에는 크게 두 가지 측면이 있는데, 이 두 측면은 무엇인가?

04 예수님이 마신 “잔”은 무엇이었는가?

05 예수님이 십자가에서 경험하신 공포와 고통을 증폭하는 두 요소는 무엇인가?

| | 원인 | 내용 |
|---|---|---|
| 1 | 죄 | |
| 2 | 분리 | |

06 누가복음에 나오는 겟세마네 기도를 공부하면서 당신의 마음에 어떤 질문들이 생겨나는가?

눅 23:32-43

32또 다른 두 행악자도 사형을 받게 되어 예수와 함께 끌려 가니라. 33해골이라 하는 곳
에 이르러 거기서 예수를 십자가에 못 박고 두 행악자도 그렇게 하니 하나는 우편에, 하
나는 좌편에 있더라. 34이에 예수께서 이르시되 "아버지 저들을 사하여 주옵소서 자기
들이 하는 것을 알지 못함이니이다" 하시더라.

그들이 그의 옷을 나눠 제비 뽑을새, 35백성은 서서 구경하는데 관리들은 비웃어 이
르되 "저가 남을 구원하였으니 만일 하나님이 택하신 자 그리스도이면 자신도 구원할
지어다" 하고, 36군인들도 희롱하면서 나아와 신 포도주를 주며, 37이르되 "네가 만일 유
대인의 왕이면 네가 너를 구원하라" 하더라. 38그의 위에 이는 유대인의 왕이라 쓴 패가
있더라. 39달린 행악자 중 하나는 비방하여 이르되 "네가 그리스도가 아니냐 너와 우리
를 구원하라" 하되, 40하나는 그 사람을 꾸짖어 이르되 "네가 동일한 정죄를 받고서도 하
나님을 두려워하지 아니하느냐? 41우리는 우리가 행한 일에 상당한 보응을 받는 것이니
이에 당연하거니와 이 사람이 행한 것은 옳지 않은 것이 없느니라" 하고, 42이르되 "예수
여 당신의 나라에 임하실 때에 나를 기억하소서" 하니, 43예수께서 이르시되 "내가 진실
로 네게 이르노니 오늘 네가 나와 함께 낙원에 있으리라" 하시니라.

08

# 죄인에게 낙원을 주심

## 들어가며

누가복음 23:32-43은 누가의 고난 기사의 일부이다. 여기서 우리는 누가가 예수님의 십자가 '사역'을 어떻게 이해하고 있는지 엿볼 수 있다. 우선 누가는 십자가를 거대한 인류 역사의 한복판에서 일어난 사건으로 보고 있다. 구체적인 시간과 공간에서 일어난 일로 소개한다. 누가가 쓴 이 특이한 역사책을 받은 독자들은 누가복음을 읽는 순간, 광대한 역사 외곽으로부터 한 점으로 수렴해 가는 복음서의 시각을 어렵지 않게 볼 수 있다. 그리고 사도행전을 보는 순간, 그 한 점에서 거대한 로마 제국으로, 땅끝으로 확장하는 시선을 발견할 수 있다. 그리스도의 십자가 사건은 로마 시대(눅 2:1), 본디오 빌라도가 유대 총독으로(AD. 26-36), 헤롯 안티파스(BC. 4-AD. 39)가 갈릴리 분봉왕으로 있던 시기(눅 3:1)에 일어난 사건이다. 유대인의 유월절 기간 중(눅

22:7) 안식일 바로 전날(눅 23:54) 예루살렘 "해골"이라는 장소에서 일어났다(눅 23:33).

그런데 이 지점에 이르러 누가는 잠시 멈춘다. 그리고 다른 복음서 기자들과 마찬가지로 이 사건을 해석하려 하기보다, 사건 자체를 매우 정밀하게 묘사한다. 이 묘사를 통해, 누가는 그의 독자/청자로 하여금 예수님의 십자가 사건을 직접 만나도록 한다.

일단 이 사건 속으로 들어온 독자/청자는 예수님이 십자가에서 하신 일과 마주하게 된다. 그의 메시아 '사역'을 만나게 되는 것이다.

지금 우리는 누가의 십자가 기사 플롯 속에서 대단원의 바로 전 단계에 있다.

절정 전(42-43): "예수여 당신의 나라로 들어가실 때에 나를
기억하소서"
"내가 진실로 네게 이르노니
오늘 네가 나와 함께 낙원에 있으리라."

절정(44-49): 제9시 흑암
성소의 휘장이 찢어짐
"아버지여 내 영혼을 아버지 손에 부탁하나이다"
(눅 23:46; cf. 시 31:5)
백부장이 그 된 일을 보고 하나님께 영광을 돌리면서,
"이 사람은 정녕 의인이었도다!"

결국 누가의 고난 기사는 예수님이 어떤 분이신지 선언하는 것으로 그 최고점에 이른다. 그런데 누가는 이 대단원 바로 직전에 예수님이 하신 마지막 일을 기록하고 있다. 바로 행악자를 낙원으로 데리고 가셔서 자신과 함께 있게 하신 것이다.

여기서 "낙원"(παράδεισος)이란 말은 메시아가 완성할 나라를 가리킨다(눅 23:42). 즉, 낙원은 새 창조의 종말론적 완성의 모습으로서 "하나님의 동산"[1]을 뜻한다. 만일 이것이 사실이라면, 이 책을 읽는 데오빌로의 심정은 어떠했을까? '국가 반란죄에 해당하는 사람을 풀어주고, 시민권을 주며, 시저의 궁전에 거하게 한다? 이것이 십자가에서 예수님이 한 일이었다는 말인가? 이런 행동을 하는 사람이 왕일 수 있는가?' 이렇게 생각하지 않았겠는가? 우리는 어떤가? 예수님이 하신 일을 이해할 수 있는가? 용납이 되는가? 용납이 된다면, 어떤 이유로 용납하고 이해하는가? 만일 이해도 용납도 되지 않는다면, 어떤 이유에서 말이 되지 않는다고 생각하는가?

여기서 우리에게 세 가지 질문이 생긴다.

1. 행악자의 요청은 무엇이었고,
   이 요청에 대한 예수님의 약속은 무엇이었는가?

1 J. B. Green, *The Gospel of Luke*, NICNT (Grand Rapids: Eerdmans, 1997), 823.

2. 이 '행악자'의 신분은 무엇이었고,
   그와 예수님의 만남의 의미는 무엇이었는가?
3. 이 '행악자'에게 선언한 낙원은 누가복음 전체에서 어떤
   의미를 지니는가?

## 행악자의 요청과 예수님의 약속

### 1. 미래의 하나님 나라

우선 누가복음 23:42을 보자. "이르되 예수여 당신의 나라에 임하실 때에 나를 기억하소서."[2] 지금 이 행악자는 예수님께 무엇을 요청하고 있는 것인가? 이 요청을 좀 더 이해하기 위해 이 구절에 대한 독법을 살펴볼 필요가 있다. 사본학적으로 이 구절은 크게 두 가지 읽기 방식이 있는데, 우리말 번역은 이 독법들 중에 하나를 선택하고 있다.[3]

1. 예수여/주여,
   당신의 나라/당신이 오시는 날에 이르렀을 때, 나를 기억하소서.[4]

---

2 한글번역은 "가로되"(개역한글), "이르되"(개역개정) 외에 거의 차이가 없다.

3 $NA^{28}$ 비평각주를 보라.

4 이 독법을 따르는 사본들을 소개하면 다음과 같다.

2. 예수여,

당신의 나라로 들어가실 때에, 나를 기억하소서.[5]

첫 번째 독법의 의미는 이렇다. 예수님께서 정확히 언제인지는 모르지만, 영광스러워지시고 하나님의 존전에 가실 때(cf. 눅 16:22; 24, 26)가 있을 텐데, 그 때 자신을 기억해 달라고 요청했다는 것이다. 이것은 당시 유대주의에 있던 견해 중 하나였다.[6]

반면, 두 번째 읽기 방식은 예수님이 먼 미래에 세울 하나님의 나라를 전제한다. 예수님이 모든 부활한 의인들과 함께 영원한 그 나라에 들어갈 때(cf. 행 1:6-9; 3:19-21), 그 때 자신을 기억해 달라고 요청했다는 것이다. 대럴 벅(Darrell L. Bock)은 이것이 누가-행전에 어울리는 사상이며, 아마도 행악자도 이런 뜻으로 말했을 것이라고 추측한다.[7]

이 행악자가 실제로 이 둘 중에 어떤 것을 생각했는지 판단하기가 쉽지 않다. 그러나 한 가지 확실한 것은 이 행악자가 미

---

| | | | | | |
|---|---|---|---|---|---|
| | μνήσθητι μου, | κύριε, | ὅταν ἔλθῃς | ἐν τῇ βασιλείᾳ σου | A C² 𝔐 |
| Ἰησοῦ, | μνήσθητι μου | | ὅταν ἔλθῃς | ἐν τῇ βασιλείᾳ | ℵ C* |
| | μνήσθητι μου | | | ἐν τῇ ἡμέρα τῆς ἐλεύσεώς σου | D |

5 이 독법을 따르는 사본을 소개하면 다음과 같다.

| | | | | |
|---|---|---|---|---|
| Ἰησοῦ, | μνήσθητι μου | ὅταν ἔλθῃς | εἰς τὴν βασιλείαν σου | 𝔓75 B |

6 대럴 벅(D. L Bock)은 이것이 유대주의에 있는 사상이고, 나아가 누가복음에도 나타나는 사상이라고 한다; D. L. Bock, *Luke*, Vol. II: 9:51-24:53, BECNT 3B (Grand Rapids: Baker Academic, 1996), 1869.

7 Bock, *Luke* II, 1869.

래의 영광스러운 그리스도의 나라를 생각하고, 그 나라에 참여하게 해 달라고 요청했다는 것이다.

2. 구원: "나를 기억하소서"의 의미

그런데 여기서 주목할 표현이 있다. "나를 기억하소서"라는 말이다. 이것은 구약 표현이다.

> 무지개가 구름 사이에 있으리니,
> 내가 보고 하나님과 모든 육체를 가진
> 땅의 모든 생물 사이의 영원한 언약을 기억하리라
>
> (וּרְאִיתִיהָ לִזְכֹּר בְּרִית עוֹלָם; 창 9:16)

노아 홍수는 전 지구적 재앙이었다. 이 사건은 성경에서 소돔과 고모라와 함께 종말 심판의 전형이 되었다. 하나님께서는 홍수가 끝난 후에, 다시는 모든 육체, 모든 생물들을 홍수로 멸하는 일은 없을 것이라고 약속하시고, 바로 그 언약을 영원히 기억하시겠다고 말씀하셨다(cf. 창 9:8-9, 15, 17).

또 하나님께서는 출애굽 구속을 실행에 옮기기 전, 모세를 부르기 전과 후에 "내가 나의 언약을 기억하리라"라고 말씀하신다.

> 하나님이 그들의 고통 소리를 들으시고

하나님이 아브라함과 이삭과 야곱에게 세우신
그의 언약을 기억하셨더라(וַיִּזְכֹּר אֱלֹהִים אֶת־בְּרִיתוֹ).
하나님이 이스라엘 자손을 보셨고,
하나님이 그들을 아셨더라(출 2:24-25)

이제 애굽 사람이 종으로 삼은 이스라엘 자손의 신음을
내가 듣고 나의 언약을 기억하노라(וָאֶזְכֹּר אֶת־בְּרִיתִי; 출 6:5)

저가 이스라엘 집에 향하신 인자와 성실을 기억하셨으므로,
(זָכַר חַסְדּוֹ וֶאֱמוּנָתוֹ לְבֵית יִשְׂרָאֵל)
땅의 모든 끝이 우리 하나님의 구원을 보았도다
(רָאוּ כָל־אַפְסֵי־אָרֶץ אֵת יְשׁוּעַת אֱלֹהֵינוּ׃; 시 98:3)

이 구절들을 통해, 우리는 "하나님의 기억"은 피조물과 하나님의 백성이 구원받는 근거가 된다는 것을 알 수 있다. 그러므로 이 행악자는 창조주 하나님이 자기 백성에게 주시리라 약속한 구원을 참으로 대범하게 요청한 것이다. 그런데 예수님은 이 행악자의 요청을 받아들인다. 나아가 이 행악자가 요청하지 않은 것도 주신다. "진실로 네게 이르노니 오늘 네가 나와 함께 낙원(천국)에 있으리라!"(눅 23:43). '가깝든 멀든 미래까지 기다릴 것 없다. 내가 엄숙히 약속하노니, 네가 오늘 나와 함께 하나님 나라에 있을 것이다.'

이것이 예수님께서 십자가에서 하신 일이다. 행악자요, 십자가형이 불가피한 범죄자요, 그래서 유대인들은 밤까지 두면 저주가 땅에 임한다고 생각했고, 로마인들은 자신들의 품격을 훼손시킨다고 생각했던 공포의 진원지 같은 이 사람에게, 가장 의롭고 복되며 영광스러운 하나님의 나라를 그냥 주시는 것이다. 그것도 그 나라에서 예수님과 함께 있게 하고, 한 식탁에서 식사를 하고, 그 나라를 누리도록 하겠다는 것이다. 예수님의 이 일이 '이해'가 되는가? '용납'이 되는가?

지금까지 우리는 본문의 끝자락을 보았다. 주로 예수님이 행악자에게 주신 하나님 나라 약속과 그 내용을 살펴보았다. 이제 누가복음 23:33-43으로 시야를 넓혀 보자. 그러면 이 행악자와 십자가에 못 박히신 그리스도의 만남이 눈에 들어온다.

## '행악자'와 예수님의 만남

누가는 예수님이 십자가에서 하신 사역을 묘사하기 위해 두 가지 문학적인 장치를 사용한다.

첫째, 예수님과 함께 못 박히는 두 사람에 대한 묘사이다. 누가는 분명히 말한다. 이들은 "행악자들"(οἱ κακοῦργοι; 눅 23:32, 33), "나무에 매달린 행악자들"(οἱ κρεμάσθεντες κακοῦργοι; cf. 눅

23:39, 41)이다. 문자적으로 "악을 행한 사람들"이다. 다시 말해서, 이 사람들은 아마도 유대인의 관점이든, 로마인의 관점이든, 메시아 왕국에 들어갈 자격이 있는 사람들이 아니다. 로마인들이 볼 때, 이들은 범법자였다. 유대인들이 볼 때도, 이들은 유대 독립운동가나 랍비들처럼 유대 사회에 무언가 유익을 끼친 자들이 아니다. 그들의 행동이 그들이 어떤 사람들인지 잘 나타낸다. 그들의 행동에서 어떤 고상한 면은 찾아볼 수 없다. 그들도 로마 군인들과 유대 백성의 지도자들과 함께 욕을 하기 때문이다.

여기서 행악자들이 한 모욕의 논리적인 위치에 주목할 필요가 있다. 본문에 따르면, 처음에는 유대 관원들의 모욕이 나오고(눅 23:35), 다음에는 로마 군인들의 조롱이 따른다(23:36-37). 그리고 마지막으로 행악자들의 비난(23:39)이 온다. 그런데 예수님은 이 모든 희롱과 모욕, 비난에 침묵하신다. 이것은 점점 깊어지는 모순과 대조를 보여준다. 그리고 이 깊어지는 모순과 대조는 이 행악자들의 비난으로 최저지점에 이른다. 가장 자격이 없는 이로부터 가장 존귀한 분이 가장 부당한 모욕과 비난을 받고 있다.

그런데 이 모습은 낯설지 않다. 십자가 앞에서 세상의 모습과 우리의 모습을 많이 닮았기 때문이다. 어쩌면 현재 세상과 우리는 더 심각한 상태인지도 모른다. 왜냐하면 행악자들은 십자가에 못박혀 형벌을 받았고, 예수님을 욕하고 비난함으로써 자신의 악함을 다 드러냈지만, 세상은 죄를 짓고도 깨끗한 척하고, 우리는 십자가를 혐오하면서도 그리스도를 사랑하는 것처럼 생각하기 때문이다. "네가 이 일을 행하여도 내가 잠잠하였더니, 네가 나를 너와 같은 줄로 생각하였도다. 그러나 내가 너를 책망하여 네 죄를 네 눈 앞에 낱낱이 드러내리라"(시 50:21).

둘째, 이 문단은 예수님께서 십자가에서 하신 은혜로운 말씀으로 인클루시오(*inclusio*)를 이루고 있다.

> 눅 23:34 예수님의 기도: "아버지여, 저들을 사하여 주옵소서.
> 자기들이 하는 것을 알지 못함이니이다."
> 눅 23:35–41 예수님에 대한 3단계 비난
> 눅 23:43 예수님의 약속: "진실로 네게 이르노니,
> 오늘 네가 나와 함께 낙원에 있으리라."

이렇게 누가복음 23:34–43은 예수님의 기도에서 시작하여 예수님의 약속으로 끝이 난다.[8] 그 중간은 유대 지도자들과 군인들과 함께 십자가에 못 박힌 행악자들의 조롱과 모욕이 합창을 이룬다. 이렇게 전방위로 날아오는 모욕과 조롱에 예수님은 어떤 대응도 하지 않으신다. 이것은 무엇을 가리키는가? 예수님

8 여기서 일단락된 후 접속사 카이(καί)와 함께 새로운 단락이 시작되면서 흑암이 임하고 성전 휘장이 찢어지며, 백부장의 고백으로 대단원에 이른다.

은 십자가로 인한 고통이 엄습할 때에도, 각 계층 사람들이 조롱함으로 마음의 고통이 심해질 때에도, 변함없이 "아버지여 저들을 사하소서" 하는 태도를 가지셨다는 뜻이다. 또한 유대 지도자들이 가세하여 비웃고 군인들이 신 포도주로 희롱함으로 불의와 고통이 증폭될 때에도, 한결같이 저들의 구원을 바랐다는 의미이다.

약간의 차이가 있지만, 여기까지는 다른 공관복음서 기자들도 기록한다. 그러나 누가는 여기서 한 걸음 더 깊이 들어간다. 누가복음 23:39을 보자. 여기서 누가는 특별히 "나무에 매달린 두 사람과 예수님"께 집중한다. 마치 카메라를 클로즈업하듯이, 이제는 "해골"이라는 장소에서도 세 사람이 모인 한 점을 포착하여 확대한다. 그리고 가장 자격 없는 두 사람이 하는 너무나 극명하게 대조되는 말에 주목한다. 한 행악자는 "네가 그리스도가 아니냐? 너와 우리를 구원하라"(23:39)라고 말한다. 그런데 다른 행악자는 그를 "꾸짖는다."[9] "네가 [예수님과] 동일한 판결 [및 형벌]을 받았다고 하여 하나님을 두려워하지 않느냐? 우리에게 이 형벌은 마땅하다.[10] 우리가 이 형벌에 합당한 행동을 했기 때문이다. 그러나 이분은 아무 부적절한 행동도, 아무 불의한 행

9 여기서 "꾸짖다"는 말(ἐπιτιμάω)은 예수님이 마귀나 질병을 "꾸짖을 때"(눅 4:35, 41) 또는 어떤 사람이 아이들이나 거지를 꾸짖을 때(눅 18:15; 39)에 쓰이는 말이다.

10 직역하면, "의롭다"이다. "적절하다"는 의미이다.

위도 한 일이 없다"(눅 23:40-41).

여기서 이 두 사람의 말을 주의깊게 생각해 볼 필요가 있다. 이 말들은 그들의 생각과 존재와 일치한다고 볼 수 있다. 다른 것을 할 수 없는 이 순간에, 오직 해야 할 단 한 가지 일밖에 없을 때 했던 일이 하나는 비난이요, 다른 하나는 요청이었기 때문이다. 누가복음 2:34-35에서 시므온은 예수님 앞에서 많은 사람이 패하거나 흥하게 되리라고 했고, 또 예수님은 여러 사람의 생각을 폭로하리라고 예언했다. 이런 점에서 이 두 사람은 십자가 앞에 선 온 인류의 모습을 보여준다고 할 수 있다.

그러면 어떻게 이 다른 행악자는 예수님이 불의한 행동을 한 일이 없다는 것을 알게 되었을까? 지금은 예수님이 십자가에 매달린 지 적어도 세 시간이 지난 시각이다. 아마도 그 사이에 무언가를 보았거나 깨달았다고 추측할 수 있다.[11] 하지만 성경은 우리에게 아무것도 말해 주지 않는다. 성경이 우리에게 말하는 것은, 그가 다른 행악자와 전혀 다르지 않은 사람인데, 예수님께 구원을 요청하였다는 것 뿐이다. 예수님의 죄 사함의 기도와 하나님 나라의 약속이 만드는 은혜의 바다에 여기 한 행악자요 범죄자가 있다. 이 행악자가 이 은혜를 받기 위해 지금 십자가에 못 박힌 예수님께 "당신의 나라로 들어가실 때에 나를 기억하소

---

11 Cf. 김성수, 『세상에서 믿음을 보겠느냐: 누가복음 18-24장』(서울: 마음샘, 2005), 275-280.

서" 요청하기만 하면, 예수님은 그가 요청한 것을 들어주실 뿐 아니라, 요구하지 않은 것도 주신다. 바로 이것이 성경이 전하고자 하는 바이다.

아마도 이 행악자에게는 예수님께 한 요청이 자신이 할 수 있는 전부였을 것이다. 기력이 다하고, 타는 듯한 갈증 속에 정신을 차리기도 힘들었을 것이다. 이럴 때, 사람 앞에 자기 인생의 모든 여정이 마치 시간이 수축하는 것처럼 나타나고, 그가 행한 일들이 보인다. 자기가 헛되이 보내버린 시간, 이제는 돌이킬 수 없는 말과 행동들, 잘못한 것들, 자신만이 아는 범죄들이 거머리처럼 달라붙고, 독사처럼 물어뜯는다. '내가 왜 그렇게 살았을까? 그렇게 밖에 할 수 없었을까?' 그때에는 다른 사람이 나에게 행했던 잘못이나 실수나 상처는 생각나지 않는다. 인간관계에서 오는 괴로운 일들, 세상의 불의, 불평등, 악, 동료들과 세상에서 겪은 억울한 일들은 생각나지 않는다. 그 순간에는 오직 내가 잘못했던 것만 생각난다.

그러나 이 '행악자'는 그럴 시간이 없다. 그는 자기 양심과 영혼, 마음마저 자신을 외면하는 자리에 있다. 온 로마 세계에 자신보다 악하고 비참한 존재는 없다는 잔혹한 공격을 받는다. 그런데 모든 것에서 철저히 외면당한 그 자리에 놀랍게도 죄 용서를 구하는 사람이 자기 옆에 있는 것이다. 자기를 십자가에 매단 사람들을 용서하도록 하나님께 간구하는 사람이 있다! 행악자에게 이것은 불가능하다. 만일 가능하다면 고통 때문에 헛

소리를 하는 사람이거나 인간 이상인 존재일 것이다. 그러나 십자가의 고통 속에서 내뱉는 욕설과 저주로 죄 사함을 말하는 사람은 없다. 그렇다면 인간 이상인 존재요 죄인을 구원할 수 있는 존재가 틀림없다.[12] 그래서 그 사람에게 자신을, 범죄로 점철된 인생을, 추악하고 냄새나는 부정한 삶을, 영원한 정죄를 받아 마땅한 자신의 존재를 맡긴다. "예수여, 나는 범죄자입니다. 후회막심한 삶을 살았습니다. 지금 죽습니다. 그러나 당신의 나라가 언제 올지 모르지만, 그때에 나도 기억해 주십시오. 나를 구원하여 주십시오." 그 때 예수님께서는 천하의 매국노 삭개오에게 "오늘 구원이 이 집에 이르렀으니, 이 사람도 아브라함의 자손임이로다. 인자가 온 것은 잃어버린 자를 찾아 구원하려 함이니라"(눅 19:9-10)고 선언하셨듯이, "내가 엄숙히 말하노니, 네가 오늘 나와 함께 내 나라에 있으리라"라고 선언하셨다.

지금까지 누가복음 23:34-43을 살펴보면서 행악자가 누구였는지 알아보았다. 그리고 로마 세계 전체에서 한 지점과 거대한 역사의 한 시점에 발생한 이 행악자와 예수 그리스도의 만남을 주의 깊게 관찰했다. 이제 누가복음 전체로 시야를 넓혀보자. 이를 통해 예수님이 십자가에서 했던 기도와 약속의 거시적인

12 물론 이것은 행악자가 차분히 생각하고 논리적으로 따져 내린 결론이 아니다. 십자가의 극심한 고통 속에서 이것은 불가능하다. 죽음이 행악자를 짓누를 때, 구원을 주는 믿음이 그의 영혼과 존재의 뿌리로 갑자기 들어온 것이다.

의미가 드러날 것이다.

## 행악자에게 선포한 종말론적 희년

행악자는 "예수여, 당신의 나라로 들어가실 때, 나를 기억하소서"(눅 23:42)라고 요청했다. 이 요청에 예수님은 대답하셨다.

> 예수께서 이르시되 내가 진실로 네게 이르노니
> "오늘 네가 나와 함께 낙원(παράδεισος)에 있으리라" 하시니라
> (눅 23:43)

### 1. 행악자의 요청 동기와 배경

과연 이 행악자의 요청을 가능하게 한 동기와 배경은 무엇이었는가? 그것은 다름 아닌 예수님이 십자가 위에서 한 기도이다. "아버지여, 저들을 사하여 주옵소서!"(눅 23:34). 십자가에 못 박힌 처지에서 남을 생각한다는 것은 그 자체로 이를 데 없이 숭고한 일이다. 하지만 이보다 더 중요한 것은 예수님이 십자가 위에서 "죄 사함"을 선언하고 있다는 사실이다. 왜 이 사실이 중요한가? 그리스도의 십자가는 그리스도의 "죄 사함"에 대한 선언과 동시에 역사가 된다. 그런데 이 "죄 사함" 또는 "해방"은 예수님

의 공적 사역의 시작과도 공적 사역의 결말과도 관련이 있다. 다시 말해서, 나사렛 회당에서 선포한 종말론적 희년에 이루어질 핵심 내용이요, 그의 십자가와 부활에 근거한 복음 전파의 중심 내용이다.

| 눅 4:18–19 | 눅 23:34 | 눅 24:47 |
|---|---|---|
| 주 성령이 내게 임하셨으니, 이는 가난한 자에게 복음을 전하게 하시려고, 내게 기름을 부으시고, 나를 보내사, 포로된 자에게 자유(κηρύξαι αἰχμαλώτοις ἄφεσιν)를, 눈 먼 자에게 다시 보게 함을 전파하며, 눌린 자를 자유케 하고(ἀποστεῖλαι τεθραυσμένους ἐν ἀφέσει), 주의 은혜의 해(ἐνιαυτὸν κυρίου δεκτόν)를 전파하게 하려 하심이라. | 아버지여, 저희의 죄를 사하여 주옵소서(πάτερ, ἄφες αὐτοῖς). 이는 그들이 하는 일을 알지 못하기 때문입니다. | 기록되기를, 그리스도가 고난을 받고, 제 삼 일에 죽은 자 가운데서 살아날 것과, 또 그의 이름으로 죄 사함을 얻게 하는 회개(μετάνοια εἰς ἄφεσιν ἁμαρτιῶν)가 전파되어야 하리라. |

우리말 번역에는 정치적 포로됨의 반대를 나타내는 "자유," 그에 수반되는 정신적 영적인 압제로부터 해방된다는 의미에서 "자유"(눅 4:18-19)와 "죄 사함"(눅 23:34)에 동일한 단어가 사용된 것을 관찰할 수 있다. 이것이 행악자가 예수님께 자신의 구원을 요청한 배경이다.

이런 배경에서 예수님은 행악자에게 "낙원"을 약속한다. 따라서 아직 모든 것이 명확하지 않지만, 한 가지 분명한 것은, 예수님의 약속이 단순한 회복이 아니라 더 깊은 차원이 있다는 것이다. 여기서 떠오르는 질문은 이것이다. '그러면 이 약속은 어떻게 예수님의 생각과 메시아 사역에 심층으로 연결되어 있는가?' 이 질문에 대답하기 위해서는 누가가 예수님의 공생애 시작을 어떻게 묘사하는지 살펴볼 필요가 있다.

## 2. "하나님의 은혜의 해"

누가복음은 "회개하라, 천국이 가까이 왔느니라"(ἤγγικεν; pf.; 마 4:17; 막 1:15)는 선포가 없다. "없다"라기보다는 동일한 사실을 다른 측면에서 제시한다.[13] 누가는 예수님이 갈릴리에서 시작하신

13 누가복음은 마태복음과 마가복음과는 달리 예수님의 공생애 시작을 "회개하라, 천국이 가까이 왔느니라"(마 4:17; 막 1:15)는 선포로 시작하지 않는다. 여기서 "가까이 왔느니라"(ἤγγικεν; 현완)는 "가까이 오다"라는 동작의 결과나 상태를 가리킨다. 그러면 "가까이 와서 [예수님의 인격과 함께] 옆에 있다"는 의미가 될 것이다. 따라서 마태와 마가는 종말론적 하나님의 나라가 구약 성도들과 중간기 유대인들 및 예수님 당시 모든 사람들이 바라거나 기대한 것과는 달리 "현재 시대"로 침투하는 방식으로 그 모습을 드러냈다는 것을 알린 것이라고 할 수 있다.

예수님 당시 및 중간기 유대인들은 모두 "종말론적 하나님의 나라"가 최후 심판이 있은 후에 실현될 것이라 생각했다. 이 심판 이전을 "현재 시대"로, 이 심판 이후를 "오는 시대"라고 불렀다. 이런 생각에 대한 증거를 예수님의 말씀과 바울서신에서 확인할 수 있다(마 12:32: οὔτε ἐν τούτῳ τῷ αἰῶνι οὔτε ἐν τῷ μέλλοντι; 막 10:30 ἐὰν μὴ λάβῃ ἑκατονταπλασίονα νῦν ἐν τῷ καιρῷ τούτῳ οἰκίας ..., καὶ ἐν τῷ αἰῶνι τῷ ἐρχομένῳ ζωὴν αἰώνιον; 엡 1:21: οὐ μόνον ἐν τῷ αἰῶνι τούτῳ ἀλλὰ καὶ ἐν τῷ μέλλοντι)

사역의 첫 부분을 요약문으로 기술하고(눅 4:14-15), 예수님께서 메시아로서 공식적으로 등장하는 사건을 갈릴리 나사렛 회당 설교로 보기 때문이다.[14] 이 설교에서 예수님은 "해방"(ἄφεσις)과 "하나님의 은혜의 해"(ἐνιαυτὸς κυρίου δεκτός)를 선포한다(눅 4:18-19).

## 구약의 희년 선포

여기서 "해방/자유"와 "하나님의 은혜의 해를 선포함"을 이해하려고 할 때 이사야의 예언(사 58:6; 61:1-2)과 더불어 하나님께서 모세를 통해 세우신 희년법(레 25:10, 13)을 고려해야 한다.[15] 왜냐하면 예수님의 선포와 이사야의 예언이 공통적으로 레위기 25:13의 "희년"(שְׁנַת הַיּוֹבֵל)을 지시하고 있기 때문이다. 만일 이사야가 자신만의 종말론적 시점을 선언하고자 했다면, "날"(사 34:8; 63:4; יוֹם נָקָם)이나 "때"(사 49:8; עֵת רָצוֹן) 등의 용어를 사용하여 "주의 은혜의 날" 또는 "주의 은혜의 때"라고 할 수도 있었을 것이다. 그러나 이사야는 종말론적으로 결정적인 시기를 "주의 은혜의 해"라고 표현했다. 나아가 예수님은 회당에서 두루마리(성경 스크롤)를 받았을 때, 의도적으로 이사야서의 이 부분을 찾아 읽

---

14 예수님께서 시험받으신 후 갈릴리로 돌아왔을 때, 짧은 시간에 그 지역 전체에서 소문이 퍼졌고, 그들의 회당에서 가르치셨으며, 모든 이로부터 영광을 받았다. 이 진술을 통해, 예수님께서 나사렛 회당에서 행한 설교는 문자적으로 그의 "처음 설교"가 아니었다는 것을 알 수 있다.

15 J. B. Green, *The Theology of the Gospel of Luke*, NTT (Cambridge: Univ. Press, 1995), 78.

고 자신에게 적용하여 해석하셨다.

그러면 왜 예수님은 이렇게 자신의 종말론적 출현을 하나님께서 세우신 요발의 해(שְׁנַת הַיּוֹבֵל, "희년")라고 불렀는가? 그것은 희년 사상이 하나님 나라의 본질과 그의 통치를 가장 잘 반영하고 있기 때문일 것이다. 이것은 희년제도와 관련된 법을 살펴보면 더 분명해진다. 우선 희년이 되면 다음 세 가지 일이 일어난다.

1. 전국에 뿔나팔을 불어 희년이 되었음을 공표한다(레 25:9)
2. 그 땅의 모든 거민에게 자유를 선포한다(레 25:10a). 이 자유는 두 가지로 구성된다
    2.1 각각 자기 소유지로 돌아간다(레 25:10ba)
    2.2 각각 자기 가족에게로 돌아간다(레 25:10bb)
3. 사람은 땅에 파종하지 않고, 땅 또한 안식을 누린다(레 25:11-12)

이때 자유를 선포하고 돌아가야 할 상황은 경제적인 이유로 발생하는데, 두 가지 경우가 있다. 하나는 기업(= 소유지, 땅)을 파는 경우이고, 다른 하나는 다른 사람의 종이 되는 경우이다. 그런데 이 각각에 대하여 이스라엘은 권리가 없다. "이스라엘"은 "토지를 영구히 팔지 못하고"(레 25:23), "자신을 종으로 팔지" 못한다(레 25:42). 왜냐하면 "토지"(레 25:23)와 "이스라엘 백성들"(25:42, 55)은 모두 하나님께 속한 것이기 때문이다. 땅에 파종도 추수도 하지 말라는 명령은 이 "자유"가 피조계까지 확대되

는 것을 나타낸다. 따라서 피조계에 안식을 허락하지 않거나, 땅을 영구 소유지로 만들거나, 동료를 자기 종으로 삼는 것은 하나님의 소유권에 도전하는 것이 된다.

### 예수님의 희년 선포

그러나 이사야서와 누가복음에서 선포한 "자유"는 두 가지 점에서 이보다 더 깊은 의미가 있다.

첫째, 이사야는 이 "자유/해방"이란 말을 레위기 25장보다 훨씬 넓은 범위에서 쓴다. 레위기 25장에서 희년에 관한 법이 주어졌을 때, 이 법은 이스라엘 국내법으로 주신 것이다. 다시 말해서, 구약에서 하나님 나라 내에서 땅도 이스라엘도 영구적으로 노예 상태에 있지 않고, 50년이 되면 본래 하나님의 백성이 가진 자유와 기업이 회복되도록 한 법이었다. 하지만 이사야에서 "포로된 자에게 자유"는 바벨론 포로 상황을 염두에 둔 것이다. 이스라엘 민족은 패망하여 주권을 가진 국가는 과거의 기억에 불과한 상태였다. 이런 상황에서 희년에 관한 법이 실현된다는 것은 거의 환상이나 기대할 수 없는 꿈에 지나지 않았다. 그런데 하나님은 이 법을 바벨론 제국에 적용하시겠다는 것이다. 다시 말하면, 이스라엘 국내법을 세계 제국의 법으로 사용하시겠다는 말이다. 여기에는 이스라엘 민족과 섬들 곧 이방 세계가 모두 포함된다. 하나님 나라가 수평적으로 확장되어 나타나는 것이다.

둘째, 예수님은 이사야가 공간적으로 전 세계를 포함하는 제국으로 확장한 희년 적용 범위를 다시 한번 심화시키신다. 예수님은 "자유/해방"이란 말을 "죄 사함"과 연결시키기 때문이다(cf. 사 40:2; 눅 3:3; 24:47). 물리적인 자유와 해방은 죄로부터 해방과 같은 것이 아니다. 이것은 영적인 영역까지 포함하는 회복이다. 따라서 예수님이 "포로된 자에게 자유"를 주는 "하나님의 은혜의 해"를 선포하신 것은 구약의 희년이 궁극적으로 내다보던 하나님 나라의 완성을 선언하신 것이다.

희년에는 "나팔을 부는데", 신약에서 "나팔을 부는 일"이 주님의 강림(살전 4:16), 재림 시 천사들을 통해 택자들을 모음(마 24:31), 부활(고전 15:52) 등 종말론적 완성과 연결되고 있다. 이 점을 고려할 때, 예수님은 나사렛 회당에서 종말론적 하나님 나라가 자신의 공적인 출현과 더불어 출범하였다는 것을 선언한 것이라 볼 수 있다.[16] 이것을 십자가에서 다시 선언하셨다는 것은 이 종말론적 하나님 나라가 십자가를 통해서 이루어진다는 것을 암시함과 동시에 십자가가 종말론적 희년의 주춧돌 역할을 함을 보여준다.

그런데 예수님은 행악자에게 "낙원"을 상속할 것이라고 약속한 것이다. 예수님의 이 약속은 자유, 땅, 죄 사함을 모두 포함한 약속이다. 실제로 이 행악자는 자유와 자신의 소유를 잃었

16 J. B. Green, *The Gospel of Luke*, NICNT (Grand Rapids/Cambridge: Eerdmans), 212.

고, 나아가 인간세계에서도 하나님 앞에서도 십자가형에 해당하는 죄책을 지고 있었다. 그런데 예수님은 그리스도를 믿는 그에게 이 모든 것을 회복시켜 줄 것이라고 약속하시는 것이다. 다시 말해서, 예수님은 십자가 위에서 자신의 구원을 요청한 행악자에게 이 종말론적 희년을 선포한 것이다. 자기의 소유를 잃고, 자기의 가족을 잃고, 자신의 자유와 몸을 잃고, 사람과 하나님께 아무 권리 주장을 할 수 없는 사람에게, 그리스도께서는 죄 사함을 얻고, 자유와 가족과 땅(낙원)에 참여하며 누릴 것이라고 선언하시는 것이다. 그것도 오늘, 주님과 함께 있을 것이라고 하시는 것이다. "내가 진실로 네게 이르노니 오늘 네가 나와 함께 낙원에 있으리라!" 예수님의 이 선언은 궁극적이고 종말론적인 희년에 대한 선포이다. 그러므로 십자가는 하나님 백성의 새로운 출발점이요 새로운 시작이다.

## 나가며

지금까지 누가의 십자가 기사를 살펴보았다. 그 내용을 요약하면 다음과 같다. 누가는 거대한 로마 제국으로부터 시작하여 십자가에 못 박힌 메시아와 두 죄수에게 시선을 집중한다. 그리고 여기서 온 인류의 문제를 예수님을 가운데 둔 이 두 사람의 문제로 다룬다. 한 행악자는 군인들과 유대 관원들과 같이 그를 비난했고, 다른 한 행악자는 자신의 구원을 요청했다. 예수님은 이 요청을 들어주실 뿐만 아니라 행악자가 구하지 않은 것도 주셨다. "내가 진실로 네게 이르노니 네가 오늘 나와 함께 낙원에 있으리라!" 이 선언은 다음 네 가지 사실을 보여준다.

1. 그리스도의 십자가는 모든 인간의 처지가 십자가에 달린 "행악자"와 같다는 사실을 폭로한다. 예수님은 십자가에 달린 한 행악자에게 이해할 수도, 용납할 수도 없는 약속과 선언을 하셨다. 낙원을 약속하셨고, 종말론적 희년을 선언하셨다. 오직 거룩한 자들과 의인들이 참여할 수 있는 땅, 자유, 죄 사함, 부활 생명, 평화, 의를 선물로 주셨다. 우리는 예수님의 행동을 보고, '나는 이 행악자와는 다르다. 나는 이 정도는 아니야. 그런데 이건 너무한 것 아닌가?' 이렇게 생각할 수 있다. 그러나 다시 생각해 보아야 한다. 우리는 무슨 권리로 이렇게 생각하고, 어떤 기준으로 그런 판단을 하는가? 십자가 앞에서는 개인적인 생각이나 사회적인 관습 등은 아무 소용이 없다. 또 우리는 주의해야 한다. '나는 이 행악자 보다 낫다'라고 말하는 사람에게 예수님은 필요 없고, 그리스도의 십자가는 아무 소용이 없기 때문이다. 사람이 보기에 어느 수준이든지 하나님 앞에서는 차이가 없다. 자기가 옳고, 경건하며, 깨끗하고, 내가 스스로 구원을 이루어갈 수 있다고 생각하는 사람에게는 예수님이 필요 없다. 인간이 죄인이요 행악자라는 사실을 인정하는 것은 인간성과 하나

님의 형상을 회복하는 첫걸음이다. 우리는 오늘날 죄를 숨기고 자신을 주장할 때, 개인과 사회, 국가의 품격이 얼마나 떨어질 수 있는지 확인하면서 살고 있지 않는가?

2. 그리스도의 십자가는 인간 기여가 '제로'인 구원을 계시하는 곳이다. 누가는 구원받은 사람을 "행악자"라고 부른다. 다른 복음서 기자들은 이 행악자들을 "강도들"이라 부른다(마 27:38; 막 15:27). 이들은 서로 다른 의미이다.

누가복음은 로마 제국 전체로부터 유대 지방으로, 거기서 예루살렘으로, 여기서 다시 "해골"이라는 한 장소로 시선을 이동한다. 그리고 이곳에서 메시아와 하나님 나라의 문제를 세 사람의 문제로 다룬다. 그중 한 행악자는 생각과 행동이 로마 군인들과 유대 관원들과 똑같은 사람이다. 그런데 다른 한 행악자는 예수님이 십자가 형을 받았음에도 예수님의 메시아 되심과 그분의 왕권을 인식했고 그분의 나라를 인정했다. 메시아의 나라를 기대했고, 거기에 참여하게 해 주실 것을 요청했다. 이 행악자는 자신에게 아무것도 없고, 구원에 아무 기여도 할 수 없다. 어떤 방식으로도 자신의 잘못과 실수, 죄와 불의를 만회하거나 갚을 길이 없는 처지에 있다. 그러나 이 행악자는 인간 존재의 가장 낮은 지점에서 구원자를 붙드는 사람이다. 누가는 데오빌로와 독자들을 이 지점으로 데리고 온다. 온 인류는 이 두 행악자들 중 하나에 속하며, 자신의 복음서 첫 번째 독자(데오빌로)도

오고오는 세대에 자신의 복음서를 읽을 독자들도 예외가 아니라고 말한다. 그러므로 자신이 이 행악자보다 나은 사람인 것처럼 생각하지 말라! 누가가 누구를 이 십자가가 선 지점으로 데리고 오는지 보라. 데오빌로이다! 누가에 따르면, 아무리 로마 지방 속주의 총독에 해당하는 고위 관료라 하더라도 하나님 앞에서는 한 "행악자"와 다르지 않다. 이 십자가는 데오빌로가 받은 교훈의 확실성의 본질이요, 구원의 핵심이다(cf. 눅 1:4). 그 핵심은 무엇인가? '자기 기여가 제로인 구원,' '인간 공로가 무(無)인 하나님의 나라!' 이것이 누가가 전하는 십자가 복음이다.

이곳은 얼마나 복된 지점인가? 여기는 새 인생이 주어지고, 창조 질서가 회복되고, 예수님으로 시작된 나라가 출발하는 지점이다.

3. 그리스도의 십자가는 최악의 인간이라도 다시 희망을 품을 수 있는 곳이다. 그리스도, 십자가, 한 행악자, 이것이 얼마나 큰 은혜인지 생각해 보라. 이 우주에서, 보이는 세계와 보이지 않는 세계에서, 누가 이런 절망적인 인간에게 관심을 갖고 이런 절망적인 인간에게 애착을 갖는가? 이것은 사람에게 없는 시선이다. 누가는 당시 인간의 가난을 알고, 당시 여성과 아이들의 소외와 절망을 알며, 나아가 인간의 비참함을 이해했다. 이것은 누가복음과 사도행전을 조금만 읽더라도 알 수 있는 사실이다. 그래서 성령께서는 누가의 시선을 통해 십자가의 이 측면을 포

착한 것이다.

십자가가 무엇인가? 복음이 무엇인가? 인간이 잘 살 수도 있고, 평안할 수도 있고, 누리고 즐거워할 수 있다. 하지만 언젠가 자신의 존재가 끝까지 벗겨지는 때가 온다. 그러나 혹 자신의 모든 부끄러움이 드러나고, 아무도 희망을 품을 수 없는 절망적인 존재가 되더라도, 아무도 가까이할 수 없을 만큼 망가지고 공격적이고 사납게 되며, 아무도 가까이할 수 없는 존재가 된다고 하더라도, 그런 사람도 십자가에 죽으신 예수님께 요청하기만 하면, 그 요청을 들어주실 뿐만 아니라 요청하지 않은 것까지도 주신다. 하나님 나라에 지체 없이 오늘 참여하게 하신다. '자기 조건 고려가 전무한 구원,' '무차별적 구원 혜택이 무한대인 하나님의 나라!' 이것이 그리스도의 십자가 복음이다. 누가의 시선은 정확하게 "하나님은 모든 사람이 구원을 받으며, 진리를 아는데 이르기를 원하시느니라"(딤전 2:4)고 하는 정신에 맞닿아 있다. 이것이 성령의 시선이다.

4. 그리스도의 십자가는 종말론적 "희년"이 선포된 곳이다. 예수님은 십자가 위에서 "죄 사함"을 선포하셨다. 이 "죄 사함"은 본래 "자유"라는 말이요, "해방"이란 뜻이다. 이것은 모세 시대에는 이스라엘 국내법으로 50년째 되는 해에 모든 이스라엘 자유민에게 자유와 토지와 가족을 회복하게 하는 선포였다. 하나님은 이사야 시대에 포로가 된 자기 백성에게 "해방"을 선언하

시고, "여호와의 은혜의 해"를 선포하시리라 약속하심으로써, 희년 제도를 국제적으로 적용할 것이라고 말씀하셨다. 그런데 이제 예수님은 "죄 사함"을 선포함으로써 보이는 세계뿐만 아니라 보이지 않는 세계까지 이 희년 제도를 심화 확대할 것이라 말씀하신 것이다. 종말론적 희년을 선포하신 것이다. 자신이 세우는 나라가 바로 이 희년의 원리와 정신을 궁극적으로 실현할 것이라고 선언하신 것이다.

그런데 예수님은 이 종말론적 희년을 십자가 위에서 자신의 구원을 요청한 행악자에게 선포한 것이다. 이를 통해 누구든지 주님께 구원을 요청하는 자는 자유와 가족, 죄 사함과 하나님의 나라를 상속하고 지체 없이 이 나라와 생명에 참여한다고 선언하신 것이다.

지금까지 누가복음에서 십자가를 어떻게 묘사하고, 그리스도의 십자가를 어떻게 선언하는지 살펴보았다. 누가는 그리스도의 십자가에서 인간의 비참한 처지를 폭로하고 동시에 인간 기여가 제로인 구원을 제시한다. 그러므로 최악의 인간이라도 희망을 찾을 수 있고 새로운 출발이 가능하다. 주님께 이 구원을 요청한 자는 선지자들과 사도들이 선포한 종말론적 역사에 참여한다. 그에게는 종말론적 희년의 여명이 열렸고 "낙원"의 문이 지체 없이 열릴 것이다. 그렇다면 사도 요한은 고난 기사에서 무엇을 강조하는가?

## | 토론 문제 |

**01** 누가복음의 십자가 기사에 나타난 특징들이 무엇인지 토론해 보자.

| | 특징 | 내용 |
|---|---|---|
| 1 | 문학 | |
| 2 | 역사 | |
| 3 | 내러티브 | |

**02** 행악자는 "예수여, 당신의 나라에 임하실 때, 나를 기억하소서"라고 요청한다. 행악자는 이 요청으로 무엇을 기대한 것인가?

**03** 당신은 이 행악자가 예수를 만났을 때 경험을 자신의 말로 표현할 수 있는가? 이 경험은 당신이 만난 십자가와 얼마나 가까운가?

**04** 예수님은 구원을 요청한 행악자에게 "오늘, 네가 나와 함께 낙원에 있으리라"고 약속하셨다. 이 약속에는 희년 사상이 있는데, 그 근거는 무엇인가?

**05** 누가가 전하는 십자가 복음의 내용을 당신의 말로 정리할 수 있는가?

| | 구분 | 내용 |
|---|---|---|
| 1 | 인간의 비참한 처지 | |
| 2 | 인간의 기여가 제로인 구원 | |
| 3 | 최악의 인간에게 있는 희망 | |
| 4 | 종말론적 희년 | |

**06** 당신은 십자가에 달린 행악자에게 십자가에 달리신 그리스도가 낙원을 약속하는 것을 용납할 수 있는가? 용납할 수 없다면 또는 있다면 그 이유는 무엇인지 나누어 보자.

[17]그들이 예수를 맡으매 예수께서 자기의 십자가를 지시고 해골(히브리 말로 골고다)이
라 하는 곳에 나가시니, [18]그들이 거기서 예수를 십자가에 못 박을새 다른 두 사람도 그
와 함께 좌우편에 못 박으니 예수는 가운데 있더라. [19]빌라도가 패를 써서 십자가 위에
붙이니 나사렛 예수 유대인의 왕이라 기록되었더라. [20]예수께서 못 박히신 곳이 성에서
가까운 고로 많은 유대인이 이 패를 읽는데 히브리와 로마와 헬라 말로 기록되었더라.
[21]유대인의 대제사장들이 빌라도에게 이르되 "유대인의 왕이라 쓰지 말고 자칭 유대인
의 왕이라 쓰라" 하니, [22]빌라도가 대답하되 "내가 쓸 것을 썼다" 하니라. [23]군인들이 예
수를 십자가에 못 박고 그의 옷을 취하여 네 깃에 나눠 각각 한 깃씩 얻고 속옷도 취하
니 이 속옷은 호지 아니하고 위에서부터 통으로 짠 것이라. [24]군인들이 서로 말하되 "이
것을 찢지 말고 누가 얻나 제비 뽑자" 하니 이는 성경에 "그들이 내 옷을 나누고 내 옷을
제비 뽑나이다"(시 22:18) 한 것을 응하게 하려 함이러라. 군인들은 이런 일을 하고 [25]예
수의 십자가 곁에는 그 어머니와 이모와 글로바의 아내 마리아와 막달라 마리아가 섰
는지라. [26]예수께서 자기의 어머니와 사랑하시는 제자가 곁에 서 있는 것을 보시고 자
기 어머니께 말씀하시되 "여자여, 보소서 아들이니이다" 하시고 [27]또 그 제자에게 이르
시되 "보라, 네 어머니라" 하신대 그 때부터 그 제자가 자기 집에 모시니라.

[28]그 후에 예수께서 모든 일이 이미 이루어진 줄 아시고 성경을 응하게 하려 하사
이르시되 "내가 목마르다"(시 69:21) 하시니 [29]거기 신 포도주가 가득히 담긴 그릇이 있
는지라 사람들이 신 포도주를 적신 해면을 우슬초에 매어 예수의 입에 대니 [30]예수께서
신 포도주를 받으신 후에 이르시되 "다 이루었다" 하시고 머리를 숙이니 영혼이 떠나가
시니라

# 09

# 나사렛 예수, 유대인의 왕

## 들어가며

요한복음 19장은 요한복음의 십자가 기사 마지막 부분이다. 사도 요한은 공관복음과 비교할 때, 자신의 십자가 기사에서 다른 것은 대부분 생략하지만, 빌라도의 신문 내용과 빌라도와 유대 관원들의 논쟁은 자세히 다룬다. 예수님과 빌라도 그리고 유대 관원 및 유대인들 사이에 오간 대화는 "예수는 누구인가?"하는 질문을 중심에 둔 싸움이라고 볼 수 있다. 그리고 이 대화는 빌라도가 예수님의 십자가에 "나사렛 예수 유대인의 왕"이라는 죄패를 써 붙이고(요 19:19), 대제사장들의 요구에도 "내가 쓸 것을 썼다"(요 19:22)고 말하며 변경 없이 그대로 둔 것으로 결론에 이른다.

누가가 그의 복음서에서 로마 백부장의 말, 곧 "이 사람은 참으로 의인이었도다!"(눅 23:47)는 말로 그리스도를 선포하듯이,

요한은 자신의 복음서에서 로마 총독이 쓴 죄패로 "나사렛 예수"를 "유대인의 왕"으로 선포였다고 볼 수 있다. 빌라도는 친히 "내가 쓸 것을 썼다"라고 말함으로써, '유대인의 왕으로 죽은 나사렛 예수의 십자가 사건'이 분명한 역사가 되었음을 천명한 것이라고 볼 수 있다.

이 본문은 지금 우리에게 근본적인 질문을 던진다. 우리는 인생에서 한 번은 이 질문에 대답해야 한다. '나는 이 역사를 어떻게 생각하는가? 사도 요한은 빌라도의 손을 빌어 나사렛 촌 동네 출신 예수를 유대인의 왕으로 선포하고 있는데, 나는 이 예수를 왕으로 받들고 있는가? 예수님이 왕이요, 통치자라는 사실은 우리에게 무엇을 누리게 하고 어떤 것을 요구하는가?'

이 질문을 염두에 두고, 다음 세 가지를 살펴보자.

1. 예수님은 "유대인의 왕"으로 기소되었는데, 이 기소의 의미는 무엇인가? 여기서 우리는 신문 과정을 자세히 보게 될 것이다.
2. 예수님은 유대인의 왕으로서 로마 정부의 고위 관료(빌라도)를 만나는데, 요한은 이 만남을 통해 예수님과 빌라도의 어떤 면을 드러내는가?
3. 예수님은 신문 과정에서 "유대인의 왕"으로서 침묵하셨고

(요 19:9) 그를 고소하는 사람들은 "유대인들"로서 "유월절을 먹으려 했다"(요 18:28)고 말한다. 이 "유대인의 왕"의 행동과 "유대인들"의 행동은 어떤 종교적 현실을 일깨우는가?

## 나사렛 예수 참 유대인의 왕

### 1. 세 가지 언어로 쓴 죄패("예수 유대인의 왕")와 그 의미

사도 요한은 십자가 처형이 이루어진 것을 간단히 묘사(요 19:17-18)한 후에, 빌라도가 죄패를 써서 십자가 위에 붙였다고 말한다. "빌라도가 패를 써서 십자가 위에 붙이니 '나사렛 예수 유대인의 왕'이라 기록되었더라"(요 19:19). 그런데 "나사렛 예수 유대인의 왕," 이 문구를 세 가지 언어로 기록했다고 한다. "히브리와 로마와 헬라 말로 기록되었더라"(요 19:20b). 그런데 사도 요한은 이렇게 말한다.

> 예수께서 못 박히신 곳이 [예루살렘] 성에서 가까웠기 때문에 많은 유대인들이 이 패를 읽었더라(요 19:20a)

이상하지 않은가? 여기서 "많은 유대인이 읽었다"고 하는데, 당시 유대인들은 히브리어, 좀 더 정확하게 말하면 아람어를 사용했다.

그런데 왜 로마 말인 라틴어와 헬라 세계의 말인 그리스어가 함께 있는가? 두 가지 복합적인 요인이 작용했을 것이라고 생각할 수 있다. 첫 번째 요인은 이것이다. 지금은 유월절인데, 이때는 팔레스타인 내에 있는 유대인뿐만 아니라 외국에 살고 있던 많은 유대인이 절기를 지키기 위해 예루살렘으로 찾아온다. 이들은 아람어 대신 그리스어 또는 라틴어를 쓴다. 그러므로 빌라도의 조치는 디아스포라 유대인을 고려한 것이라고 볼 수 있다. 두 번째 요인은 로마 관청에서 공식적으로 쓰는 언어가 그리스어였기 때문이다. 그러면 빌라도는 이 죄패를 그리스어로 작성함으로써 로마 정부의 공식 선언을 공포한 것이라고 볼 수 있다. 그리고 일상 구어인 라틴어와 유대 일반 백성들이 쓰는 아람어를 동시에 사용함으로써, 로마 제국의 모든 사람에게 로마 정부의 입장을 알리려 한 것으로 볼 수 있다.

이 선언의 효과 또한 이중적이다. 한편으로 유대 일반 백성들과 관원들에게 더할 수 없는 치욕을 안겨주는 것이다. 다른 한편으로 로마의 위상과 권세를 천명한 것이다. '보라, 내가 너희 유대인들의 왕을 십자가에 못 박았다.'

그런데 여기서 이 죄패가 사실은 빌라도가 유대 관원들과 그 뒤에 있는 백성들을 역공격한 것이라는 점에 주목할 필요가 있다.

왜냐하면 본래 빌라도는 예수님에게서 사형에 해당할 만한 어떤 죄목도 찾지 못했고, 그래서 방면하려고 했기 때문이다(요 18:38; 19:4, 6). 이것은 신문 과정을 보면 알 수 있다.

## 2. 빌라도의 신문

요한복음 18:28-32를 보자. 유대 관원들은 예수님을 빌라도에게 데리고 간다. 빌라도가 묻는다.

> 너희가 무슨 일로 이 사람을 고발하느냐?(요 18:29)

그러자 산헤드린 공회원들은 말한다.

> 이 사람은 행악자다(요 18:30a)

이에 빌라도가 대답한다.

> 그러면 너희가 그를 데려다가 너희 법대로 재판하라(요 18:31a)

빌라도는 처음에는 재판을 회피하려 했다.

### 재판을 회피함

빌라도가 "너희가 데려다가 너희 법대로 재판하라"고 말하자 유대 관원들은 이렇게 말한다.

> 우리에게는 사람을 죽이는 권한이 없나이다(요 18:31b)

빌라도는 사안이 생각보다 심각한 것을 알아차리고 신문을 한다. 그런데 자신 앞에 있는 죄수에게는 반역이나 로마의 평화를 깨트릴 만한 아무 범법 행위가 없다는 것을 알고 이렇게 공포한다.

> 나는 그에게서 아무 죄도 찾지 못하였노라(요 18:38)

빌라도의 두 번째 시도는 타협안을 내는 것이었다.

### 타협하려고 시도함

빌라도가 생각해 낸 타협안은 명절 사면이었다. 유대인들의 판결("예수가 행악자다")을 유지해 주면서도, 예수를 처벌하지 않고 석방하고자 하는 자신의 뜻을 관철시키기 위해서였다.

> 내가 유대인의 왕을 너희에게 놓아주기를 원하느냐?(요 18:39)

빌라도는 이 타협안이 그들에게 통하리라고 생각했다. 그런데 빌라도의 기대는 빗나갔다.

> 이 사람이 아니라 바라바라!(요 18:40)

빌라도는 자신의 기대가 빗나가자, 이번에는 유대인들의 동정심에 호소하고자 했다.

**동정심에 호소함**

빌라도는 우선 예수님께 체벌을 가한다. 그리고 데리고 나온다. 빌라도는 채찍질을 당해 온 몸에 피가 흐르고 가시관을 쓴 예수님의 모습을 보면 유대인이 동정심을 가질 줄 알았다.

> 보라,
> 이 사람을 데리고 너희에게 나오나니,
> 이는 내가 그에게서 아무 죄도 찾지 못한 것을 너희로 알게 하려 하노라!(요 19:4)

그런데 유대인들의 눈에는 예수가 가시관을 쓰고 자색 옷을 입고 나오는 모습이 로마인들이 그들의 자존심을 짓밟는 것으로 보였다. 그래서 그들은 폭발한다. 빌라도가 "보라 이 사람이라"고 말하자 그들은 소리를 지른다.

당장 십자가에 못 박으시오, 십자가에 못 박으시오!(요 19:6a)

당황한 빌라도는 말한다.

너희가 친히 데려다가 십자가에 못 박으라.
나는 그에게서 죄도 찾지 못하였노라(요 19:6b)

빌라도의 무죄 선언에 유대인들은 유대인의 법에 따르면 예수는 사형에 해당한다고 주장한다. 그는 자신을 하나님의 아들이라고 주장한 사람이기 때문이다. 빌라도는 다시 신문을 시도했으나 예수님은 대답하지 않으시므로 진위를 파악할 수도 판결을 내릴 수도 없어 머뭇거린다.

**무력하게 머뭇거리고 결정하지 못함**

빌라도가 이렇게 머뭇거리고 판결을 내리지 못할 뿐만 아니라 석방하려고 하자 유대인들이 더욱 빌라도를 압박한다.

만일 당신이 이 사람을 놓아주면 가이사의 충신이 아니니이다.
무릇 자기를 왕이라 하는 자는 가이사를 반역하는 것이니이다
(요 19:12)

이 압박을 받고 재판석에 앉아 "보라 너희 왕이로다"(19:14) 하면

서 유대인들을 놀리는 것 외에 아무것도 할 수 없었다. 그런데 유대인들은 "제거하시오. 제거하시오!"(19:15a) 소리를 지른다. 빌라도가 "내가 너희 왕을 십자가에 못 박을까?"(19:15b)라고 하자, 대제사장들은 "가이사 외에는 우리에게 왕이 없다"(19:15c)라고 말한다. 빌라도는 더 이상 어찌할 바를 모르고 예수를 넘겨준다. 왜냐하면 만일 예수를 놓아준다면, 유대인들은 당장 그들의 총독이 반역자를 놓아주었다고 로마 정부에 고소할 것이고, 그의 지위와 안녕은 사라지고 말 것이기 때문이었다.

이 신문 과정에서 빌라도는 철저하게 패배자로 나타난다. 그는 유대 관원들에게 졌고, 그들의 소원을 들어주는 것 외에 아무것도 하지 못했다. 빌라도의 심정이 어떠했을까? 한 지방 속주의 지배자가 피지배자들에게 좌지우지된다면 얼마나 침통했을지 상상할 수 있다.

그런데 빌라도는 유대 관원들 뒤에 유대 일반 백성들이 있는 것을 보고, 이들을 이용해 유대 관원들을 칠 뿐 아니라, 유대 일반 백성들에게도 치욕을 안겨주며, 나아가 로마 정부의 권위도 세울 방법을 생각해 냈다. 그것이 죄패를 쓰는 것이었다.

## 3. 빌라도의 반격: 죄패 작성

빌라도는 재패를 만들고 그 위에 "나사렛 예수 유대인의 왕"이라고 기록했다. 그것도 유대인들이 모두 읽을 수 있도록 아람어를 추가하는 것이었다.

이것의 효과는 매우 컸다. 유대인들은 예수의 십자가 처형을 볼 수 있었을 뿐 아니라 그 십자가 위에 있는 죄패를 읽을 수 있었다. 예루살렘 성에 가까웠으므로 형이 집행되고 어둠이 임하기전 약 3시간 동안 많은 유대인이 그것을 읽었을 것이다. 읽는 사람마다 듣는 일반 백성들마다 화가 나고 치욕스럽고 모욕감을 느꼈을 것으로 예상할 수 있다. "나사렛 예수 유대인의 왕"이란 문구는 예수 개인을 향한 로마 정부의 선언이 아니라, 유대인 전체에 관한 선언으로 받아들여졌기 때문이다. 빌라도가 아람어와 라틴어와 헬라어로 쓴 죄패는 그렇게 인식하게 만들었다.

그래서 유대인들은 그들의 관원들에게 가서 따졌던 것으로 보인다. 그것을 증명하는 것이 무엇인가? 그들의 요청이다.

> 유대인의 대제사장들이 빌라도에게 이르되 유대인의 왕이라 쓰지 말고 자칭 유대인의 왕이라 쓰라!(요 19:21)

그들은 "예수는 우리 유대인의 왕이 아니다. 자칭, 그가 스스로 말하기를, 자신은 유대인의 왕이라 했다"고 항변하는 것이다. 그러나 빌라도는 "내가 쓸 것을 썼다"고 말했다. 그는 역공에 성공했다.

여기서 우리는 성공했으나 실패한 두 부류의 사람들을 만난다. 첫째는 유대인들이요 둘째는 빌라도이다. 유대인들은 예수를 십자가에 못 박는데 성공했지만, 그들이 지키고자 했던 하나님의 백성이라는 고등한 지위, 로마인들보다 우월하다는 자존심을 지키지 못했고, 도리어 그들의 왕이 십자가에 못 박히는 반역스러운 백성이라는 오명을 뒤집어쓸 뿐이었다. 오명을 뒤집어쓸 뿐만 아니라 예수님께로부터 정죄 판결을 받았다. 예수님은 요한복음 19:11에서 "그러므로 나를 네게 넘겨준 자(ὁ παραδούς)의 죄는 더 크다"고 말씀하셨다.

빌라도는 유대인들을 역공하는 데 성공했지만, 정의를 버렸고, 양심이 죽은 고위 관리가 되었다. 온 세계 교회는 지금도 사도신경을 통해 빌라도를 예수를 죽인 자요 의인을 죽인 자로 기억한다. 정치가로 태어난 사람 중에 가장 치욕적인 사람이다. 이 치욕은 주님 오실 때까지 계속될 것이다.

그런데 빌라도가 유대인과 유대인 관원들을 역공하기 위해 한 행동을 사도 요한은 어떻게 증언하는가?

## 4. 빌라도의 행동에 대한 사도 요한의 해석

요한은 유대인들과 빌라도의 갈등, 그 과정에서 나온 최종 결과를 독특한 시각에서 진술한다. 즉 하나님께서 유대인과 유대 관원들, 빌라도를 섭리 가운데 사용하셔서 예수 그리스도를 십자가에서 죽게 하셨고 동시에 그를 참 유대인의 왕으로 선포하는 역사를 쓰셨다는 것이다. 하나님은 만만한 분이 아니시다.

> 여호와께서 온갖 것을 그 쓰임에 적당하게 지으셨나니 악인도 악한 날에 적당하게 하셨느니라(잠 16:4)

그뿐만 아니라 악인이 자신의 지위에서 한 말을 하나님께서 사용하신 전형적인 예를 보여준다. 이와 비슷한 예를 요한복음 11장에서 찾을 수 있다.

> 그중에 한 사람 그 해 대제사장인 가야바가 저희에게 말하되 너희가 아무것도 알지 못하는도다. 한 사람이 백성을 위하여 죽어서 온 민족이 망하지 않게 하는 것이 너희에게 유익할 줄을 생각하지 아니하는도다 하였으니 이 말은 스스로 함이 아니요 그해에 대제사장이므로 예수께서 그 민족을 위하시고, 또 그 민족만 위할 뿐 아니라 흩어진 하나님의 자녀를 모아 하나가 되게 하기 위하여 죽으실 것을 미리 말함이러라(요 11:49-52)

"미리 말함이러라"(ἐπροφήτευσεν). 이것은 "예언했다," "선지자처럼 예언을 했다"는 말이다. 요한복음에 나타난 이 독특한 하나님의 섭리에 대한 이해[1]에 비추어 볼 때, 빌라도의 말, "내가 쓸 것을 내가 썼다"라는 말은 로마 관리 빌라도가 유대 대제사장들에게 말할 때 의도한 것을 넘어선다. 그것은 실제로 항구적인 사실로 머물 역사가 되었다는 것을 나타낸다. 이 역사는 실제로 '나사렛 예수가 참 유대인의 왕이다'라고 증언하며, 예수님은 구약에서 출애굽 때 하나님의 심판을 완결하고, 하나님의 구속을 완성으로 이끄는 '유월절 어린양'이요, 구약에서 예언된 왕이며, 하나님의 모든 뜻을 "다 이룬"(요 19:30) 그분의 종이었다는 진리를 선포한다.

우리는 이 역사 앞에 어떻게 서 있는가? 나는 이 역사가 선포하는 데로 나사렛 예수를 나의 왕으로 인정하고 있는가?

그러면 어떤 점에서 예수님은 '유대인의 왕'인가? 이 질문에 답하기 위해, 이번에는 "유대인의 왕 나사렛 예수" 앞에 선 두 부류의 사람들, 곧 빌라도와 유대인들을 각각 살펴보도록 하자.

---

1 나아가 공관복음서의 예들을 참조하라: 마 27:54; 막 15:39; 눅 23:47.

## "유대인의 왕" 앞에 선 "우아한" 인간

성경은 성경 독자들이 나사렛 예수를 '참 유대인의 왕'으로 인정하고 '참 유대인'이 되기를 바라는가? 그렇다. 그것을 어떻게 알 수 있는가? 그것은 그 반대를 살펴봄으로써 알 수 있다. 먼저 빌라도이다.

빌라도는 관저로 들어가 예수님께 묻는다.

> 네가 유대인의 왕이냐?(요 18:33)

그러자 예수님은 그에게 대답하는 대신 질문을 하신다.

> 이 질문은 너 스스로 하는 것이냐 아니면 다른 사람들이 나에 대하여 한 말이냐?(요 18:34)

이때 빌라도는 정색하며 말한다.

> 내가 유대인이냐?(μήτι ἐγὼ Ἰουδαῖός εἰμι; 요 18:35)

이것은 상대방으로부터 '아니다'는 대답을 기대하는 질문형식이다. 빌라도는 자신은 유대인이 아니라고 말한다. 그는 아무런 권력도 없이 단지 종교적인 환상에 현혹되어 자신을 왕이라고 주장하는 사람에게 미혹된 자(유대인)가 아니라고 말한다.[2] 이것은 로마 고위 관리가 당시 유대인을 평가한 말이다. 이 말을 뒤집어보면 빌라도가 자신을 어떻게 평가하는지 알 수 있다. 자신은 이성을 잃고 미혹된 자들과는 다르며 교양이 있고 우아한 인간이라는 것이다.

오늘날 세상 사람들도 그리스도인을 이렇게 보고 있을 수도 있다. 그러면 '참 유대인'이 되기를 거부해야겠는가? 그럴 수 없다. 예수님은 아무런 권력도 없이 종교적인 환상에 빠진 분이 아니었고, 그런 환상에 근거하여 자신의 왕권을 주장한 분도 아니었다. 예수님의 나라는 이 세상에 속한 것이 아니었고, 나라와 민족과 언어와 인종을 초월하는 나라이며, 의와 거룩과 진리에 기초한 나라이다. 예수님이 하신 말씀은 환상에 빠진 사람이 할 수 있는 말이 아니고, 예수님이 행하신 기적도 2,000년 동안 믿는 자들 안에서 성령의 능력으로 행하신 일을 살펴볼 때 부인할 수 없는 실재이다.

빌라도의 반문에 예수님이 말씀하신다.

> 내 나라는 이 세상에 속한 것이 아니다(요 18:36)

---

2 Cf. Zahn, *Johannes*, 635.

그러자 빌라도가 다시 묻는다.

> 그러니까 네가 왕이란 말이지?(οὐκοῦν βασιλεὺς εἶ σύ; 요 18:37a)

이것은 상대방으로부터 '그렇다'는 대답을 기대하는 질문형식이다. 여기서 중요한 것은 빌라도가 "네가 유대인의 왕이란 말이지?"가 아니라 '네가 왕이란 말이지?'라고 질문했다는 것이다. 예수님께서는 대답하신다.

> 네가 말하였다(σὺ λέγεις ὅτι βασιλεύς εἰμι; 요 18:37b)

이 말은 "너 자신이 그것을 말했는데, 네가 그것을 이해했다면 옳게 말하였다"라는 뜻이다.[3]

이렇게 대답하시고, 예수님은 자신의 왕권의 본질을 말씀하신다.

> 나는 진리를 증거한다. 진리로부터 난 모든 자는 자신의 말을 듣는다(요 18:37b; cf. 8:47)

데오도르 짠(Th. Zahn)은 이 말을 "따라서 이 왕적 권세는 유대인

---

3 Zahn, *Johannes*, 637; cf. 마 26:25, 64; 27:11.

위에만 국한되지 않는다. 모든 인류 위에 권세를 가진다"고 설명한다.[4] 그런데 이 말을 빌라도는 전혀 이해하지 못한 채, 이렇게 말한다.

> 진리가 무엇이냐?(요 18:38a)

바울은 "영적인 것은 영적인 것으로 분별한다"(고전 2:13)고 말한다. 빌라도는 진리가 무엇인지, 진리가 구체화된 인격이신 예수님이 누구인지, 예수님이 그를 포함한 온 인류의 왕이라는 사실을 분별하지 못한다. 그래서 유대인들이 그가 하나님의 아들이라 주장했다고 말하자 미신적으로 두려워하면서 협박한다.

> 내가 너를 풀어줄 권세도 있고, 십자가에 못 박을 권세도 있다(요 19:10)

이에 대하여 예수님은 말한다.

> 너는 나에 대하여 아무런 권세도 없다!
> 네가 가진 권세는 로마 황제가 준 것도 아니다.
> 오직 위로부터 이런 일을 하도록 주어진 것뿐이다(요 19:11)

---

4 Zahn, *Johannes*, 637.

예수님은 만만한 분이 아니시다.

빌라도는 '유대인의 왕' 앞에서 끝까지 '참 유대인,' '진리에 속한 자'가 되기를 거부한다. 자신이 예수님 위에 어떤 권세를 갖고 있다고 생각한다. 이런 사람은 아무리 지위가 높고 세상적인 권세를 갖고 있다 하더라도, 그 안에 건강한 영혼과 살아 있는 양심을 가질 수 없다. 그들은 민중을 두려워하고, 자기보다 높은 권세자를 두려워하고, 보이지 않는 존재를 두려워한다. 그들이 지키고자 하는 것은 자신의 지위요, 더 궁극적으로는 자신의 안녕과 평화이다. 그러나 하나님께서는 "악인에게는 평강이 없다"고 말씀하셨다(사 48:22; 57:21).

우리는 여기서 잠시 멈추어 '나는 나사렛 예수를 참 유대인의 왕으로 인정하고 받드는가? 나는 진리에 속했고, 진리를 위하며, 이 십자가에 못 박히신 분의 말을 듣는가?' 진지하게 물어보아야 한다.

지금까지 예수님 앞에 선 빌라도를 살펴보았다. 다음으로 유대인 및 유대 지도자들이다. 이들은 "나사렛 예수 유대인의 왕"에 대하여 어떤 태도를 가졌는가?

## "유대인의 왕" 앞에 선 눈먼 종교인들

유대인들의 영적인 상태를 분명하게 보여주는 대목이 있다. 빌라도에게 제시한 마지막 논거이다. 그들은 예수를 놓아주어서는 안 되고 반드시 십자가에 처형해야 한다는 근거로 이렇게 말한다.

> 만일 빌라도 당신이 예수를 놓아주면 황제의 대적이 되는 것이다(요 19:12)

그리고 빌라도가 "내가 너희 왕을 십자가에 못 박으랴?"(요 19:15b) 다그치자 그들은 대답한다.

> 황제 외에는 우리에게 왕이 없다(요 19:15c)

실제로 유대인들에게 왕이 없었던 지 오래 되었다. 유다 왕조가 B.C. 586년에 패망한 후, 그들에게는 왕이 없었다. 헤롯 왕도 그들에게 왕이 아니었다. 따라서 "황제 외에는 우리에게 왕이 없다"는 말은 사실이다. 그러나 이 말이 로마 황제를 그들의 왕으로 따른다는 말도 아니다. 모든 디아스포라 유대인들은 황제에게 충성했고, 유대 지역의 사람들도 황제에게 복종했지만, 그들이 황제를 그들의 왕으로 섬긴 것은 아니다.

“황제 외에는 우리에게 왕이 없다”는 말은 다른 한편으로 하나님이 그들의 왕이 아닌 것을 드러낸다. 마치 이스라엘 백성들이 사무엘에게 찾아와서 “열방과 같이 우리에게 왕을 세워 우리를 다스리게 하소서”(삼상 8:5)라고 말했을 때 심정과 같이, 그들은 하나님의 통치를 답답해하고 믿지 못했다. 도리어 가시적이고 효과적이며 일사분란한 세상의 왕국을 원했다. 그러한 왕국으로 땅을 정복하고 약탈하며 그것으로 부와 안정을 늘리고자 한 것뿐었다. 물론 왕 제도는 하나님의 계획에 있는 것이다(신 17:14-20). 그러나 거룩과 성결의 원리를 버리는 것, 하나님을 의지하는 것에서 떠나는 것, 이것이 문제이다. 하나님께서 사무엘에게 말씀하신 것 같이 “그들이 너를 버림이 아니요 나를 버려 자기들의 왕이 되지 못하게 함이니라. 내가 그들을 애굽에서 인도하여 낸 날부터 오늘날까지 그들이 모든 행사로 나를 버리고 다른 신들을 섬김 같이 네게도 그리하는도다”(삼상 8:7-8).

황제도 그들의 왕이 아니요, 하나님도 그들의 왕이 아니라면, 누가 그들의 통치자인가? 그들은 스스로 왕이 되고자 했고, 자신들의 지배권을 놓기 싫어했다. 그래서 진정한 왕, 메시아가 왔다는 것을 알아채자마자 그 왕을 죽이려 한다. 마치 포도원 품꾼 비유에서(눅 20:9-18) 종들이 한 행동과 같다.

> 이는 상속자니 죽이고 그 유업을 우리 것으로 만들자!(눅 20:14)

> 이에 대제사장들과 바리새인들이 공회를 모으고 가로되 이 사람이 많은 표적을 행하니 우리가 어떻게 하겠느냐? 만일 저를 이대로 두면, 모든 사람이 저를 믿을 것이요, 그리고 로마인들이 와서 우리 땅과 민족을 빼앗아 가리라(요 11:47-48)

따라서 이들은 황제도 하나님도 아닌 자기와 자기의 배(빌 3:19)를 섬기는 사람들이다. '나사렛 예수 유대인의 왕'을 싫어하고, 예수는 자신들의 왕이 아니며, 자칭 유대인의 왕이었을 뿐이라고 주장한다(요 19:21-22).

이들의 삶과 영혼의 상태가 어떠한가? 이들은 영적으로 눈이 있으나 볼 수 없는 두더지와 같고, 감각 없는 짐승과 같다. 유대인과 유대 지도자들의 '눈먼' 행동들의 단적인 예를 요한복음 18:28에서 볼 수 있다. "그들이 예수를 가야바에게서 관정으로 끌고 가니 새벽이라. 그들은 더럽힘을 받지 아니하고 유월절 잔치를 먹고자 하여 관정에 들어가지 아니하더라." 유월절 잔치, 무교병을 먹으면서도, 하나님의 구속 사역을 기억하지 못하고, 유월절 어린양을 알아보지 못하는 것이다. 그들은 지금 하나님이 자기 아들을 유월절 어린양으로 잡아 그 피를 바르라고 하는데, 그것을 눈을 뜨고도 보지 못하는 맹인이 되어 있다.

이런 영적인 무지와 흑암의 상태가 그들에게만 있는가? 여기서 우리는 조심해야 한다. 왜냐하면 우리는 요한의 십자가 기사를 자주 남의 이야기로만 듣기 때문이다. 우리가 진정으로 주님을 우리 인생과 삶의 주인이요 왕으로 모시지 않고, 그리스도와 그의 십자가의 원수로 살면서, 십자가를 자랑하지 않고 그 그늘에 피하지 않으면서, 어떻게 하나님을 위하여 산다고 생각하는가? 눈을 뜨고 보라. 높아진 자아를 내려놓고 삶의 중심에 십자가를 세우지 않는 한, 오직 그리스도가 왕이 되시도록 자기 자신을 철저히 깨부수지 않는 한, 우리 역시 유월절을 지키면서도 하나님의 구속 혜택을 누리지 못하는 유대인들처럼 될 것이다.

## 나가며

지금까지 요한복음의 십자가 기사를 살펴보았다. 사도 요한은 고난 기사에서 신문 과정을 자세하고 정밀하게 기록한다. 여기서 그리스도의 십자가가 온 인류에게 공개된 사건임을 강조한다. 우리 주 그리스도는 "나사렛" 출신 "예수"라는 이름을 가진 실존 인물이었고, "유대인의 왕"으로 로마시대에 유대 총독 빌라도 하에서 십자가에서 죽으셨다는 것이다. 이것을 빌라도는 아람어, 헬라어, 라틴어, 3개 국어로 "나사렛 예수 유대인의 왕"(요 19:19)이라고 썼다. 예수님은 죄 없이 한 사람이 "유대" 민족 전체를 대표하여 죽는 방식으로 죽으셨고, 이 대속적 죽음은 공식적인 역사 기록이 되었다. 그렇다면 이 공식적 역사 기록은 독자에게 무엇을 알리는가?

1. "나사렛 예수 유대인의 왕!", 이것은 "죄패"로 빌라도가 선포한 로마 정부의 공식 입장이었다는 사실이다. 이 선언을 유대인들과 로마인들, 그리스인들이 모두 읽을 수 있도록 3개 국어가 동원되었다. 빌라도는 예수님을 신문할 때, 이 재판을 회피하려 했고, 타협안을 내려고 했으며, 그것도 안 되자 동정심에 호소하려고 했다. 그러나 이 모든 시도가 실패하고 지배자가 피정복민의 뜻을 따르는 것 외에 아무것도 할 수 없었다. 하지만 그는 이 "죄패"를 쓰는 것으로 반격에 성공한다. 유대인들에게 수치를 주고 자신과 로마 정부에게는 지배자의 위엄을 되찾은 것으로 생각했다. 하지만 유대인들도 빌라도도 성공한 것 같으나 실상은 실패한 사람들이다.

2. "나사렛 예수 유대인의 왕!", 이것은 역사 기록이 되었다. 물론 이것은 로마정부가 제국 내 모든 사람에게 선포한 내용이었다. 그러나 특별한 역사에 대한 아주 독특한 기록이다. 대제사장 가야바는 "한 사람이 죽어 백성이 모두 망하지 않는 것이 낫다"(요 11:50)라고 말했는데, 사도 요한은 가야바가 스스로 한 것이 아니라 하나님의 섭리 가운데 예수님의 대속적 죽음을 "예언한" 것으로 해석한다(요 11:51-52). 이런 점에서 빌라도는 하나님

의 섭리 가운데 이 "죄패"를 기록함으로써, 자신의 의도를 넘어, 온 세계에 "나사렛 예수가 유대인의 왕"이심을 선포한 것이다.

3. 이 "유대인의 왕" 앞에서 빌라도는 진리를 물으나 진리에 참여하지 못하는 자요, "참 유대인," 참 하나님의 백성이 되기를 거부하는 사람으로 등장한다. 이 "유대인의 왕" 앞에서, 유대인들은 "황제 외에는 자신들에게 왕이 없다"라고 선언함으로써 스스로 하나님 나라 밖에 섰다. 그래서 그들은 진정한 "유대인의 왕"도, 진정한 "유월절 어린양"도 보지 못하면서도, "유월절을 먹으려고" 총독 관저에 들어가는 것은 꺼리는 눈먼 종교인들이 되었다. 그들은 황제도 하나님도 섬기지 않고 오직 자기 "배"를 섬기는 사람들로 전락했다.

4. 그러면 어떻게 "자기"라는 신을 섬기지 않고 십자가를 붙들 수 있는가? 다음 세 가지를 실천해야 한다. 먼저 매일 성경이라는 거울에 자신을 비추어 보아야 한다. 다음으로 자신의 내면을 점검해야 한다. 교회 공동체 안이나 심지어 비그리스도인을 볼 때, 자기 기준에 미치지 못하는 사람을 보고 함부로 판단하는 심리로 기울어진다면, "자기"라는 신을 섬기고 있는 반증일 수 있다. 자신이 모든 것의 중심에 있고, 판단자의 지위에 있기 때문이다. 우리가 판단하는 그 사람은 누구인가? 우리 주님께서 십자가에서 죽으시고 자기 피로 구속하신 사람이다. 마지막으

로 타인과 자신을 위해 기도해야 한다. 타인을 위해서는 판단하는 대신 긍휼히 여겨 달라고 기도하고, 자신을 위해서는 도덕적으로 우월한 위치가 아닌 타인과 동일한 처지에 있는 자라는 사실을 깨닫게 해 달라고 기도해야 한다. 그래서 동일한 주인을 섬기고 동일한 기업을 받은 자로서 남을 더 낫게 생각하고 존중하며 함께 일할 수 있도록 기도해야 한다.

지금까지 복음서 기자들이 예수 그리스도의 십자가를 어떻게 묘사하고, 이를 통해 심혈을 기울여 전달하려고 했던 메시지가 무엇인지 살펴보았다. 이제 그리스도의 십자가가 우주와 인간, 역사에 무엇을 성취했는지 알아갈 차례이다. 그리스도의 십자가는 악을 정복했다. 나아가 믿음이라는 종말론적 존재 양식을 역사에 들어오게 함으로써 인간의 존엄을 회복한다. 이를 통해 인간은 구속사적으로 통일된 원리 아래 살아갈 수 있다. 마지막으로 신자는 십자가 안에서 새로운 인류에 속한 자로서 능력을 갖춘 이들이 되어, 원수를 용서하고 사랑하며 살 수 있게 되었다. 그러면 이제 십자가가 성취한 일 중 "악의 정복"에 대하여 살펴보자.

## | 토론 문제 |

01 사도 요한이 자신의 고난 기사에서 깊은 관심을 가지고 강조하는 것은 무엇인가?

02 사도 요한에 따르면, 빌라도의 신문 과정은 총 네 단계로 나뉜다. 이것을 당신 자신의 말로 표현할 수 있는가?

| | 빌라도의 신문 | 내용 |
|---|---|---|
| 1 | | |
| 2 | | |
| 3 | | |
| 4 | | |

03 빌라도는 세 가지 언어로 "나사렛 예수 유대인의 왕"이라는 죄패를 쓴다. 이때 빌라도의 의도가 무엇인지 토론해 보자.

04 빌라도가 공식적으로 죄패를 쓰고 고치지 않은 사실을 사도 요한은 어떻게 해석하는가?

05 십자가에 달리신 메시아 앞에 여러 부류의 인간이 있을 수 있다. 이 장에서 설명한 부류와 그 외에 있을 수 있는 다른 그룹, 이들의 특징을 말해보고, 나는 어디에 속하는지 점검해 보자.

| | 그룹 | 특징 |
|---|---|---|
| 1 | "우아한" 인간 | |
| 2 | 눈먼 종교인들 | |
| 3 | | |
| 4 | | |

06 사도 요한이 전한 십자가 복음을 들으면서, 당신은 빌라도의 지위욕이나 유대인들의 자기애와 같이 하나님 자리에 올려놓고 있거나 놓을 경향이 있거나 놓지 않으려고 분투하는 것을 발견한 것이 있는가?

# V

# 십자가의 성취와 신자의 삶

### 골 2:6-15

6그러므로 너희가 그리스도 예수를 주로 받았으니 그 안에서 행하되 7그 안에 뿌리를
박으며 세움을 받아 교훈을 받은 대로 믿음에 굳게 서서 감사함을 넘치게 하라.

8누가 철학과 헛된 속임수로 너희를 사로잡을까 주의하라 이것은 사람의 전통과 세
상의 초등학문을 따름이요 그리스도를 따름이 아니니라. 9그 안에는 신성의 모든 충만
이 육체로 거하시고 10너희도 그 안에서 충만하여졌으니 그는 모든 통치자와 권세의 머
리시라.

11또 그 안에서 너희가 손으로 하지 아니한 할례를 받았으니 곧 육의 몸을 벗는 것이
요 그리스도의 할례니라. 12너희가 세례로 그리스도와 함께 장사되고 또 죽은 자들 가
운데서 그를 일으키신 하나님의 역사를 믿음으로 말미암아 그 안에서 함께 일으키심을
받았느니라. 13또 범죄와 육체의 무할례로 죽었던 너희를 하나님이 그와 함께 살리시고
우리의 모든 죄를 사하시고 14우리를 거스르고 불리하게 하는 법조문으로 쓴 증서를 지
우시고 제하여 버리사 십자가에 못 박으시고 15통치자들과 권세들을 무력화하여 드러
내어 구경거리로 삼으시고 십자가로 그들을 이기셨느니라

10

# 악을 정복함

## 들어가며

사도 바울은 골로새서에서 하나님께서 우리 주님의 십자가에서 행하신 위대한 일을 선포한다. 대체로 신자들은 그리스도께서 십자가에서 이루신 일을 개인적이고 실존적인 문제로 생각한다. 이것이 잘못된 것은 아니다. 실제로 성경에서도 십자가를 개인적이고 실존적인 차원에서 말하는 경우가 많기 때문이다. "내가 그리스도와 함께 십자가에 못 박혔나니 그런즉 이제 내가 산 것이 아니요 오직 내 안에 그리스도께서 사신 것이다"(갈 2:20). "친히 나무에 달려 그 몸으로 우리 죄를 담당하셨도다"(벧전 2:24). 동시에 신자들은 그리스도의 십자가 사건을 역사적인 사건으로 생각한다. 그때 거기서 있었던 일로 보는 것이다. 이것은 분명히 옳고, 변증해야 할 내용이다. 실제로 사도들은 이렇게 선언한다. "그런즉 이스라엘 온 집은 확실히 알지니라. 너희가 이 예수를 십자가에 못 박았느니라"(행 2:36). 그리스도 예수는 "본디오 빌라도를 향하여 선한 증언을 하셨느니라"(딤전 6:13).

그러나 개인적이고 역사적인 면이 그리스도의 십자가에 대한 교리에 중요하지만, 이것이 전부는 아니다. 바울에 따르면, 하나님은 십자가로 율법이 죄인을 거스르고 대적하는 증서를 폐지했으며, 심지어 "통치자들과 권세자들을 무력화하여 드러내어 구경거리로 삼으시고 십자가로 그들을 이기셨다"고 선언하기 때문이다(골 2:14-15). 여기서 두 가지 질문이 생긴다.

1. 골로새서 2:14-15는 분명 십자가의 실존적이며 역사적인 차원을 넘어서는데, 이 실존적이고 역사적인 차원을 넘어서는 것은 무엇인가?
2. 골로새서 2:15에서 "통치자들과 권세자들"은 하나님이 십자가로 정복하는 반대세력으로 보이는데, 그렇다면 하나님은 어떻게 십자가로 악을 정복하시는가?

이제 이 두 질문을 염두에 두면서 그리스도의 십자가 심층으로 들어가 보자. 우선 성경 기자들은 십자가가 우주적 사건이고, 골고다에 인류의 대표가 모두 집결하며, 동시에 악이 총집결한다는 것을 강조한다. 이러한 강조점에 유의하면서, 여기서는 우선 십자가에 종말론적이고 우주적 측면이 있다는 점을 살펴볼 것이다. 다음으로 하나님은 그리스도의 십자가에서 이렇게 총집결한 사단과 악을 어떻게 다루시는지 살펴볼 것이다.

## 십자가 사건의 종말론적-우주적 측면

### 1. 우주적 사건

사도 바울은 십자가 사건을 채무증서를 폐기하는 일과 악의 세력과의 전쟁으로 소개한다. 이것은 낯선 개념이다. 채무증서는 율법과 관련 있고, 예수님은 십자가에서 율법의 저주를 친히 담당하셨다고 말한 적이 있기 때문에(cf. 갈 3:13) 채무증서 이미지는 덜하지만, 악의 정복이라는 이미지는 매우 생소하다. 이것은 복음서 기자들이 십자가 기사를 쓸 때 일어난 사건을 역사기록의 형태로 썼기 때문이다. 십자가 사건 배후에서 일어나는 일을 묘사하는데 극도로 자제하기 때문이다. 사도 바울이 십자가 복음을 전할 때도 현대에 "신화"로 분류하는 소재를 거의 사용하지 않는다. 골로새서와 에베소서 몇몇 구절은 예외적인 경우라고 볼 수 있다.

그러나 바울이 쓰는 말이 예외적이라고 해서 거기에 실체가 없는 것은 아니다. 이 묘사에는 분명 실체가 있다. 그렇다면 그 내용은 무엇인가? 초대교회는 현대를 사는 그리스도인들보다 이 현실을 좀 더 잘 인식했던 것으로 보인다. 순교자 유스티누스는 이렇게 말한다.

| 시 95:10 LXX | 유스티누스, 『트리폰과 대화』 73:1, 4 |
|---|---|
| 민족들에게 말하여라. | 너희는 이방인들에게 말하라. |
| "여호와께서 다스리시니, | 주께서 나무에서부터(ἀπὸ τοῦ ξύλου) 다스리시리니, |
| 세상이 견고히 서고 | 온 세계가 굳게 서고 |
| 결코 요동하지 않을 것이며, | 흔들리지 않을 것이라. |
| 그분께서 백성들을 | 그가 모든 민족들을 |
| 공정하게 판결하실 것이다." | 의로 심판할 것이다.[1] |

또 2세기 초에 쓰여진 것으로 추정하는[2] 바나바서 8:5에 이런 내용이 나온다.

> 예수의 나라는 나무 위에 있다(... ὅτι ἡ βασιλεία Ἰησοῦ ἐπὶ ξύλου)[3]

따라서 유스티누스나 바나바서 저자는 십자가를 팔레스타인에서 일어난 지역 사건이 아니라 로마 제국 전체, 또는 그 이상과

1 Cf. Justin. *Apol.* I 41; Tertullian, *Adv Marc.* III 19.

2 *Barnabasbrief*, in *Schriften des Urchristentums*, 2. Teil, ed. by Klaus Wengst (Darmstadt: Wissenschaftliche Buchgesellschaft, 1984), 115.

3 *The Apostolic Fathers with an English Translation* by K. Lake, Vol 1. (London/New York, Heinemann, 1930), 368-370.

관계가 있는 사건으로 본 것이다.

그러나 성경에는 이보다 더 넓고 더 깊은 시각이 존재한다. 성경은 십자가 사건을 우주적이고 종말론적인 사건으로 볼 뿐만 아니라, 복음을 전하는 일과 신자가 처해 있는 상황도 보이지 않는 세계까지 포함한 광대한 우주라는 배경에서 보기 때문이다. 몇 가지 예로 충분할 것이다. 먼저 바울은 디모데전서에서 이렇게 말한다.

> 크도다 경건의 비밀이여,
> 그렇지 않다 하는 이 없도다
> 그는 육신으로 나타난 바 되시고
> 영으로 의롭다 하심을 받으시고
> 천사들에게(ἀγγέλοις) 보이시고
> 만국에서(ἐν ἔθνεσιν) 전파되시고
> 세상에서(ἐν κόσμῳ) 믿은 바 되시고
> 영광 가운데서 올려지셨느니라(딤전 3:16)

바울은 그리스도 사건을 민족들과 세상뿐만 아니라 천사들에게도 보인 사건이라고 말하고 있다.

그리스도 사건이 세상과 우주에 대한 사역이었다면, 그리스도의 십자가와 부활을 전하는 복음 선포 사역은 어떤가? 바울은 말한다.

우리의 싸우는 무기는 육신에 속한 것이 아니요 오직 어떤 견고
한 진도 무너뜨리는 하나님의 능력이라. 모든 이론을 무너뜨리
며, [5]하나님 아는 것을 대적하여 높아진 것을 다 무너뜨리고 모
든 생각을 사로잡아 그리스도에게 복종하게 하니, [6]너희의 복종
이 온전하게 될 때 모든 복종하지 않는 것을 벌하려고 준비하는
중에 있노라(고후 10:4-6)

우리의 씨름은 혈과 육을 상대하는 것이 아니요,
통치자들과 권세들과 이 어둠의 세상 주관자들과
하늘에 있는 악의 영들을 상대함이라(엡 6:12)

바울에 따르면, 그리스도를 전하는 복음 사역은 단지 사람에 대한 사역에 그치지 않는다. 싸움의 궁극적 대상은 "혈과 육"이 아니라 보이지 않는 세계의 악한 영들이다. 따라서 사도들과 초대교회 복음 전도자들의 무기는 육에 속한 것이 아니라 초월적 하나님의 능력이어야 했다.

그뿐만이 아니다. 십자가와 부활을 전하는 복음 전도자들도 보이지 않는 세계에 드러난다.

내가 생각하건대 하나님이 사도인 우리를 죽이기로 작정 된 자 같이 끄트머리에 두셨으매 우리는 세계(*κόσμος*) 곧 천사와 사람에게 구경거리가 되었노라(고전 4:9)

그렇다면 지금 바울의 이 편지를 받는 골로새 교인들의 상태는 어떤가? 바울은 이렇게 말한다.

> 하나님이 우리를 흑암의 권세(ἐξουσία τοῦ σκότους)에서 건져내사 그의 사랑의 아들의 나라로 옮기셨느니라(골 1:13)

> 그의 십자가의 피로 화평을 이루사 만물 곧 땅에 있는 것들이나 하늘에 있는 것들을 그로 말미암아 자기와 화목하게 되기를 기뻐하심이라(골 1:20)

골로새 교인들은 현재 부활하신 주님이 세우시고 다스리시는 나라에 속해 있다. 그러나 불과 몇 년 전만 해도 흑암의 권세 아래 있었다. 골로새 교인들의 이웃, 친척, 지인들, 그 지역에 사는 동료 헬라인들은 아직도 흑암의 왕국에 있다. 그들에게 흑암의 권세는 매일 접하는 현실이다. 바울은 이 배경에서 하나님의 구원을 선포하고 있는 것이다.

그러면 하나님은 십자가에서 어떤 일을 행하셨는가? 바울에 의하면, 하나님은 "그리스도의 십자가의 피로 평화를 이루시고, 만물을 자신과 화해하도록 하셨다." 이 만물은 "땅에 있는 것들과 하늘에 있는 것들"이다. 여기에 골로새 교인들도, 그들이 이전에 두려워했던 정치, 경제, 종교 세계의 권력자들도, 그들이 이전에 "꾸며낸 겸손과 천사 숭배"(골 2:18)로 달랬던 보이지 않는 악한 영들과 영웅들도 속해 있다. 하나님은 자신과 이들 모두 사이에 평화를 수립하셨다. 그 방편이 바로 그리스도의 십자가였다. 여기서 십자가가 골로새 교인들의 신앙을 위한 사건이었을 뿐만 아니라, 보이는 존재들과 보이지 않는 존재들과 종말론적 평화를 세우기 위한 우주적 사건이었다는 것을 알 수 있다.

그리스도의 십자가는 자기 백성을 구원하기 위한 구속 사건이었을 뿐만 아니라 보이지 않는 세계와 관계된 종말론적이고 우주적인 사건임을 살펴보았다. 그렇다면 2,000년 전 그때 그 자리에서 일어난 그리스도의 십자가 사건이 어떻게 악의 "통치자들과 권세자들"(골 2:15a)과의 전쟁이었으며, 그들을 정복한 사건이었는가? 이 질문에 대답하기 위해서는 먼저 두 가지 사실을 확인할 필요가 있다. 그것은 그리스도의 십자가에 인류와 악이 집결한다는 사실이다.

### 2. 인류의 총집결

먼저 그리스도의 십자가에 하나님과 그의 메시아를 대적하는 인류의 대표들이 총집결한다. 이것이 사도들이 십자가 사건을 보는 시각이다. 사도들과 초대교회는 십자가 사건을 이렇게 말했다.

대주재여
천지와 바다와 그 가운데 만물을 지은 이시요,
[25]또 주의 종 우리 조상 다윗의 입을 통하여 성령으로 말씀하시기를
"어찌하여 열방이 분노하며
족속들이 허사를 경영하였는고?
[26]세상의 군왕들이 나서며
관리들이 함께 모여 주와 그의 그리스도를 대적하도다!"
하신 이로소이다.
[27]과연 헤롯과 본디오 빌라도는 이방인과 이스라엘 백성과 합
세하여 하나님께서 기름 부으신 거룩한 종 예수를 거슬러[28] 하
나님의 권능과 뜻대로 이루려고 예정하신 그것을 행하려고 이
성에 모였나이다(행 4:24-28)

이것은 사도행전에 나오는 기도 연설(prayer-speech)이다. 사도들과 초대교회 그리스도인들은 갑자기 전 인류라는 무대에 서 있다.[4] 그들은 "하늘과 땅과 바다와 그 가운데 만물을 지으신 대주재(δεσπότης)"를 부르면서, 그 하나님께 시편 2편이 현실이 된 상

4 이런 점에서 사도행전 4:22을 이해할 수 있다. 만일 4:22 이전과 이후 내용을 연속된 사건으로 보면, 이 구절은 매우 어색하다. 하지만 만일 사도행전 4:22 이전에 나오는 사건(3:1-10)과 연설(3:12-26, 4:7-12, 19-20)이 사도행전 3:1 이하 내용을 마무리하는 것으로 본다면, 사도행전 4:23부터는 예루살렘 교회가 맞이한 새로운 국면과 새로운 정체성을 보도한 것이라고 볼 수 있다. 따라서 사도행전 4:23이후에는 '치유사건-설명'이라는 구도를 벗어난 내용이 나오는 것이다.

황을 아뢴다. "민족들, 백성들, 땅의 왕들, 관원들" 즉, 온 인류가 "주와 그의 그리스도"를 대적하여 일어났다는 것이다. 시편 2:1-3에서 "주와 그의 그리스도"는 여호와 하나님과 이스라엘의 메시아를 가리킨다. 그러나 여기서는 "대주재와 예수 그리스도"이다. 그 이유는 두 가지이다. 하나는 시편 2:6에서 "시온"이 사도행전 4:27에서는 "이 성"이라고 구체화되었고, 다른 하나는 4:26c에서 "그의 그리스도"(ὁ χριστὸς αὐτοῦ)가 "당신이 기름 부으신 예수"(Ἰησοῦς ὃν ἔχρισας; 4:27c)로 상세화되었기 때문이다. 이 예수 곧 온 우주의 주인이신 하나님의 그리스도(메시아)를 대적하여 "헤롯과 본디오 빌라도, 이방인들과 이스라엘 백성들"이 함께 예루살렘에 집결했다는 것이다. 즉, 이들로 구성된 인류의 총집결을 의미한다.[5] 얼마 전에 일어난 십자가 사건이 바로 시편 2편이 내다본 메시아 대적 사건, 곧 하나님에 대한 인류의 반란 사건이라는 것이다.

그들이 모여서 한 일은 그리스도를 대적한 것뿐이다. 그러나 이 행위의 심층에서 하나님은 자신의 계획과 지혜를 성취한다.

십자가 사건이 하나님을 대적하는 인류가 총집결하여 반역한

5 여기서 유대인 권력(헤롯), 이방 권력의 대표(본디오 빌라도), 이들과 함께 한 인류의 두 그룹 즉, 이방인들과 이스라엘 백성들은 모두 "그리고"(καί)로 연결되어 있다. 그런데 첫 번째 "그리고"에 불변사가 하나 더 있다(τε καί). 이것은 강한 결합을 가리킨다.

사건이라는 것, 이 일에 로마와 유대의 정치권력, 이방인과 유대인이 모두 참여했다는 것이 명확히 드러난다. 이들이 그리스도를 대적하여 십자가에 못 박아 죽였다. 그러나 악의 정복은 명확히 드러나지 않아 보인다. 악인들이 모두 죽은 것도 아니고 형벌을 받은 것도 아니다. 다만 시편 2편은 악의 정복을 예고하는 것처럼 보인다. 하나님은 메시아를 세우고, "너는 내 아들이라. 오늘 내가 너를 낳았도다" 선언하시고, 광대한 기업을 약속하시면서, 이렇게 말씀하신다.

> 네가 철장으로 그들을 깨뜨림이여,
> 질그릇 같이 부수리라 하시도다.
> 10 그런즉 군왕들아, 너희는 지혜를 얻으며,
> 세상의 재판관들아, 너희는 교훈을 받을지어다
> 11 여호와를 경외함으로 섬기고 떨며 즐거워할지어다
> 12 그의 아들에게 입맞추라,
> 그렇지 아니하면 진노하심으로 너희가 길에서 망하리니,
> 그의 진노가 급하심이라(시 2:9-12)

이 말씀에 따르면, 메시아는 악인들을 "철장으로" 마치 질그릇을 깨뜨리듯이 깨뜨리고 부술 것이다. 진노하여 길에서 망하게 할 것이다.

그러나 과연 이런 일이 역사에서 일어났는가? 그렇지 않다.

오히려 구약 역사 내내 아니 창세부터 지금까지 이 예언과 반대 방향으로 진행했다. 악은 더 악해졌고, 더 조직화되었으며, 더 깊고 더 넓어졌다. 악의 정복은 선지자들이 종말을 예언할 때 등장하는 주제였다. 이사야, 예레미야, 에스겔, 호세아, 나훔, 다니엘 등 모든 선지자는 남유다와 북이스라엘부터 앗수르, 바벨론, 애굽 등 세계 제국, 블레셋, 모압, 암몬, 다메섹 등 주변 나라, 두마, 아라비아 등 조금 먼 나라, 구스와 리비아, 섬 등 땅 끝에 있는 나라 등 모든 나라에 심판을 선언했다(cf. 사 13-24장; 렘 46-51장; 겔 20:45-35:15). 세상 권력이 집중될수록 악의 밀도가 높아지고 범위도 커졌다. 그러나 언제 악이 정복된다는 말인가? 이 일은 종말에야 일어나는 것 같이 보인다. 사도 요한은 이렇게 말하기 때문이다.

> 여자가 아들을 낳으니 이는 장차 철장으로 만국을 다스릴 남자라. 그 아이를 하나님 앞과 그 보좌 앞으로 올려가더라(계 12:5)

> 보라, 백마와 그것을 탄 자가 있으니, 그 이름은 충신과 진실이라 그가 공의로 심판하며 싸우더라 … [14]하늘에 있는 군대들이 희고 깨끗한 세마포 옷을 입고 백마를 타고 그를 따르더라. [15]그의 입에서 예리한 검이 나오니, 그것으로 만국을 치겠고 친히 그들을 철장으로 다스리며 또 친히 하나님 곧 전능하신 이의 맹렬한 진노의 포도주 틀을 밟겠고 [16]그 옷과 그 다리에 이름을 쓴 것

이 있으니, 만왕의 왕이요 만주의 주라 하였더라(계 19:11, 14-16)

지금까지 관찰한 것을 요약하면 이렇다. 열두 사도와 초대교회는 십자가 사건에서 전 인류의 악이 총집결한 것을 보았다. 이것은 시편 2편의 예언이 현실이 된 것이다. 하지만 시편 2편에서 예언한 악의 정복은 과거에도 현재에도 이루어지지 않은 것으로 보인다. 메시아가 철장으로 악인들을 깨뜨리고 진노를 쏟아 멸망시키는 일이 일어나지 않았기 때문이다. 이 일은 종말에 가서야 일어나는 것으로 보인다.

그러나 여기서 잠시 멈추어 생각해 볼 점이 있다. 메시아가 창조부터 지금까지 어느 시점에 메시아를 대적하는 통치자들과 권세자들, 악인들을 처결했다고 가정해 보자. 당대의 악인을 모두 가려내어 진노를 쏟았다고 하자. 그러면 악이 해결되는가? 그럴 수 없다. 악의 근원은 악인들 또는 악인들의 의지보다 더 깊은 곳에 있기 때문이다. 만일 악이 악인이나 악인의 의지에만 있다면, 악인을 모두 처결하면 악의 문제는 해결될 것이다. 그러나 죄와 악은 악인들을 모두 죽인다고 해서 해결되는 것이 아니다. 그러자면 모든 인간이 죽어야 할 것이다. 하지만 모든 인간이 죽는다고 해서 악이 해결되는 것이 아니다. 인간의 생물학적인 죽음이 죄로 인해 손상된 하나님의 거룩과 명예를 회복하지 못하기 때문이다. 더 나아가 악은 인간에게만 있는 것이 아니라 물질적인 우주와 보이지 않는 세계에도 침투해 있기 때문이다. 그러면 보이는 세계와 보이지 않는 세계, 곧 온 우주를 소멸시키면 악이 사라지는가? 이 문제는 그렇게 간단하지가 않다. 만일 온 우주를 소멸시킨다면, 악은 사라질지 모르지만, 하나님은 전능하지도 전지하지도 않게 된다. 하나님이 악이 나타날 것을 알았고, 자신이 창조한 세계를 소멸시키지 않는 한 그 악을 극복할 길이 없다는 것을 아시고도 세계를 창조하셨다면, 하나님의 지식과 지혜, 거룩, 권능이 손상을 입을 것이기 때문이다. 따라서 근본적으로 다른 해결책이 필요하다.

복음서에 보면 특별한 기록이 있다. 이 기록을 면밀히 읽어보면, 하나님께서 그리스도의 십자가로 하시는 일이 드러난다. 그 특이한 현상이란 "악"이 십자가로 결집하는 것이다.

### 3. 악의 총결집

복음서 기자들은 악이 그리스도의 십자가로 집결한다는 사실을 기록한다. 하지만 이것을 기록할 때, 극도로 절제하고 조심하므로, 이 현상은 독자들에게 사단의 행보로 보이지 않을 수 있다. 마치 하나님을 대적하는 종교 권력과 세속 권력, 악인들이 집결하는 현상으로만 보인다. 이것은 매우 특이한 현상이며, 외경과 유대주의 문헌과 성경의 근본적인 차별점이다. 그러나 복음서 기자들도 사단을 직접 언급할 때가 있는데, 이것을 잠시 살펴보자.

예수님이 공생애를 시작했을 때, 사단이 직접 시험한다. 이것은 예수님과 사단 개인의 결투처럼 보이지만, 조금만 생각해 보면 첫 아담과 뱀의 전쟁 이후 구속사의 전체 방향을 바꿀 수 있는 엄청난 전쟁이다. 이때 사단이 둘째 아담에게 행한 시험의 핵심은 자신의 뜻을 세우고, 자기를 위해 능력을 쓰며, 사단과 결탁하여 통치권을 잡으라는 것이었다. 십자가 없는 나라를 세우라고 한 것이다. 그런데 사단이 시험을 끝내고 어떻게 하는가?

> 마귀가 모든 시험을 다 한 후에 얼마 동안 떠나니라(눅 4:13)

완패한 것이다. 이때 이후로 사단은 더 은밀하게 행동하고, 그 대신 사단에게 속한 마귀들이 전면에 나선다. 그런데 마지막 유월절에 사단이 다시 등장한다.

> 열둘 중의 하나인 가룟인이라 부르는 유다에게 사탄이 들어가니라(눅 22:3)

> 마귀가 벌써 시몬의 아들 가룟 유다의 마음에 예수를 팔려는 생각을 넣었더라. … 예수께서 대답하시되 내가 떡 한 조각을 적셔다 주는 자가 그니라 하시고 곧 한 조각을 적셔서 가룟 시몬

> 의 아들 유다에게 주시니, [27]조각을 받은 후 곧 사탄이 그 속에
> 들어간지라. … 유다가 그 조각을 받고 곧 나가니 밤이러라
> (요 13:2, 26-27, 30)

이렇게 예수님의 지상 사역 처음과 마지막에 사단이 예수님을 직접 공격하는 것을 알 수 있다. 그 중간에 사단은 자신을 드러내지 않고 활동한다. 대표적인 예가 예수님이 십자가에서 자신이 죽으실 것이라고 예고했을 때 베드로가 한 말이다.

> 베드로가 예수를 붙들고 항변하여 이르되
> 주여 그리 마옵소서,
> 이 일이 결코 주께 미치지 아니하리이다(마 16:22)

예수님은 베드로에게 "사단아 물러가라"고 말씀하셨다. 아마도 베드로는 자신이 하는 말이 100% 정당하고, 예수님을 훈계하는 것이 하나님의 뜻이라고 생각했는지 모른다. "십자가에 죽는 메시아" 개념은 유대인의 메시아관에 전무했기 때문이다. 사단은 베드로의 영혼과 인격을 완전히 장악한 것이 아니다. 그러면 베드로는 귀신 들린 자가 되어 치유가 필요했을 것이다. 하지만 사단은 베드로에게 있는 유대인 메시아관을 자극하고 의지를 일으키고 열의를 발휘하게 해서 하나님의 일에 반대하도록 몰아간 것이다.

사단이 이렇게 배후에서 활동하는 동안 사단에 속한 악한 영들은 계속해서 예수님을 공격한다. 복음서에는 자주 "모든 병에 걸려 고통하는 자, 귀신들린 자, 간질하는 자, 중풍 병자들"이 등장한다. 여기서 "귀신들린 자"를 당시 병든 자들과 같은 사람들로 보기도 한다. 하지만 복음서 기자들이 귀신들린 자들을 질병에 든 사람들과 다른 범주로 분류한다는 점이 중요하다. 실제로 악한 영의 지배를 받는 사람들이다. 그런데 이들은 예수님을 만날 때, 일반 사람들과 전혀 다르게 현실을 인식했다.

> 때가 되기 전에 우리를 괴롭게 하려고 오셨나이까?(마 8:29), 멸하러 오셨나이까?(막 1:24; 눅 4:34)

마귀를 "멸하려 오셨다"는 말은 무슨 뜻인가? 예수님이 언제 영적인 전쟁을 벌이셨는가? 마귀들은 예수님의 오심 자체를 자신들의 지배와 통치를 깨뜨리는 일로 본 것이다. 실제로 예수님은 사람들에게서 악한 영들을 쫓아내심으로써 하나님의 나라가 임했다고 선언하셨다(마 12:28; 눅 11:20; cf. 17:21).

사단과 마귀들의 활동은 사람의 인격을 지배하는 것 외에, 베드로나 유다의 경우에서 볼 수 있는 것처럼, 육신적 생각들이나, 바리새인이나 유대관원들의 탐욕을 이용할 때도 있다. 이때 사단의 전략은 자신에게 경배하게 한다든지 유대인의 육적인 메시아상을 따르도록 시험한다든지 하여 예수님이 하나님의 뜻을 실현하지 못하게 하는 것이었다.

그런데 어느 순간 예수님을 죽이는 데 사단이 조직적으로 개입한다. 그것도 십자가 죽음을 향해 가는 도구 역할을 한다. 이것을 어떻게 알 수 있는가? 유월절 전 예수를 죽일 방도를 찾는 조직적인 논의가 산헤드린에 있었다. 이때 유다가 그들과 공모한다. 이것은 두 단계로 진행된다. 첫 단계는 사단이 "가롯 유다의 마음에 예수를 팔려는 생각을 넣는 것"(요 13:2)이다. 두 번째 단계는 사단이 유다 속에 직접 들어가는 것이다(눅 22:3; 요 13:27). 이렇게 하여 사단이 자신의 힘을 결집하는 것을 볼 수 있다. 사단은 십자가에서 예수를 죽이는데 모든 힘을 모은다. 유다에게도 들어가고, 관원들도 결탁하게 하고, 백성들의 마음을 부추겨 십자가에 못 박으라고 외치게 한다.

그런데 놀라운 점은 하나님의 뜻을 실현하는 일에 사단이 힘을 쓰고 있다는 것이다. 사단의 행동에는 일관성이 없다. 예수님이 십자가에 못 박혔을 때, 유대 백성들, 대제사장들과 서기관들이 조롱하면서 "만일 네가 하나님의 아들이거든, 자기를 구원하고 십자가에서 내려오라. 그가 이스라엘의 왕이로다. 십자가에서 내려올지어다"(마 27:39, 42)라고 말한다. 이것은 정확하게 사단이 광야에서 예수님을 시험할 때 했던 말이다. 만일 유다에게 생각을 집어넣은 것이 사단이라면, 백성과 관원들이 십자가형을 요구하는 판단을 하게 하고, 십자가에서 내려오라는 조롱의 말을 하게 한 것과 사단이 무관하지 않을 것이다. 사단은 어떨 때는 십자가의 길을 막다가 어떨 때는 십자가 사역이 성취되도록 돕는다. 사단은 악과 악의 실현에는 일관적이고, 선에는 무지하다.

주님은 메시아를 대적하는 인류가 총집결하고 악이 총결집한 결과 십자가에서 죽으셨다. 복음서 기자들은 이렇게 총결집한 악이 어떻게 되었는지 말하지 않는다. 다만 "진실로 그는 의인이었다"는 외침이나 "지진이 일어나 죽은 자 중에 일어난 자들이 거룩한 성에 들어갔다" 또는 "성전 휘장이 위에서 아래로 찢어졌다" 등 상징적인 사건, 그가 부활하셨다는 기적을 보도한다. 동시에 이미 십자가 죽음과 "죄 사함"이 깊은 관련이 있다는 주님의 말씀을 기록했다(마 26:28). 그렇다면 이렇게 인류와 악한 천사들의 악이 집결한 것과 십자가 죽음, 악의 정복은 어떤 관계가 있는가?

## 악을 정복함

바울은 그리스도의 십자가에서 형벌 심판이 시행되었고, 동시에 악에서 해방되는 일이 일어났다고 선언한다. 그런데 이 둘은 동전의 양면처럼 서로 연관되어 있다.

## 1. 악의 권세 해체

바울은 먼저 십자가에서 악의 권세가 해체되었다고 말한다.

> 통치자들과 권세들을 무장해제하고, [그들의 악을] 담대하게 드러내셨다(골 2:15a)

여기서 "통치자들과 권세들"은 누구를 가리키는가? 이들은 악의 세력들을 가리킨다. 바울은 이들을 바로 앞 구절에서 이미 소개했다.

> 만물이 그에게서 창조되되
> 하늘과 땅에서 보이는 것들과 보이지 않는 것들과
> 혹은 왕권들이나 주권들이나
> 통치자들이나 권세들이나
> 만물이 다 그로 말미암고 그를 위하여 창조되었느니라(골 1:16)

이들은 모두 하나님의 형상이시요, 모든 창조물보다 먼저 나신 아들에게 속한 존재들이다. 다만 골로새서 2:15a에서는 악한 천사들인 반면, 여기서는 선한 천사들과 악한 천사들을 모두 포함한다. 그러면 "통치자들과 권세들을 무장해제했다"라는 말은 무슨 뜻인가? 말 그대로 이 악한 천사들의 무기를 빼앗거나 파괴하여 그들의 권능을 해체했다는 말이다. 그러면 어떻게 악한 천사들의 무기가 무력화되는가? 바로 앞 절을 보자.

> 하나님이 우리의 모든 죄를 사하시고
> 14우리를 거스르고 불리하게 하는 법조문으로 쓴 증서를 지우시고
> 제하여 버리사 십자가에 못 박으셨다(골 2:13-14)

여기서 "증서"는 채무증서를 말한다. 이 채무증서는 법조문, 즉 우리에게 적대적인 도그마들 때문에 생기는 것이다. 유대인들에게는 율법이요, 골로새 지역 그리스도인들에게는 철학과 인간 전통에 기반한 종교적 규율, 종교의식 등이다. 바울은 이것을 세상의 초등학문(*τὰ στοιχεῖα τοῦ κόσμου*), 즉 세계의 기초요소라고 불렀다(골 2:8, 20; 갈 4:3, 9). 바울에 따르면, 이 채무증서를 폐기하시고, 중간에서 제거하여[6] 십자가에 못 박았다는 것이다. 채무증서를 십자가에 못 박은 것이 생경하므로 여러 해석이 있지만, 이것은 다른 것이 아니다. 채무증서가 원고, 고소자 위치에 있는 것이다. 비인격적인 사물을 의인화한 것이다. 이것들은 신자들을 철학과 헛된 속임수로 포로로 끌고 가고 각종 의식으로 얽어매며 정죄한다. 이 채무증서에 쓰인 조문들, 교리들, 요

6 여기서 제거하다는 말은 에르켄(ἦρκεν)으로 현재완료이다. 즉, 제거하여 "이제는 없다"(결과와 상태)는 것을 가리킨다.

구사항들이 바로 악한 천사들이 헬라인들을 지배하는 수단이다. 거기에 규정된 사항을 모두 이행할 수 있는 사람은 없으므로, 악한 천사들은 이를 빌미로 고소한다. 인간은 하나님의 법과 양심에 규정된 것을 벗어날 수 없으므로, 이 원고 앞에서 모두 굴복하고 만다. 그런데 이제 그리스도를 믿고 십자가를 받아들인 골로새 교인들에게는 더는 이 채무증서가 없다. 왜냐하면 채무증서에 쓰인 죽음을 예수님이 대신 죽으신 것이다. "도덕적인 면에서나 의식적인 면에서 율법을 준행할 능력을 지닌 사람은 하나도 없으므로, 율법은 오랜 기간 원고로서 직책을 계속 수행하여 왔다. 죽기 위해 태어나신 그리스도의 강림을 계기로 커다란 변화가 일어났다. … 예수가 죽으실 때 율법 또한 죽었다."[7] 율법이 죽자마자 악한 "통치자들과 권세들"의 권력기반이 송두리째 뽑힌 것이다. 왜냐하면 그들은 더는 피고에게서 요구할 수 있는 것이 없기 때문이다.

이와 같이 하나님은 그리스도의 십자가로 악의 권세를 해체하신다. 뿐만 아니라 악의 정체를 폭로하신다.

---

7 W. Hendricksen, *Exposition of Philippians, Collossians, Philemon* (Grand Rapids: Baker Book House, 1984), 121.

## 2. 악의 폭로

바울은 하나님께서 그리스도의 십자가로 악한 천사들의 악을 "담대하게 드러내셨다"고 말한다(cf. 골 2:15a). 악의 힘 중 하나는 거짓이다. 거짓은 악을 선으로, 어두움을 빛으로 속여, 악과 어두움을 행하게 한다. 그런데 바울에 따르면, 십자가는 이 악의 정체를 전 우주에 공개적으로 폭로했다. 이것을 어떻게 알 수 있는가?

십자가 사건은 인류와 악한 천사들의 악이 총집결한 사건이었다. 사단은 자신의 모든 지혜와 악의(惡意), 권세를 다 동원하여 그리스도를 십자가에서 죽게 한다. 유다에게 생각을 집어넣고, 그에게 들어가며, 그를 통해 죄인들의 손에 넘겨주고, 이방인의 손에 죽게 한다. 그런데 이들의 악함은 무엇인가? 거짓과 속임수이다. "그들은 먼저 사람들이 죄를 범하도록 유혹하고 그다음 그들의 사악한 수작이 성공을 거두게 되면, 즉시 그 사람들을 하나님 앞에 참소하며, 그들 곧, 이 사악한 영들이 꾸며 낸 그 죄로써 사람들을 고소한다는 사실에서 특별히 드러난다."[8]

그런데 바울은 하나님께서 십자가로 "통치자들과 권세들을 공개적으로 드러냈다"라고 말한다. 이들의 악과 어두움을 드러낸 것이다. 왜 이것이 폭로인가? 우리 주님은 악의 깊이와 높이,

8 Hendricksen, *Collossians*, 122.

규모가 십자가에서 그대로 드러나도록 하셨기 때문이다. 베드로는 말한다.

> 그는 죄를 범하지 아니하시고 그 입에 거짓도 없으시며,
> [23]욕을 당하시되 맞대어 욕하지 아니하시고
> 고난을 당하시되 위협하지 아니하시고
> 오직 공의로 심판하시는 이에게 부탁하시며
> [24]친히 나무에 달려 그 몸으로 우리 죄를 담당하셨느니라
> (벧전 2:22-23)

사단과 악한 천사들의 사악함이 어디 있는가? 그들은 이렇게 불의에 불의를 쌓고 그리스도께 초고밀도로 악을 행사하면서도, 자신도, 악한 천사들도, 그들과 공모한 유다도, 백성들과 대제사장들, 관원들도 모두 의를 행한다고 생각하고 또 확신하게 만든다.

주님은 십자가에서 아무런 말씀도 하지 않으셨다. 창조부터 종말까지 가장 불의한 일이 벌어지는 그 시간 그 공간에 주님은 높이 들리셨고(요 3:14-15), 거기서 침묵하셨다. 만일 주님이 폭력을 폭력으로, 능력을 능력으로 대적하셨다면, 이런 은밀한 죄와 악은 드러나지 않았을 것이다. 그러면 정죄 받지도 않았을 것이다. 그러나 십자가에서 인간의 악의와 악한 천사들의 악의, 사

단의 악의가 근원까지 드러났고, 아무런 제약 없이 실행되었다. 그 결과 그리스도의 십자가에서 악 전체가 남김없이 폭로되었다.

그런데 만일 하나님을 대적하기 위해 결집한 인간들과 사단, 악한 천사들이 유대 법정과 로마 제국의 법정에서 정죄하고 인류 역사상 최고의 극형에 해당하는 십자가에 죽인 사람이 의인이었다면 어떻게 되는가? 그것도 당대뿐만 아니라 그 지역뿐만 아니라 온 우주에서 유일하게 죄가 없는 존재라면 어떻게 되는가? 예수님은 유대 관원 니고데모가 증언했듯이 무죄였다(요 7:50-51). 백성 중 고소자들은 거짓 증언을 했고, 사형에 해당하는 죄목에는 실체가 없었고, 빌라도에게 넘긴 이유는 유대인 관원들의 시기와 탐욕이었다. 빌라도는 거듭거듭 무죄를 확증했고, 빌라도의 아내와 십자가 죽음 후 백부장의 증언까지 최소 다섯 번이나 무죄 증언이 있었다.[9] 따라서 예수님은 공식적인 로마 법정에서 무죄한 자요 의인으로 판명되었으나 사형판결을 받았고, 그것도 최고형인 십자가를 선고받은 것이다. 그렇다면 십자가에서 빌라도와 헤롯, 유대 관원과 백성들과 로마 군인들, 유다, 사단과 악한 천사들은 최고 의인에게 최대 악을 행사했다는 말이 된다. 만일 이것이 사실이라면, 하나님의 법정에서 이들에 대한 정죄는 십자가에서 드러난 불의에 비례하게 된다. 최고 의인에게 최대 악을 최대 밀도로 행사했으므로, 사단과 악한

"통치자들과 권세자들"이 받게 될 정죄는 무한의 무한이 된다.

사단은 이런 상황을 전혀 인식하지 못했다. 하나님은 자신의 전능하고 거룩한 지혜로 악을 정복했다.

하나님은 그리스도를 그의 피를 통한 속죄물로 온 우주에 공개적으로 제시하셨다(롬 3:25). 사단과 악한 천사들은 그들 안에 있는 죄의 참된 성격을 숨겼다. 그러나 "하나님은 죄를 그 끔찍한 결과들로 나타내 보인다. 죄는 자신의 통치를 거짓으로 시작한다. 하지만 하나님은 자신의 진리를 견지함으로써 승리하신다."[10]

## 3. 의로 악을 이기심

그리스도는 악을 악으로, 폭력을 폭력으로, 불의를 불의로 맞서지 않았다. 그리스도께서 왜 군대 귀신을 물리치듯이, 곧 군단 규모(레기온)의 악한 천사들을 대적할 수 없었겠는가? 하지만 그리스도는 자신의 힘으로 그들을 제압하려고 하지 않으셨다. 아들은 왜 하늘과 땅에서 보이는 것들과 보이지 않는 것들을 창조하신 분이신데, 자신의 진노를 쏟아 파멸시키거나 열두 영 된 천사들을 불러 대적할 수 없었겠는가? 왜 다 멸절시키고 처음부터 다시 시작할 수 없었겠는가?(출 32:10; 민 14:12). 하지만 악인

9 앞의 제 4장 "예수님의 무죄성 강조"를 보라.

10 Vos, *Dogmatiek* III ch. 5, Q. 25.

들이나 악한 천사들 안에 있는 "죄는 물리적인 힘이 아니라 도덕적인 힘이다. 세상에 대한 사단의 사악한 권세는 죄 가운데 있고, 죄의 권능은 율법에 있다(고전 15:56). 그래서 하나님은 이 권세를 도덕적인 방법으로, 정의와 의를 수단으로 정복하기를 바라셨다."[11]

그리스도가 십자가를 견딘 것이 도덕적인 방법이 되는 이유는 무엇인가? 만일 하나님이 자신의 권능으로 죄와 악, 사단을 멸망시킨다고 가정해 보자. 그러면 선한 천사들이나 선을 힘썼던 사람들에게 불의가 돌아갈 수 있다. 이것보다 더 심각한 것은 하나님의 의가 손상을 입게 된다. 선과 악은 겉으로 판단할 수 있을 만큼 그렇게 간단하지가 않다. 가장 큰 문제는 하나님은 죄와 악, 악한 천사들을 이용하거나 허용하여 선을 이루시기 때문이다(잠 16:4). 인간이 기대하는 방식으로 선과 악을 규정한다면, 인간의 판단에 따라 악을 제거해야 한다. 그러나 하나님은 인간에게 보이지 않는 선이나 인간에게 설명하지 않는 선도 이루어가신다.

사단과 악한 천사들은 겟세마네에서 골고다에 이르는 길에 주님을 공격하기 위해 직접 나섰지만(눅 22:3, 53; 시 22:12, 16), 그리스도는 자신의 대속적 죽음으로 사단이 자신의 고소를 위해 쓰려던 법적 근거와 법적 근거 비슷한 것까지도 다 빼앗아 버리

---

11 H. Bavinck, *Gereformeerde Dogmatiek* 3 (Kampen: Kok, 1929), 449.

셨다.[12] 여기서 하나님은 전 우주 앞에, 그리스도 안에 있는 신자에 대한 고소와 혐의의 법적 근거의 부재를 어떻게 숫자 0으로 표현할 수 없는 절대적 무로 주장할 수 있는지 드러나고, 동시에 그리스도 안에서 행하시는 자신의 사역의 정당성을 어떻게 무한으로도 부족한 절대적 긍정으로 선언할 수 있는지 드러낸다. 그리스도는 무한한 불의와 악을 빠짐없이 당했고, 아무것도 회피하지 않으셨다. 여기에 하나님은 자신의 무한한 의의 토대를 세우신 것이다. 하나님은 자기 아들을 죄 된 육신의 모양으로 보내어 그 육신에 종말론적 정죄심판을 행하시고, 거기서 죄와 악의 총체가 드러나게 하셨다. 동시에 아들의 십자가를 붙드는 사람에게 자신의 의를 주시고, 이 세상이나 오는 세상에서 어떤 존재도 그들을 정죄하지 못하도록 하셨다. 이 모든 것을 통해 하나님은 자신의 계획을 완전한 공의와 지혜의 토대 위에서 이루셨고, 자신의 사랑을 완전한 거룩과 능력에 기초하여 성취하셨다. 따라서 십자가는 하나님의 지혜와 공의의 총체이다. 동시에 하나님의 거룩과 사랑의 총체이다.

죄와 악은 그리스도의 십자가에서 무장이 해체되고 정체가 폭로되었을 뿐 아니라, 그리스도의 승리행렬에 포로로 나온다.

---

12 Cf. Hendricksen, *Collossians*, 123: "When the devils and his hosts asserted themselves from Gethsemane to Golgotha (Lk 22:3, 53; cf. Ps 22:12, 16), did not Christ by his vicarious death deprive Satan of even a semblance of legal ground on which to base his accusations?"

## 4. 십자가 승리행렬

바울은 이렇게 말한다.

> 그리스도는 그들을 십자가로 승리하셨느니라(골 2:15b)

여기서 "승리하였다"는 말은 좀 더 문자적으로 번역하면 "승리행렬을 끌고 가신다"는 뜻이다. 다시 말하면, 그리스도는 십자가에서 통치자들과 권세자들의 무장을 해제했을 뿐만 아니라 그들을 승리행렬에 뒤따르는 포로로 끌고 가신다는 말이다. 목표점은 마지막 심판대이다.

바울은 현재 상황을 여러 이미지로 표현했다. 이 이미지들은 그리스도의 십자가, 부활, 현재적 통치의 특정 국면을 보여준다.

> 그 후에는 마지막이니, 그가 모든 통치와 모든 권세와 능력을
> 멸하시고 나라를 아버지 하나님께 바칠 때라. [25] 그가 모든 원수
> 를 그 발아래에 둘 때까지 반드시 왕 노릇 하시리니, [26] 맨 나중
> 에 멸망 받을 원수는 사망이니라(고전 15:24-26)

> 우리 각 사람에게 그리스도의 선물의 분량대로 은혜를 주셨나니
> [8] 그러므로 이르기를
> 그가 위로 올라가실 때

사로잡혔던 자들을 사로잡으시고
사람들에게 선물을 주셨다 하였도다
9 "올라가셨다" 하였은 즉
땅 아래 낮은 곳으로 내리셨던 것이 아니면 무엇이냐?
10 내리셨던 그가 곧 모든 하늘 위에 오르신 자니
이는 만물을 충만하게 하려 하심이라(엡 4:7-10)

에베소서는 그리스도께서 십자가 정복 후에 전리품을 가지고 하늘로 올라가시는데, 사람들에게 자신이 십자가에서 얻은 전리품, 곧 구원의 은사들을 나눠주신다고 말한다. 고린도전서는 그리스도의 정복이 십자가에서 시작되었으며, 그의 통치가 이미 출범했고, 마지막에는 모든 악의 세력들을 멸하시고 나라를 아버지께 바친다고 말한다.

여기서 왜 악이 정복되었으나 신자가 아직도 악의 유혹에서 완전히 자유롭지 못한지 알 수 있다. 성경은 악의 정복이 사람들의 상상과 전혀 다르다고 말한다. 종말론적 악의 정복은 순간이 아니라 기간이며, 십자가에서 시작하여 그리스도의 재림에서 완성에 이르는 일이라고 말한다.[13] 그때가 되면, 하나님은 사단과 악한 천사들을 "불 못에 던져 넣을 것이다"(계 20:10). 그제야 악의 유혹이 끝난다.

13 Cf. G. Vos, *Pauline Eschatology* (Phillipsburg: P&R, 1979), 245.

## 나가며

지금까지 살펴본 내용을 요약하면 다음과 같다. 하나님은 그리스도의 십자가에서 전무후무한 일을 행하셨다. 아니 하나님이 그리스도의 십자가에서 성취한 일은 의미의 밀도가 너무 높고 미치는 범위와 규모가 너무나 거대하여 이 세계에 존재하는 말로는 설명하거나 표현할 수 없다. 종말에 나타날 하나님 나라의 토대가 되고, 역사의 끝이 아니라 역사 안으로 들어온 종말 사건이었다는 점에서 "종말론적인" 일을 행하셨으며, 보이는 세계와 보이지 않는 세계 전체에 영향을 미치고 회복한다는 점에서 "우주적인 일"을 행하셨다. 부정적으로는 사단과 악을 정복했고, 긍정적으로는 하나님의 의와 나라를 세우셨다. 이것이 바울과 성경 기자들이 전한 십자가 복음이다.

하지만 현대인은 이 말씀을 자기 백성을 죄에서 구속하는 일에만 관련 있다고 본다. 인간은 죄를 지었고, 이 죄에 대하여 하나님은 진노하시며, 십자가는 하나님의 무한한 진노를 감당한 사건이었다고 보는 것이다. 이 말은 옳다. 죄는 죄를 지은 당사자, 곧 죄인과 관계가 있다. 그러므로 그 사람의 인격과 삶을 용서하고 화해해야 한다. 그러나 죄는 하나님과 개인의 문제에 그치는 것이 아니다. 죄는 사회와 관련이 있다. 따라서 그 사람이 살아간 역사와 화해해야 한다. 나아가 죄는 보이는 세계와 보이지 않는 세계와 관련이 있다. 마귀와 악한 권세자들을 멸망시키지 않으면 죄 문제는 해결되지 않는 것이다. 따라서 죄와 악을 해결하는 일은 우주적인 문제인 것이다. 그런데 죄와 악이 정복되지 않으면 구속은 완성되지 않는다. 죄와 악을 정복하지 않으면 하나님 나라의 완성을 기대할 수 없는 것이다. 그런데 십자가가 이것을 행한 것이다. 교회가 죄 문제를 개인의 문제로 보고, 십자가를 실존적인 관계로 생각하고 개인 구원의 방편으로만 전한다면, 십자가 복음의 총체성을 완전히 드러내지 못한다. 만일 이렇게 되면, 악의 문제를 인간의 문제로 국한하고, 결국 복음의 영광을 가린다.

악의 문제는 인간의 문제만이 아니다. 죄 문제는 창조 세계와 우주의 문제이다. 보이지 않는 세계까지 개입한 문제이다. 만일 보이는 세계와 보이지 않는 세계가 명확히 구분되었더라면 더 이해하기 쉬웠을 것이다. 그러나 죄와 악은 외부에서 들어와 은밀하게 활동하므로 그 정체를 파악하기가 매우 어렵다. 그럼에도 한 가지 분명한 것은 죄가 인간 의지와 무관하지 않고, 악한 영의 활동과 연관되며, 창조주의 법과 거룩을 침범하며, 물질 세계의 강등과 깊은 연관이 있다는 점이다. 따라서 그리스도께서 죄 문제를 해결하려고 하셨을 때, 인간 개인 차원에서 사면과 용서, 화해를 넘어 우주적 차원에서 죄와 악의 문제를 해결하려고 하신 것이다. 십자가에서 이 두 차원이 만난다. "주님은 십자가 죽음을 방편으로 하늘의 주의 영광을 계시하려는 것이다. 부끄러움의 십자가가 주의 영광의 보좌인 것이다."[14]

초대교부들이 "나무 위에 있는 예수의 나라"(『바나바서』 8:5), "나무에서 발원하는 주의 통치"[15]를 선언한 것은 깊은 통찰이 아닐 수 없다.

그렇다면 이 십자가 복음으로 신자들이 누리는 혜택은 무엇인가? 다음 세 가지 특권이 있다.

1. 신자들은 그리스도의 승리에 참여한다. 사도 요한은 말한다. "이기는 자와 끝까지 내 일을 지키는 그에게 만국을 다스리는 권세를 주리니, 그가 철장을 가지고 그들을 다스려 질그릇 깨뜨리는 것과 같이 하리라. 나도 내 아버지께 받은 것이 그러하니라"(계 2:26-27). 또 사도 바울은 말한다. "한 사람의 범죄로 말미암아 사망이 그 한 사람을 통하여 왕 노릇 하였은 즉 더욱 은혜와 의의 선물을 넘치게 받는 자들은 한 분 예수 그리스도를 통하여 생명 안에서 왕 노릇하리로다"(롬 5:17). 다시 말하면, 그리스도께서 아버지께 받은 그 권세를 동일하게 받아 메시아가 철장으로 만국을 다스리듯이 신자들도 그리스도의 정복과 통치에 참여하는 것이다.

---

14 홍창표, 『천년왕국』(수원: 합신대학원출판부, 2007), 160.

15 Justin, *Apol.* I 41; *Dial.* 73, 1.4; Tertullian, *Adv. Marc.* III 19.

2. 악의 권세들은 신자들에게 더는 궁극적인 결정권을 갖지 못한다. 사도 바울은 말한다. "누가 우리를 그리스도의 사랑에서 끊으리요? … 내가 확신하노니 사망이나 생명이나 천사들이나 권세자들이나 현재 일이나 장래 일이나 능력이나 높음이나 깊음이나 다른 어떤 피조물이라도 우리를 우리 주 그리스도 예수 안에 있는 하나님의 사랑에서 끊을 수 없으리라"(롬 8:33-39). 신자들을 종말론적 법정에서 고소할 수 있는 존재는 없고, 그리스도 안에 있는 하나님의 사랑에서 끊을 수 있는 자는 없다.

3. 신자들은 선으로 악을 이길 능력을 받는다. 성경은 말한다. "악에게 지지 말고 선으로 악을 이기라"(롬 12:21). "무릇 하나님께로부터 난 자마다 세상을 이기느니라. 세상을 이기는 승리는 이것이니 우리의 믿음이니라. 예수께서 하나님의 아들이심을 믿는 자가 아니면 세상을 이기는 자가 누구냐?"(요일 5:4-5).

지금까지 그리스도께서 십자가에서 성취한 일 중 "악의 정복"을 살펴보았다. 그리스도께서 십자가에서 이룬 일은 개인과 역사에 머물지 않고 넓고 거시적인 세계를 포괄한다. 이것이 십자가 사역의 우주적이고 종말론적 측면이다. 그러나 그리스도의 십자가가 이룬 일은 여기서 멈추지 않는다. 그리스도 십자가는 깊고 심원한 데까지 이른다. 십자가는 인간의 존엄을 회복한다. 그리스도의 십자가 이전까지 인간은 무책임한 존재였다. 율법은 인간이 이를 수 있는 영광이 얼마나 높은지 알려주었으나 거기에 이르게 하는 데는 무력했다. 무기력과 좌절, 왜곡된 자기의를 양산했다. 반면 십자가는 인간이 처한 비참함이 얼마나 깊은지 보여줌과 동시에 거기서 하나님의 영광에 이르게 한다. 어떻게 이런 역설이 가능한가? 이제 이 점을 살펴보자.

## | 토 론 문 제 |

01 그리스도의 십자가가 성취하는 것들을 나열해 보자.

02 지금까지 그리스도의 십자가를 어떻게 생각했는지 나눠보자.

03 그리스도의 십자가에 종말론적이고 우주적인 측면이 있다는 말은 무슨 뜻이며, 증거는 무엇인가?

| | 십자가 | 내용 |
|---|---|---|
| 1 | 우주적 사건 | |
| 2 | 종말론적 사건 | |

**04** 그리스도의 십자가가 악을 정복할 때, 네 측면을 당신의 말로 설명할 수 있는가?

| | 악의 정복 | 내용 |
|---|---|---|
| 1 | 악의 권세 해체 | |
| 2 | 악의 폭로 | |
| 3 | 의로 악을 이김 | |
| 4 | 승리행렬 | |

**05** 그리스도의 십자가가 악을 정복할 때, 신자가 누리는 특권에는 어떤 것들이 있는가?

**06** 사도 바울의 십자가 복음을 공부하면서 그리스도의 구속 사역을 이해하는데 당신의 지평이 넓혀진 것이 있거나 아직 해결되지 않은 질문이 있다면 나누어보자.

[21]이제는 율법 외에 하나님의 한 의가 나타났으니 율법과 선지자들에게 증거를 받은 것
이라. [22]곧 예수 그리스도를 믿음으로 말미암아 모든 믿는 자에게 미치는 하나님의 의
니 차별이 없느니라. [23]모든 사람이 죄를 범하였으매 하나님의 영광에 이르지 못하더
니, [24]그리스도 예수 안에 있는 속량으로 말미암아 하나님의 은혜로 값없이 의롭다 하
심을 얻은 자 되었느니라. [25]이 예수를 하나님이 그의 피로써 믿음으로 말미암는 화목
제물로 세우셨으니, 이는 하나님께서 길이 참으시는 중에 전에 지은 죄를 간과하심으
로 자기의 의로우심을 나타내려 하심이니 또는 그의 피를 믿음으로 말미암는 화목제물
로 세우셨으니, [26]곧 이 때에 자기의 의로우심을 나타내사 자기도 의로우시며 또한 예
수 믿는 자를 의롭다하려 하심이라(롬 3:21-26)

[23]"그에게 의로 여겨졌다" 기록된 것은 아브라함만 위한 것이 아니요 [24]의로 여기심을 받
을 우리도 위함이니, 곧 예수 우리 주를 죽은 자 가운데서 살리신 이를 믿는 자니라. [25]
예수는 우리가 범죄한 것 때문에 내줌이 되고 또한 우리를 의롭다 하시기 위하여 살아
나셨느니라(롬 4:23-25)

# 11

# 인간의 존엄을 회복함

## 들어가며

로마서 3장에서 바울은 율법 밖에서 출현하고 그리스도의 십자가의 피로 세운 화목제물과 그를 믿는 믿음에 근거한 구원방식을 선포한다. 여기에는 현대인들이 인간의 존엄에 크게 반한다고 생각하는 두 요소가 등장한다. 하나는 대속 원리이다.[1] '인간이 자신의 존엄을 지키려면, 스스로 자기 책임을 질 수 있어야 한다. 인간이 도덕적인 존재라면, 스스로 자기 의무를 이행해야 하고, 스스로 자기 죄를 져야 한다. 만일 다른 사람이 나의 의무와 죄에 대한 형벌을 진다면, 과연 나는 도덕적인 존재가 될 수 있는가? 그러므로 인간이 예수 안에서 하나님과 화해하고 구원

1 Cf. 제임스 패커, 마크 데버, 『십자가를 아는 지식』, 박세혁 옮김(파주: 살림, 2010), 20-21.

을 얻는다는 교리는 말이 되지 않는다'는 것이다. 다른 하나는 믿음의 원리이다. 만일 믿음이 구원의 원리라면, 그리스도의 십자가 이전에 살았던 사람들은 모두 구원에서 배제될 것이다. 왜 우리가 '최근에' 나타나 "어디서든지 반대를 받는"(행 28:22) 교리를 따라야 하는가? 따라서 여기서 대답해야 할 핵심 질문은 두 가지이다.

1. 그리스도의 십자가를 의지한다는 것은 자기가 해야 할 일을 다른 사람에게 미루는 것으로 보이는데, 어떻게 십자가가 인간의 책임성을 완성하고, 인간의 존엄성을 회복할 수 있는가?
2. 그리스도를 믿는다는 것은 신약 신자들의 구원 원리로 보이는데, 그러면 구약 성도들의 믿음과 어떤 관련이 있는가?

이 두 가지 질문에 유의하면서, 사도 바울이 그리스도의 십자가 안에서 하나님의 의도와 인간 존재의 우주적인 의미, 구속의 포괄적인 개념을 어떻게 제시하는지 살펴보자.

## 하나님의 의

그리스도의 십자가가 인간에게 어떤 일을 성취하는지 알기 위해서는 먼저 죄와 의와 구속이 무엇인지 살펴보아야 한다.

1. 한 사람에 의존하는 의

우선 바울이 어떤 문맥에서 하나님께서 예수 그리스도를 속죄 제물로 공적으로 세우신 일을 언급하는가 살펴보자. 그것은 다름 아닌 "하나님의 의"이다.

> 21 이제는 율법 외에 하나님의 한 의가 나타났으니,
> 율법과 선지자들에게 증거를 받은 것이라.
> 22 곧 예수 그리스도를 믿음으로 말미암아,
> 모든 믿는 자에게 미치는 하나님의 의니,
> 차별이 없느니라.
> 23 모든 사람이 죄를 범하였으매 하나님의 영광에 이르지 못하더니,
> 24 그리스도 예수 안에 있는 속량으로 말미암아,
> 하나님의 은혜로 값없이 의롭다 하심을 얻은 자 되었느니라
> (롬 3:21-24)

여기서 "하나님의 의"란 "하나님으로부터 난 의"(Genetivus des Urhebers)를 가리킨다.

이 "의"에는 여러 가지 특징들이 있다. 첫째, "율법을 행함"이라는 원리 "밖에서" 나타난 것이다. 그러나 동시에 율법과 선

지자들의 증거를 받은 것이다(3:21). 둘째, 이 "의"는 "예수 그리스도를 믿는 믿음"이라는 원리를 통해서 드러났고, 그 대상은 모든 믿는 사람들이다(3:22a). 그래서 "아무런 차별이 없다"(3:22b). 유대인이든 이방인이든, 남자든 여자든, 신분이 높든 낮든, 나이가 많든 적든, 장애를 가졌든 가지지 않았든, 제국 시민이든 비시민이든, 그 어떤 차별도 없다. 믿는 이라면 누구나 이 하나님의 의에 참여할 수 있다. 왜 차별이 없는가? "왜냐하면 모든 사람이 죄를 범하였으므로 하나님의 영광에 이르지 못했기 때문이다"(롬 3:23).

사도 바울은 지금 매우 독특한 의를 말하고 있다. 당시에도 지금도 사람이 의로운가 의롭지 않은가를 판단하는 유일한 기준은 의무를 이행하고 자격을 갖추는 것이다. 그러면 권리로서 의를 소유한다. 그런데 바울은 이런 원리 밖에서 나타난 의를 말하고 있다.

나아가 성경은 지금 너무나 '낯선' 의를 말하고 있다. 왜냐하면 이 의는 어떤 한 인물에 의존하는 의이면서, 동시에 모든 사람들에게 미치는 의이기 때문이다.

## 2. 하나님이 주도적으로 세우신 의

### 속죄 제물로서 예수 그리스도

하나님은 이 의를 "구속"을 통해서 이루셨다. 이 "하나님의 의"

는 "하나님으로부터 난 의"를 가리킨다. 그런데 바울은 이 "하나님으로부터 난 의"가 "예수 그리스도 안에 있는 구속"을 통해서 이루어졌다고 말한다(롬 3:24). 그러면 다음과 같은 뜻이 된다. 역사보다 강하고 우주보다 광대한 의가 하나님으로부터 온다. 이 의는 구속을 통해서 성취된다. 이 구속은 예수 그리스도라는 한 인물에게 달려 있다.

여기서 질문이 생긴다. '그러면 이 예수 그리스도는 누구인가?' 바울은 이에 대하여 설명하지 않는다. 바울은 우리에게 예수님이 누구신가를 말하는 대신, 예수 그리스도 안에 있는 구속이 무엇인가를 설명한다.

> 하나님이 그를 곧 예수 그리스도를
> 믿음을 통해
> 그의 피 안에서 속죄 제물로 세우셨다(롬 3:25a)

예수님은 그리스도로서 죽으셨다. 자신이 택한 백성의 메시아로서 십자가에서 죽으시고 부활하셨다. 하나님은 이 메시아 예수를 온 우주와 전 인류 앞에 공적으로 유일한 속죄 제물로 세우셨다. 여기서 "세우셨다"(προέθετο)는 말은 중간태로 하나님이 이 일을 행하셨을 뿐 아니라, 자신에 대해서 행하셨다는 뜻이다.[2] 이 일은 단번에 이루어졌으나, 영원히 유효한 사건이다. 이 일은 단번에 이루어졌으나, 모든 사람들에게 유효한 사건이다.

이전에도 이후에도 다른 구속 사건은 없다. 그러므로 이것은 과거 역사의 한 시점에 이루어진 종말론적 사건이다. 그러면 왜 이 속죄 제물을 "믿음을 통해" 세우셨는가? 그것은 믿음이 하나님께서 이루신 이 과거 종말론적 사건을 영원한 구속 사건으로 인식하는 '기관'이기 때문이다. 하나님께서 세우신 그리스도를 모든 나라와 시대와 언어와 민족에 적용될 종말론적 속죄 제물로 인식하고 받아들이고 그 속죄와 화목 사건과 혜택에 참여하는 '기관'이 바로 믿음이기 때문이다.

### 하나님이 속죄 제물을 세우신 목적: 하나님의 의 제시

그러면 하나님께서 이렇게 예수 그리스도를 온 인류와 전 우주 앞에 공적으로 속죄 제물로 세우신 목적은 무엇인가? 그것은 "그분의 의를 증거하기 위해서"이다(롬 3:25c). 여기서 "그분의 의"란 말 앞에는 정관사가 붙어 있다. 본문에는 정관사가 붙을 때와 붙지 않는 경우가 교차로 나타난다. 이런 본문을 해석할 때 주의해야 한다. 정관사가 없으면 보통 일반적인 원리를 가리킨다. 정관사가 있으면 특별한 것을 가리킨다. 그런데 로마서

2 헬라어 중간태에는 주어가 동작을 하는 측면(능동)과 주어가 동작을 받는 측면(수동)이 동시에 있다. 모든 중간태를 이렇게 해석할 수는 없다. 그러나 로마서 3:25에서 예수를 전 우주 앞에 화목 제물로 세우시는 일이나 에베소서 1:4에서 창세 전에 신자들을 그리스도 안에서 거룩하고 흠 없는 하나님의 자녀로 예정하시는 신적 행위에는 이 측면이 강조된다. 구속과 예정에서 하나님은 자신을 기준으로 행하시기 때문이다.

3:25c에서 "그분의 의를 증거하기 위해서"라는 문구에는 정관사가 있다. 따라서 이것은 "하나님의 속성으로서 의"를 말한다. 그러므로 본문은 다음과 같이 번역할 수 있다. '하나님은 그리스도를 전 우주에 믿음으로 인식하고 참여할 수 있는 방식으로 그의 피로 말미암는 속죄 제물로 세우셨다. 그것은 하나님의 속성으로서 의가 드러나도록 하기 위함이었다.'

여기서 질문이 생긴다. '하나님께서 자신의 신적 의를 한 번도 드러내신 적이 없는가?' 만일 여기서 말하는 "하나님의 의"가 "의와 공도"로서 "여호와의 도"(창 18:19)나, "의인과 악인"을 차별하여, 악인에게는 심판을 행하시고, 의인에게는 상을 주시는 원리를 가리킨다면(창 18:22-33), 이것이 나타나지 않았을 리가 없다. 구약의 족장들과 시인들과 선지자들은 이 땅에서 억울한 일을 당하거나, 영원한 회복을 생각할 때, 항상 이 하나님의 의에 호소했다. 이것은 하나님의 창조 세계에 이미 드러난 것이다. 그래서 인류 역사에서 하등 문명부터 고등 문명까지 공통적으로 발견할 수 있다.

이와 달리 구약 계시에만 드러난 의도 있다. 단순히 법적인 개념을 넘어선 의다. 예를 들어, 언약과 하나님과 관계에 근거한 의나, 욥기에 나타나는 창조주로서 절대적인 의가 있다. 이것은 죄와 벌, 질병, 고통과 의와 상, 건강, 평안의 대비를 넘어서는 의이다. 구약 계시에서 이 의를 확인할 수 있다.

그러나 로마서 3:25c에서 말하는 "그분의 의"는 이러한 것들과 차이가 있다. 만일 이 의가 법적인 정의, 구약 계시에 나타난 의와 차이가 없다면, 굳이 하나님께서 그리스도 십자가 사건에서 속죄를 제시함으로 드러내셔야 할 필요가 없다. 이 의는 '계시되어야 할 의'인 것이다.[3]

그러면 여기서 "계시되어야 할 의"가 행위와 보상의 원리를 넘어선다면, 그것은 어떤 "의"인가? 이 질문에 우리는 십자가에서 나타난 의의 이면에 무엇이 있었는가를 생각함으로써 대답할 수 있다.

십자가에서 하나님의 의가 나타났는데, 이 의의 다른 편에는 무엇이 있었는가? 그것은 하나님의 진노이다. 인류 역사상 하나님이 자신의 완전한 진노를 쏟아부으신 적이 있는가? 한 번도 없었다. 노아 홍수 때에도 피조계를 완전히 소멸하게 하지 않으셨고, 사람과 동물을 구원하셨다. 소돔과 고모라에서도, 그 이후 역사상 하나님의 심판 외에 달리 설명할 길 없는 사건에서도, 하나님은 자신의 진노를 빠짐없이 내리지 않으셨다. 그런데 역사상 하나님께서 자신의 진노를 완전히 그 어떤 것도 빼거나

---

3 Th. Zahn, *Der Brief des Paulus an die Römer* (Leipzig: Deichert, 1910), 194: "하나님이 죄인들을 위한 화목 수단을 마련하시고 공급하심으로써 그리스도의 십자가 안에서 자신의 의를 확증하려 하셨다. 이것은 하나님의 의가 이 자신의 세계에 알리는 행위가 없이는 인식되지 않았을 것이고 지금까지 인식되지 않은 채 머물렀으리라는 것을 전제한다." O. Michel, *Der Brief an die Römer* (Göttingen: Vandenhoeck & Ruprecht, 1963), 109: "그리스도의 속죄는 하나님의 계시사건이다. 이 안에서 하나님은 자기 자신을 나타내신다."

줄이지 않고 쏟아부으신 사건이 있다. 그것이 무엇인가? 십자가이다. 하나님은 거룩하신 분으로서, 죄를 증오하시고 역겨워하시며, 반드시 형벌을 내리신다. 그러나 역사상 죄에 대한 증오와 분노와 형벌이 그분의 완전한 거룩함의 수준에서 나타난 일이 없다. 그러므로 인류는 자주 자신을 속여 죄의 형벌의 수준을 낮추어 생각하거나, 하나님의 오래 참으심을 오해하여 하나님의 공의와 진노를 무시해 왔다. 그 결과 하나님과 죄가 얼마나 상극적인 관계에 있는지, 하나님이 죄에 대한 형벌을 어느 수준에서 실행하시는지, 종말에 나타날 하나님의 진노가 어떠한지 주목하지 않았다. 그런데 하나님의 진노가 그분의 거룩한 공의와 완전한 의의 수준에서 시행된 것이 바로 예수님의 십자가이다. 하나님의 진노가 아무런 차감도 없이 내려진 창조 후 유일한 예가 바로 예수님의 십자가인 것이다(렘 25:15-26; 계 14:10).

하나님의 거룩함이 어떠한지, 하나님의 진노가 어떤 규모인지, 예수님조차도 그 진노가 드러날 것을 미리 내다보고 하나님께 기도하셨다. "아버지여, 이 잔을 내게서 옮기시옵소서." 예수님이 이렇게 기도하신 이유는 인간적 죽음에 대한 공포가 아니었다. 이유는 다른 데 있다. 예수님은 하나님이 십자가에서 종말에 있을 마지막 심판과 동일한 수위의 진노를 쏟으실 것을 예견하신 것이다. 그렇게 하여 손상된 하나님의 거룩함이 천명될 것이며, 그제야 하나님의 의가 얼마나 높은지 밝히 드러날 것을 미리 내다보신 것이다. 예수님은 이 의가 드러나면, 온 인류 중

과거와 현재, 미래의 자기 백성의 죄에 대한 하나님의 완전한 진노와 심판이 아무것도 빠지지 않고 온전히 자신에게 쏟아질 것을 내다보았다. 이 사실에 주님은 아들이심에도 전율하였던 것이다.

하나님은 이렇게 십자가에서 자신의 속성으로서 의를 계시하셨을 뿐 아니라 동시에 그리스도를 믿는 자를 의롭다 하셨다.

이것은 하나님께서 십자가 사건에서 어떻게 인간의 신 관념을 모두 초월하는 의를 계시하셨는지 선포하고 있다. 하나님은 예수 그리스도의 피를 통해서, 그의 아들을 십자가에서 죄를 위한 속죄 제물로 죽게 하심으로써, 속죄를 온 우주에 천명하셨다. 만일 인간이 이 속죄를 받지 않는다면, 그는 분명히 예수님의 십자가에서 나타난 하나님의 진노를 하나도 빠짐없이 마시게 된다. 만일 인간이 하나님이 우주에 천명하신 이 속죄를 받아들인다면, 그는 그리스도께서 십자가에서 이루신 구속과 화해의 모든 혜택에 참여하게 되고, 그 혜택을 자신의 것으로 소유하게 된다.

여기에 이상한 점이 있다. 율법 밖에서 난 의요, 하나님이 자신과 자기 백성에게 세워 가시는 의가 왜 인간을 대상으로 하는가? 하나님은 왜 이 특이한 의를 "하나님의 영광에 이르지 못한" 인간의 현재와 세계의 현 상태라는 배경에서 주도적으로 세우려 하시는가? 이것은 인간을 우주의 중심에 두는 현대의 인본주의적 개인주의 시각에서 보면 매우 낯선 것이다. 그들에게는 신 앞에 선 단독자인 인간이 자신의 자유로 행동하고 그 행동에 책임지는 모습이 중요하다. 그들에게 세계에서 일어나는 죄와 불의의 근원은 인간이다. 이것을 회피하고자 한다면, 물질세계와 운명에 호소할 수밖에 없다.

그러나 이 인본주의에도 진리의 요소가 없지 않다. 인간은 어떤 존재인가 하는 질문에 인본주의는 인간이 우주의 중심이라고 대답한다. 인간 영혼의 무한한 가치, 생명의 물질에 대한 우위성을 생각하면 이것은 맞는 말이다. 다만 인간이 으뜸이 된 세계에서 그 세계의 창조주를 고려하지 않으면, 성경에서 벗어난다. 만일 창조주와 피조물, 그 안의 인간의 위치를 염두에 두고 다시 질문한다면, 앞의 질문은 이렇게 표현할 수 있다.

> 인간이 어떤 존재이기에, 하나님은 인간을 구속하시고자 하는가?

사도 바울에 따르면, 이것이 바로 하나님이 죄를 범한 인간, 곧 "하나님의 영광에 이르지 못한 인간"에게 율법 밖에서 난 의, 한 사람에 의존하고 모든 사람에게 미치는 의를 세우시는 배경이다. 하나님은 인간을 피조물 회복의 준거로 삼으시기 때문이다. 이제 이 점을 좀 더 자세히 살펴보자.

## 인간의 범죄와 대속

사도 바울은 한 평면에 둘 수 없는 세 개념을 한 차원에 둔다. 즉, 하나님의 의와 인간 범죄, 하나님의 영광을 언급하는 것이다.

### 1. 인간의 범죄

바울은 말한다.

> 21 이제는 율법 외에
> 하나님의 한 의가 나타났으니,
> 율법과 선지자들에게 증거를 받은 것이라. 22 곧 예수 그리스
> 도를 믿음으로 말미암아 모든 믿는 자에게 미치는 하나님의
> 의니 차별이 없느니라
> 23 모든 사람이 죄를 범하였으매 하나님의 영광에 이르지 못하더니,
> 24 그리스도 예수 안에 있는 속량으로 말미암아
> 하나님의 은혜로 값 없이 의롭다 하심을 얻은 자 되었느니라
> (롬 3:21-24)

여기서 바울은 유구한 역사와 광대한 세계를 끌어안고 있는 의를 말한다. 이 의는 "죄를 범하였으므로(부과) 하나님의 영광에 이르지 못하고 있는(현재)" 역사와 세계를 위한 의이기 때문이다.

그러면 이 선언은 어떤 세계와 역사를 가리키는가? 우선 현재 인류와 세계의 상태이다. 유대인이든 헬라인이든, 로마인이든 야만인이든, 남자든 여자든, 한국에 살든 독일에 살든, 우리는 모두 하나님 앞에 범죄했다. 하나님의 법을 어겼고, 그분의 뜻을 거스렸다. 따라서 하나님이 보실 때, 그분과 그분의 나라를 거역하는 반역자들인 것이다. 나아가 "모든 사람이 죄를 범하였다"는 선언은 첫 사람 아담의 범죄까지 거슬러 올라간다. 아담이 순종치 않으므로 죄가 세상에 들어오고, 죄를 통해 사망이 들어오며, 이렇게 하여 모든 인간이 죄와 사망의 권세 아래 노예가 되고 말았다(롬 5:12-13). 만일 인간에게 죄에 대한 해독제가 있다면, 이 죄를 통해 전갈의 독처럼 치명적인 권세를 행사하는 사망(cf. 고전 15:56)을 두려워하지 않을 것이다. 그러나 인간은 죽음을 두려워한다(히 2:14). 따라서 인간이 죽음을 두려워하는 한 어떤 노력으로도 죄의 지배를 벗어나지 못한다. 결국 첫 사람 아담부터 지금까지 계속하여 "하나님의 영광에 이르지 못한다." 이것이 성경의 선언이다. 정직한 인간은 이 말을 들을 때, 그저 하나의 이론으로만 듣지 않는다. 이 성경의 선언은 인간의 오늘을 설명하고, 우리의 일상을 진단하고 있기 때문이다.

그러면 만일 아담이 범죄하지 않았다면 어떻게 되었을까? 그러면 로마서 3:23은 이렇게 기록되었을 것이다. "모든 사람이 죄를 범하지 않았으므로 하나님의 영광에 이르렀다." 그러나 아담의 범죄가 하나님의 영광에 이르지 못하게 한 것이다.

그러면 하나님의 영광에 이르지 못한 것이 인간뿐이었는가? 그렇지 않다! 인간의 범죄는 전 피조계에 영향을 미친다.

## 2. 전 피조계의 굴복

바울은 로마서 8장에서 이렇게 말한다.

> [18]생각건대 현재의 고난은 장차 우리에게 나타날 영광과 족히
> 비교할 수 없도다. [19]피조물의 고대하는 바는 하나님의 아들들
> 이 나타나는 것이니, [20]피조물이 허무한 데 굴복하는 것은 자기
> 뜻이 아니요, 오직 굴복케 하시는 이로 말미암음이라. [21]그 바라
> 는 것은 피조물도 썩어짐의 종노릇 한 데서 해방되어 하나님의
> 자녀들의 영광의 자유에 이르는 것이니라(롬 8:18-21)

바울에 따르면, 아담이 하나님께 범죄하여 타락했을 때, 하나님께서 아담과 그 후손만 "허무한 데" 굴복하게 하신 것이 아니다(8:20). 다시 말해서 인간만 허무와 부패, 사망에 굴복하게 하신 것이 아니다. 여기서 "허무"라는 말은 "공허하고, 내용이 없으며, 쓸데없는 것들"을 가리킨다. 로마서 8:21에서 바울은 피조물의 "허무"한 상태에 "썩어짐" 개념을 덧붙인다. "허무한 데" 들어가고, "썩어짐"의 지배 속으로 들어가게 된 것은 인간만이 아니라 피조계 전체였다는 말이다.

그런데 로마서 8:20에 따르면, 이렇게 전 피조계가 허무함과 썩어짐에 굴복하게 된 것은 자기 뜻이 아니다. 그렇게 된 것은 "굴복케 하시는 이," 곧 "하나님" 때문이다. 하나님은 아담이 인간으로서 영광을 잃고 죽을 수밖에 없는 존재로 전락했을 때, 아담이 타락한 지위에 맞추어 피조물의 영광의 지위를 강등시키셨다. 즉 피조물의 영광을 모두 잃어버리고 허무함과 죽음과 썩음의 지배를 받는 상태로 만드신 것이다. 우리 귀로 들을 수 없으나, 온 우주가 탄식하고 있다. 탄식하면서 그들도 현재 이 썩어짐에서 해방되어, 다시 하나님께서 창조하셨을 때 그들에게 주셨던 영광을 회복하기를 기대하고 있다. 만일 인간이 범죄하지 않았다면, 그들도 인간과 함께 이르렀을 그 영광에 이르기를 고대하고 있다.

그러면 아담이 범죄하지 않았다면 이르렀을 "하나님의 영광"은 어떤 것인가?

3. 하나님의 영광

로마서 8:19에 따르면, "피조물의 고대하는 바는 하나님의 아들들이 나타나는 것이다." 여기서 "하나님의 아들들이 나타난다"는 말은 신자의 몸의 구속, 곧 신자의 "부활"을 의미한다.

> [22]피조물이 다 이제까지 함께 탄식하며 함께 고통하는 것을 우리가 아나니, [23]이뿐 아니라 우리 곧 성령의 처음 익은 열매를 받은 우리까지도 속으로 탄식하며 양자 될 것 곧 우리 몸의 구속을 기다리느니라(롬 8:22-23)

여기서 "성령의 처음 익은 열매"는 "성령이라는 첫 열매"(*genitivus appositionis*)를 말한다. 신자("우리")는 완전한 구속의 첫 열매인 성령을 받았다. 신자가 속으로 탄식하며 고대하는 것은 바로 "양자 될 것, 곧 우리 몸의 구속"이다. 다시 말해서, 신자는 궁극적인 구속, 곧 영원한 하나님의 나라를 상속할 것인데, 그 하나님 나라의 수준과 영광에 맞는 존재양식을 받게 될 것을 기다린다는 말이다.

피조물들은 "하나님의 자녀들이 누릴 영광의 자유에 이르기를 고대하고" 있다(8:21). 하나님의 자녀들은 "몸의 구속"을 바라고, 피조물들은 하나님의 자녀들이 이른 영광에 이르기를 바란다. 그러면 하나님의 자녀들의 영광은 어느 수준인가? 이 영광은 부활하신 예수님과 같은 영광이 될 것이다.

> 사랑하는 자들아,
> 우리가 지금은 하나님의 자녀라.
> 장래에 어떻게 될지는 아직 나타나지 아니하였으나,
> 그가 나타나시면 우리가 그와 같을 줄을 아는 것은 그의 참모습

그대로 볼 것이기 때문이라(요일 3:2)

신자가 앞으로 참여하게 될 영광은 아직 나타나지 않았다. 그것은 앞으로 나타날 것이다. 그러나 확실한 것은 신자는 주님이 부활하신 것과 같은 몸의 부활에 이르게 될 것이다. 그들의 생명은 현재는 그리스도와 함께 하늘에 감추어져 있다. 그들의 생명인 그리스도께서 나타나실 때 신자들도 영광 중에 나타날 것이다(cf. 골 3:3-4). 만일 아담이 범죄하지 않았다면 이르렀을 영광은 바로 이 영광이다.

신자가 이 썩어가고 죽음이 만연하며 죄와 불의와 악이 홍수처럼 범람하는 세계에서, 짐작은 가지만 정확히 알 수 없는 신비로운 방식으로 믿고 구원을 받아 이 땅에서 부활 생명을 미리 누리며 사는 것만으로도 얼마나 영광스러운가? 죽음을 무서워하지 않을 수 없으나, 그 죽음 앞에서도 하나님을 부인하지 않는 부활 신앙을 가지고 사는 것만으로도 얼마나 영광스러운가? 그런데 우리 영혼뿐만 아니라, 몸 또한 완전한 구속을 받아 부활에 이른다면 얼마나 영광스럽겠는가? 부활에 이르면, 신자의 낮은 몸은 "하나님 아들의 영광된 몸의 형체로 변하여"(빌 3:21) 현재 옛 질서에 속한 몸의 제약이 없이 하나님을 섬길 수 있을 것이다. 나아가 피조물도 예수님과 그를 믿는 신자들의 몸의 부활의 영광에 걸맞도록 그 영광을 회복할 것이다.[4] 피조물 전체가 회복될 때, 그 회복의 기준이 "하나님의 자녀들이 이를 구속의 완성"이며, 신자가 부활할 때, 즉 신자의 몸이 부활하여 구속이 완성될 때, 그 구속 완성의 기준이 그리스도의 부활인 것이다. 따라서 성경이 말하는 구원의 핵심에 우주의 재창조가 있으며, 이 재창조의 중심에 인간의 부활이 있고, 이 인간의 몸의 부활의 심장부에 그리스도가 있는 것이다.

이것이 성경이 말하는 종말론적 하나님의 나라의 실체이다. 신자는 믿음으로 이 거대한 종말세계에 참여하는 것이다. 만일 인간이 구속의 소극적 측면, 즉 죄를 책임지는 것만을 생각하고, 구속의 적극적인 측면, 즉 피조계 전체의 재창조를 고려하지 않는다면, 인간은 그 자체로 무책임한 존재가 된다. 왜냐하면 피조계의 지위 격하와 탄식을 외면하거나, 자연스러운 것으로 왜곡하거나, 자기 책임 밖의 일로 내버려 두기 때문이다. 반대로 이 두 측면을 고려한다면, 어떻게 되는가? 다시 사도 바울의 말을 들어보자.

4 이런 점에서 이사야, 에스겔, 계시록 등에서 묘사하는 새 하늘과 새 땅, 새 예루살렘에 대한 묘사는 완전히 상징만은 아닐 것이다.

## 4. 대속 원리

사도 바울은, 창조로부터 시작된 유구한 역사 속에서, 인간 편에서는 단 한 가지도 해결할 수 없는 지극히 본질적인 문제를 치료하고, 인간을 포함하여 하나님이 지으신 모든 세계를 회복하는 의를 말하고 있다. 이 의가 바로 "하나님에게서 난 의"이다. 그러면 인간 편에서 이 의를 마련할 수 있는가? 불가능하다. 인간은 자기 자신을 위한 의도 획득하지 못한다. 하물며 역사 전체보다 강하고, 온 우주보다 큰 하나님의 의를 어떤 방법으로 얻을 수 있겠는가? 그러므로 하나님의 의가 "이제 율법 밖에서" 나타난 것이다. 그러므로 하나님이 이 의를 "값없이" 곧 "선물의 방식으로" 주시고, "그의 은혜로" 이루시는 것이다(롬 3:24a).

그러나 이 율법 밖에서 난 하나님의 의를 받아들여 자신의 생명의 토대로 삼고, 선물의 방식으로 주시는 의를 받아들이면 어떻게 되는가? 이 의는 우주가 아무리 크더라도, 그 우주보다 크다. 그러므로 이 의는 그리스도를 믿는 자라면 누구든지, 이전 시대나 지금이나 앞으로 하나님의 백성이 얼마가 되든지, 그들을 모두 능히 치료하고 능히 회복한다. 그들이 아무리 악한 자라 하더라도, 그들이 아무리 큰 죄와 악에 참여하여 하나님과 화해가 불가능하게 보이더라도, 하나님은 그들을 능히 치료하고 능히 회복할 수 있으시다. 그것도 우리 주님의 부활의 수준으로 회복하실 것이다.

바울은 스스로 얻을 수 없으나 받아들이면 우주보다 큰 이 의를 하나님은 그리스도의 십자가에서 이루셨다고 말한다. 구체적으로 "그의 피로써"(롬 3:25) 세우셨다고 말한다.

지금까지 우리는 로마서 3:25의 배경이 되는 3:21–24을 살펴보았다. 이제 단락 전체를 살펴보자.

## 인간의 존엄과 믿음

바울은 로마서 3:21–26에서 "하나님으로부터 난 의"와 "그리스도의 속죄"를 말한다. 그뿐만 아니라 "믿음"을 강조한다. 하나님의 의가 예수 그리스도를 믿는 믿음이라는 원리를 통해 드러났다(롬 3:22). 하나님께서 십자가 사건에서 메시아 예수를 유일한 속죄 제물로 세우신 사실을 인식하고 참여하는 원리가 믿음이다(3:25). 하나님께서 자신이 의로우실 뿐 아니라, 의롭게 하실 새로운 인류의 존재론적 토대를 믿음이라고 말한다(3:26). 그러므로 그리스도를 통한 속죄를 받고 하나님과 화해된 하나님의 백성, 바울의 다른 말로 "새로운 인간성"의 존재 방식을 대표하는 하나님의 선물이다.

그러면 믿음은 인간에게 있는 책임성과 존귀함을 말살하는가? 그렇지 않다. 오히려 정반대이다. 믿음에 자신의 존재의 근원을 두는 이(롬 3:26)는 하나님 앞에서 인간으로서 최고로 책임 있는 존재로 나타난다. 이것을 로마서 3:23의 용어로 바꾸어 말하면, 믿음을 가진 사람은 하나님이 보시기에 하나님이 창조할 때 의도하셨던 그 지고한 계획에 이른 모습으로 나타난다는 것이다. 그 이유는 무엇인가?

첫째는 긍정적인 이유이다. 믿음은 하나님이 마련하신 속죄의 길을 인식하고 그것에 참여하는 원리이기 때문이다. 물론 사람 편에서 믿음의 반응이 결정적으로 요구된다. 하나님께서 그리스도를 속죄 제물(ἱλαστήριον)로 세우신 목적이 성취되었을 때, 그 혜택이 인식되고 그 혜택에 참여하게 되는 것은 바로 이 믿음이라는 원리를 통해서이기 때문이다.

둘째는 부정적인 이유이다. 이 혜택을 인식하고 참여하는 원리로서 믿음 외에는 다른 어떤 것도 인간에게 열려 있지 않다. 왜냐하면 바울은 "율법 밖에서"(χωρὶς νόμου) 나타난 의를 말하고, 믿음으로 얻는 속죄와 화목을 말하기 때문이다(롬 3:21, 25). 이것은 자신들의 행위로 이 속죄와 화목을 얻으려는 생각을 모두 배제한다는 점을 강조한다.

그러나 이러한 긍정적인 이유와 부정적인 이유가 전부는 아니다. 오히려 그보다 더 중요한 이유는 믿음이 갖고 있는 대상을 향한 본질적인 지향성 때문이다. 이것은 그 반대 원리와 비교해 보면 더 분명히 드러난다. 율법의 행위라는 원리는 어떤가? 율법을 행할 때, 가장 중요한 것은 그 율법을 수여한 분의 뜻이다.

그럼에도 유대인들의 예에서 알 수 있듯이, 율법 수여자의 뜻보다 각 항목에 집중하고 각 항목을 실천하는 인간 편에서의 실행량이 더 중요하게 되었다. 그러므로 율법의 행위는 필연적으로 자기 자랑과 자기 의, 자기 기만으로 귀결되었다. 그러나 믿음은 어떤가? 믿음은 처음부터 속죄의 근거를 마련하신 아버지와 아들과 성령의 은혜로부터 출발한다. 그러므로 인간은 더는 자기 자신에 집중하지 않고 그 속죄와 화해의 주체이신 하나님을 향하게 된다.

이렇게 인간이 시선을 하나님께 돌리자마자 세 영역에서 새로운 인식이 생긴다. 속죄 자체에 대하여는 그 무한한 가치를 알게 되고, 하나님께 대하여는 그분의 완전한 거룩함을 마주하게 되며, 자기 자신에 대하여는 완전한 무자격의 상태에 눈뜬다. 여기서 인간 안에 논리를 초월한 '설득'이 생겨난다. 그것은 자신의 존재 전부로도 자신의 죄 하나조차도 속할 수 없다는 확신이다. 왜냐하면 신자는 하나님이 세우신 속죄의 길을 보고서야 죄가 무엇인지 알게 되고, 죄의 심각함에 경악하게 되기 때문이다. 신자는, 자기 생각에 아무리 사소하고 작은 죄라도, 하나님께서 자기 자신의 독생자를 십자가에서 죽게 하여 그 형벌을 담당하게 하지 않고는 해결되지 않는 문제인 것을 그제야 인정한다.

따라서 인간은 자신의 죄를 스스로 결코 감당할 수 없다고 인정하는 자리에서, 믿음은 두 가지 일을 한다. 한편으로 인간에게 자신의 죄에 대한 하나님의 형벌의 무게가 무한대라는 것을 알게 한다. 다른 한편으로 이 무한대의 형벌을 온전히 감당할 수 있는 분께 자신을 맡기게 한다. 그러므로 그리스도의 십자가 아래 피하는 믿음을 통해서 인간은 유일하게 자신의 죄를 하나님의 완전한 거룩함과 하나님의 완전한 공의의 수준에서 해결할 수 있다. 따라서 하나님 편에서는 이 믿음을 통해 하나님이 마련한 속죄의 길을 붙드는 사람만이 책임 있는 존재로 나타나는 것이다. 왜냐하면 오직 믿음으로 십자가를 의지하는 사람만이 창조주 하나님이 의도하신 인간 본연의 책임을 다한 사람으로 인정하시기 때문이다.

따라서 오직 믿음만이, 하나님의 의로운 법 앞에서 아무런 책임도 질 수 없었던 인간이 그리스도 안에서 하나님 앞에 책임 있는 존재로 설 수 있는 유일한 길이다. 왜냐하면 인간은 육신 때문에 연약하여 율법의 참된 요구를 충족시킬 수 없기 때문이다. 자기의 죽음으로도 자기 죄를 감당할 수 없고, 하나님의 거룩함과 명예를 손상시킨 일을 회복시킬 수 없기 때문이다. 그러나 그리스도 안에서 그의 존엄이 회복된다.

[3] 율법이 육신으로 연약하여 할 수 없는 그것을 하나님은 하시나니 곧 죄로 말미암아 자기 아들을 죄 있는 육신의 모양으로 보내어 육신에 죄를 정하사 [4] 육신을 따르지 않고 그 영을 따라 행하는

우리에게 율법의 요구가 이루어지게 하려 하심이니라(롬 8:3-4)

지금까지 믿음 안에서 인간의 존엄성이 어떻게 회복되는지 살펴보았다. 만일 인간이 자신과 자신이 관련을 맺고 있는 세계에서 하나님을 배제하고 자신의 존재와 존엄을 생각하면, 거기에 맞는 이상을 찾을 수 있을 것이다. 그러나 그 이상이 아무리 뛰어나다 하더라도 타락한 세계의 일부로 나고 죽을 뿐이다. 그러나 성경은 인간을 근본적으로 창조와 종말이라는 거시세계에서 본다. 창조 시 이미 더 높은 하나님의 영광에 이를 존재로 보았고, 타락 이후에도 이 목표를 잃은 적이 없다. 하나님은 그리스도의 피 안에서 그를 믿음으로 말미암는 속죄 제물로 세우시고, 자신의 의를 드러내시며, 이 그리스도를 믿는 자에게 창조 시 목표한 영광에 이르게 하셨다. 또한 피조물 전체를 신자들의 부활 수준으로, 신자들을 그리스도의 영광의 수준으로 회복하실 것이다.

그러나 믿음을 거부하는 자들은 믿음은 낯선 원리이며, 믿음이 창조부터 십자가까지 율법 아래 있던 사람들과 어떤 연관성이 있느냐고 묻는다. 이제 이 문제를 살펴보자.

## 믿음의 구속사적 통일성

창조부터 십자가까지 구원의 원리가 무엇이었는지 탐구하는 출발점은 무엇인가? 여기서 새로운 출발점을 찾을 필요가 없다. 사도 바울은 로마서 3:21-26에서 대속과 믿음의 원리를 제시한 후 이 믿음에 근거하여 의를 얻은 예를 들고 있기 때문이다. 바로 아브라함이다. 아브라함이 이삭을 바친 장소와 그리스도의 십자가 사건이 일어난 장소의 연관성은 앞에서 살펴보았다.[5] 그런데 바울은 로마서 4장에서 아브라함이 이삭을 바치면서 하나님을 신뢰했고, 신약 신자들은 십자가에 달리신 예수 그리스도를 믿음으로 새로운 존재로 거듭난다고 말한다. 여기서 질문이 제기된다.

> 아브라함은 어떤 믿음을 가졌으며, 아브라함의 믿음과 신약 신자들의 믿음은 어떤 관계가 있는가?

## 1. 아브라함의 믿음

바울은 로마서 4장에서 이렇게 말한다.

> 아브라함이 바랄 수 없는 중에 바라고 믿었으니, 이는 네 후손이 이 같으리라 하신 말씀대로 많은 민족의 조상이 되게 하려 하심이라(롬 4:18)

---

5 창세기 22장에서 아브라함이 이삭을 번제로 바친 사건을 통해 하나님이 장구한 구원역사를 어떻게 펼쳐가시는지 제3장 "역사 안에서 계시"에서 살펴보았다.

여기서 "바랄 수 없는 중에"라는 말은 생각보다 훨씬 강한 말이다. 이 말은 "희망에 거스르는 또는 소망을 대적하는"(παρ' ἐλπίδα)이라는 뜻이다. "지각과 이성의 영역에서는 소망을 품을 수 있는 어떤 근거도 찾을 수 없었으나," 그럼에도 불구하고 믿었다는 것이다. 그것은 눈으로 볼 수 없고, 사람이 생각하여 얻을 수 없는 사실에 근거한 확신이다. 바로 그 근거가 하나님이요, 하나님의 약속이다.[6] 그러면 무엇이 희망을 거스르고 대적하는 것이었는가?

> 그가 백 세나 되어 자기 몸이 죽은 것 같고 사라의 태가 죽은 것 같음을 알았다(롬 4:19)

아브라함은 자신도 사라도 아이를 낳는 것이 불가능하다는 것을 알았다. 그런데 하나님은 네 몸에서 날 자, 곧 아브라함과 그의 아내 사라로부터 날 자가 네 후사가 될 것이라고 약속하셨다(창 15:4; 18:10). 아브라함은 자신의 불가능과 하나님의 약속 사이에 끼어 있고, 여기서 부활 신앙이 생긴다. 무엇인가? 자기 몸은 죽은 것 같으나, 하나님은 "죽은 자를 살리시며 없는 것을 있는 것으로 부르시는 이"(롬 4:17)라는 사실을 믿었고, 그 하나님이 "그의 약속을 이루실 것을 확신하였다"(롬 4:21)는 것이다. 이

6 Cf. F. L. Godet, *Commentary on Romans* (Grand Rapids: Kregel, 1977), 181.

믿음이 "그에게 의로 여겨졌다"(롬 4:22; 창 15:6).

아브라함은 자신의 몸이 죽은 것 같으나 하나님이 마치 죽은 자를 부활시키듯이 후사를 낳게 하실 것을 믿었고, 이삭을 바치라는 명령을 받았을 때, 그를 번제로 드린다 할지라도 하나님은 어떤 방식으로든 이삭을 죽은 자 가운데서 부활시킬 것을 믿었다는 것이다. 이와 동일한 원리가 아브라함뿐만 아니라 우리에게도 적용된다.

## 2. 아브라함의 믿음과 우리의 믿음

바울은 로마서 4장에서 다음과 같이 말한다.

> [23]그에게 의로 여겨졌다 기록된 것은 아브라함만 위한 것이 아니요, [24]의로 여기심을 받을 우리도 위함이니, 곧 예수 우리 주를 죽은 자 가운데서 살리신 이를 믿는 자니라. [25]예수는 우리의 범죄한 것 때문에 내줌이 되고, 우리를 의롭다 하시기 위하여 살아나셨느니라(롬 4:23-25)

신약 신자 중 대부분은 아브라함처럼 백 세가 아닐 수 있다. 나아가 아브라함처럼 이삭을 바치라는 명령을 받지 않았을 수 있다. 그러나 그들도 스스로 상속자가 될 수 없고, 자신의 죄 문제를 스스로 해결할 수 없다는 점에서 신자들 또한 아브라함과 똑

같은 절망과 비참함 속에 있다. 그런데 하나님은 "영접하는 자 곧 그 아들의 이름을 믿는 자에게는 하나님의 자녀가 되는 권세를 주셨다"(요 1:12). "내가 진실로 진실로 너희에게 이르노니 내 말을 듣고 나 보내신 이를 믿는 자는 영생을 얻었고 심판에 이르지 아니하나니 사망에서 생명으로 옮겼느니라"(요 5:24)라고 말씀하셨다. 인간의 불가능과 하나님의 약속 사이에 신자가 있다. 신자는 자신의 불가능을 볼 때도, 하나님의 약속을 볼 때도, '어떻게 이런 일이 가능한가?'라고 생각할 뿐이다. 그러나 아브라함이 자기의 몸이 죽은 것과 자기 상속자가 죽을 것을 보고도 하나님의 약속이 이루어질 것을 붙들었을 때 부활 신앙이 생겼듯이, 신자가 죄로 인해 자신이 마치 죽은 것 같은 것을 보고도 그리스도를 구주로 받고 하나님을 믿을 때 신앙의 내용인 부활과 영원한 생명을 받는다. 예수님이 우리를 대신하여 십자가에 죽으시고, 예수님이 우리를 대신하여 부활하셨기 때문이다.

따라서 믿음은 새롭게 생겨난 원리가 아니다. 역사적으로는 예수님의 십자가와 부활에서 시작되었으나, 이 원리에는 이미 유구한 뿌리가 있다. 신약 신자는 아브라함과 동일한 믿음의 원리로 의를 얻는다. 그러면 아브라함 이전 시대는 어떻게 되는가? 믿음 원리의 뿌리는 영원에 심겨있다(cf. 롬 5:18-19; 히 11:1-7). 십자가와 부활은 역사의 한 시점에 일어났으나 종말론적 사건이며, 믿음은 역사 안으로 들어온 '오는 시대'의 실재이기 때문이다. 따라서 오직 믿음으로 인간은 하나님 나라에 참여하고, 보이지 않는 하나님과 교제한다(cf. 히 11:6).

## 나가며

지금까지 살펴본 내용을 요약하면 다음과 같다. 그리스도의 십자가는 인간의 존엄을 회복한다. 로마서 3:25을 보면, 하나님께서 행하신 일이 나온다. 하나님께서 공적으로 행하신 일이다. 그 일은 하나님이 직접 참여하신 일이다. 하나님께서 전 우주와 창조부터 세상 끝까지 모든 세대를 위해 행하신 일이다. 바로 하나님께서 예수 그리스도를 모든 세대 자기 백성들을 위한 속죄 제물로 삼으신 것이다. 단순한 속죄 제물이 아니다. "그의 피 안에서 믿음을 통한 속죄 제물"로 세우셨다. "그의 피"는 "그리스도의 피"를 가리킨다. 만일 이 말이 부분으로 전체를 나타내는 표현(*pars pro toto*)이라면, "그리스도의 피"는 약 2,000년 전 예수님의 십자가 사건으로 과거 사건인 것이 분명하다. 만일 "믿음을 통해서"라는 말이 하나님이 예수 그리스도를 속죄 제물로 세우신 이 일을 인식하고 받아들이며 그 혜택에 참여하는 것을 가리킨다면, 이 일은 현재의 일이면서 동시에 과거의 일과 관련있다. 구약 백성들과 신약 성도들은 "믿음"이라는 동일한 구원의 원리로 하나님 나라에 참여한다. 여기서 기억해야 할 것은 두 가지이다.

1. 그리스도의 십자가는 인간이 책임 있는 존재로 하나님 앞에 설 수 있는 유일한 길이라는 점이다. 인간은 자기 죄에 대한 책임을 다할 수 없는 존재이기 때문이다. 심지어 인간은 자신의 죽음조차도 죽을 수 없는 존재이기 때문이다. 인간이 하나님의 법을 어긴 일, 그분의 거룩함과 명예와 뜻을 훼손한 일은 돌이킬 수 없고, 인간의 어떤 것으로도 그것을 회복할 수 없다. 인간 개인 존재가 소멸된다 해도, 그 집합인 인류 전체의 영혼으로도 그 값을 치를 수 없다. 왜냐하면 하나님의 공의와 거룩은 무한대의 값을 요구하기 때문이다.

동시에 인간이 우주에서 차지한 존엄성 때문이다. 인간의 구원은 한 개인이 죄 사함 받는 문제에 그치지 않고 피조물 전체의 회복과 관련이 있다. 전 피조계의 회복이 하나님의 아들들의 나타남, 그들 몸의 부활, 곧 구속의 완성에 달려 있다. 동시에 그들 구속의 완성은 그리스도께 달려 있다. 따라서 하나님은 인간의 실존 문제를 넘어서 우주의 재창조와 회복을 이룰 의를 요구하신다. 이것이 바로 하나님의 의이다.

그러므로 이 의를 위해 하나님은 무한한 가치의 인격을 화목제물로 세우시고, 그의 십자가에서 자신의 공의와 거룩을 세우셨다. 동시에 이 무한한 공의와 영원한 거룩을 만족시킨 존재를 믿는 믿음을 칭의의 근거로 제시하셨다. 그분이 바로 예수 그리스도시다. 하나님은 이 예수 그리스도, 하나님의 아들을 믿는 자를 그와 하나로 묶으신다(연합 교리). 그리고 그리스도의 형벌을 그들이 받아야 할 형벌로, 그리스도가 받으실 의를 그들이 얻은 의로 여겨주신다(이중 전가 교리). 따라서 인간은 자력 구원의 원리를 버리고 대속 구원의 원리를 붙들 때, 이 역설을 수용할 때만, 자기 죄를 책임질 수 있고, 자기 의를 확보할 수 있다. 따라서 십자가 안에서만 인간의 존엄이 온전히 회복된다.

2. 인간이 자신이 아니라 자기 밖의 구속자에 의존할 때 의를 얻는 이 역설은 유구한 역사에 뿌리를 두고 있다. 바로 아브라함부터이다. 아브라함이 믿음의 조상이라면, 믿음의 원리는 처음부터 주어진 것이다. 아브라함은 하나님을 신뢰함으로 의를 얻었다. 하나님이 죽은 자를 살리시고, 없는 것을 있는 것처럼 부르시는 분임을 확신하고, 아들을 바쳤다. 그래서 의로운 자라는 이름을 얻었다. 아브라함은 이 믿음을 "우리가 저기 가서 우리가 경배하고 우리가 너희에게 돌아오리라"(창 22:5)고 말했을 때부터 가지고 있었다. 이 말을 종들은 어떻게 들었을까? 그저 '당연하지 않은가? 이걸 굳이 말할 필요가 있는가?'라고 했을 것이다. 그러나 이 말은 믿음의 신비, 부활 신앙의 깊이를 담은 말이었다.

신약 시대 신자의 믿음도 마찬가지이다. 우리도 하나님을 믿는다. 어떤 하나님을 믿는가? 예수님을 죽은 자 가운데서 살리신 분이시라는 것을 믿는다. 이것을 통해 무엇을 이루셨다고 믿는가? 하나님이 예수님과 나를 연합시켜, 그리스도가 십자가에서 죽으실 때 내 죄에 대한 종말론적 심판을 행하셨고, 그래서 나는 "죽었고", 그리스도를 부활시키셨을 때 그와 함께 나도 부활시키셨다는 것을 믿는다. 예수님의 부활이 그리스도의 무죄를 온 우주에 천명하듯이, 그리스도와 연합한 나도 그리스도 안에서 의로우며, 이제는 결코 정죄를 받지 않는다고 온 우주 앞에 천명해 주신 것을 믿는다.

지금 신자의 신앙이 세상에서는 마치 겨자씨를 자기 정원에 심은 것 같고, 적은 누룩을 밀가루 반죽에 넣어 둔 것과 같을 지 모른다. 미약하고 눈에 보이지도 않으며, 하찮게 여김 받으며, 오늘날과 같이 무시당하고 모욕당할 수 있다. 그러나 그 날이 되면 믿음의 영광스러운 실체가 드러날 것이다. 그래서 바울은 "크도다 경건의 신비여"(딤전 3:16)라고 외쳤다. 그와 같이 그 날에 우리 안에 주신 믿음의 신비와 부활 신앙의 깊이가 드러날 것이다.

지금까지 그리스도의 십자가가 우주적 규모에서 악을 정복하고 인간의 존엄을 회복한다는 것을 살펴보았다. 이제 그리스도의 십자가로 거듭난 신자들의 내면과 관계에 어떤 변화를 가져오는지 살펴보자.

## |토론 문제|

01 당신이 그리스도의 십자가와 마주할 때, 가장 거리낌이 드는 것은 어떤 것인가?

02 그리스도의 십자가는 대속 교리와 믿음의 원리와 함께 간다. 그런데 이 둘은 현대인에게 가장 혐오스러운 것들이다. 이에 대한 당신의 생각은 어떠한가?

03 사도 바울은 종말에 "율법 밖에서 한 의"가 나타났다고 선언하는데, 이 의는 어떤 의인지 당신 자신의 말로 설명할 수 있는가?

| | 낯선 의 | 내용 |
|---|---|---|
| 1 | 한 사람에 의존하는 의 | |
| 2 | 하나님이 주도적으로 세우신 의 | |

04 이 우주에서 인간은 어떤 존재인지 토론해 보자.

05 인간의 범죄가 피조물과 하나님의 영광에 미친 영향에 대해 당신은 어떻게 생각하는가?

06 대속 원리가 출현하는 배경은 무엇인가?

07 인간이 하나님 앞에 책임을 다하는 존엄한 존재로 서기 위해서는 역설적으로 그리스도를 믿고 대속 교리를 받아들여야 한다는 말이 무엇을 가리키는지 당신 자신의 말로 설명할 수 있는가?

08 만일 믿음이 신약 시대 구원 원리라면, 십자가 이전에 살았던 사람들의 구원 원리가 될 수 없다. 그러면 사도들과 초대교회는 아주 '최근에 출현한' 원리를 소개한 것이다. 당신은 이 주장을 반박할 수 있는가?

09 사도 바울의 십자가 복음을 공부하면서 하나님과 그리스도, 인간에 대해 당신이 새롭게 발견한 것은 무엇인가?

## 마 18:15-35

[15]네 형제가 죄를 범하거든 가서 너와 그 사람과만 상대하여 권고하라 만일 들으면 네
가 네 형제를 얻은 것이요, [16]만일 듣지 않거든 한두 사람을 데리고 가서 두세 증인의 입
으로 말마다 확증하게 하라. [17]만일 그들의 말도 듣지 않거든 교회에 말하고 교회의 말
도 듣지 않거든 이방인과 세리와 같이 여기라. [18]진실로 너희에게 이르노니 무엇이든지
너희가 땅에서 매면 하늘에서도 매일 것이요 무엇이든지 땅에서 풀면 하늘에서도 풀리
리라. [19]진실로 다시 너희에게 이르노니 너희 중의 두 사람이 땅에서 합심하여 무엇이
든지 구하면 하늘에 계신 내 아버지께서 그들을 위하여 이루게 하시리라. [20]두세 사람
이 내 이름으로 모인 곳에는 나도 그들 중에 있느니라

[21]그때에 베드로가 나아와 이르되,

주여 형제가 내게 죄를 범하면 몇 번이나 용서하여 주리이까?
일곱 번까지 하오리이까?

[22]예수께서 이르시되 네게 이르노니,

일곱 번뿐 아니라 일곱 번을 일흔 번까지라도 할지니라

[23]그러므로 천국은 그 종들과 결산하려 하던 어떤 임금과 같으니 [24]결산할 때에 만 달
란트 빚진 자 하나를 데려오매 [25]갚을 것이 없는지라 주인이 명하여 그 몸과 아내와 자
식들과 모든 소유를 다 팔아 갚게 하라 하니 [26]그 종이 엎드려 절하며 이르되 내게 참으
소서 다 갚으리이다 하거늘 [27]그 종의 주인이 불쌍히 여겨 놓아 보내며 그 빚을 탕감하
여 주었더니 [28]그 종이 나가서 자기에게 백 데나리온 빚진 동료 한 사람을 만나 붙들어
목을 잡고 이르되 빚을 갚으라 하매 [29]그 동료가 엎드려 간구하여 이르되 나에게 참아
주소서 갚으리이다 하되 [30]허락하지 아니하고 이에 가서 그가 빚을 갚도록 옥에 가두거
늘 [31]그 동료들이 그것을 보고 몹시 딱하게 여겨 주인에게 가서 그 일을 다 알리니 [32]이
에 주인이 그를 불러서 말하되 악한 종아 네가 빌기에 내가 네 빚을 전부 탕감하여 주었
거늘 [33]내가 너를 불쌍히 여김과 같이 너도 네 동료를 불쌍히 여김이 마땅하지 아니하
냐 하고 [34]주인이 노하여 그 빚을 다 갚도록 그를 옥졸들에게 넘기니라. [35]너희가 각각
마음으로부터 형제를 용서하지 아니하면 나의 하늘 아버지께서도 너희에게 이와 같이
하시리라

# 12

# 형제를 용서하고 사랑함

## 들어가며

그리스도의 십자가는 신자에게 종말론적 하나님 나라에 참여하게 한다. 이 나라는 시작했으나 아직 궁극적으로 완성된 모습을 드러내지 않았다. 그렇다면 이 "참여"에 의미가 있는가? 재창조는 창조와 근본적으로 다른 방식으로 진행된다. 그 핵심은 옛 질서 속에 새 질서를 창조하는 것이다. 이것을 시대 개념으로 표현하면, 오는 시대의 원리와 질서가 현재 시대로 들어오는 방식이다. 따라서 신자는 오는 시대에나 가능한 새 인간성을 이미 소유하고 있고, 오는 시대에나 존재하는 부활 생명, 죄 사함과의, 평화를 이미 누리며 산다.

이렇게 그리스도의 십자가가 이룩한 오는 시대의 삶 중에는 "나보다 남을 낫게 여기는 것," "주 안에서 협력하는 것," "원수를 사랑함," "형제를 용서함," "기도" 등이 있다. 여기서는 이 중에 "형제를 용서함"에 관해 좀 더 자세히 살펴보자. 용서는 그리스도인의 윤리의 출발이요 기초라고 할 수 있기 때문이다. 나아가 이 주제는 그리스도를 믿고, 십자가 아래서 구원을 받은 사람들은 어떻게 살아야 하는가, 새 언약 백성이 된 교회는 이제 세상에서 어떻게 살아야 하는가라는 질문과 연결되어 있다. 따라서 이 주제를 하나로 묶어 다음과 같이 질문할 수 있다.

> 그리스도 십자가 아래 있는 하나님의 백성에게 개인과 교회 차원에서 하나님은 무엇을 요구하시는가?

이 질문은 이미 예수님 당시에 있었다. 베드로는 죄를 범한 형제를 몇 번이나 용서해야 하는지 물었고, 예수님은 마태복음 18장에서 일만 달란트 비유로 대답하셨다. 이 비유는 십자가 구속을 받은 신자들의 용서의 본질이 무엇인지 이해하는 데 도움을 준다.

## 천국의 신분체계

이 비유는 가까운 문맥(마 18:15-20)에서 볼 때, 형제의 범죄를 어떻게 처리하는가 하는 문제와 관련이 있다. 그러나 좀 더 넓은 문맥(마 18:1-14)에서 보면, “천국에서는 누가 크니이까?”라는 질문에 대한 예수님의 대답 속에 있다. 예수님은 하나님의 나라는 모든 사람들이 가고 있는 길의 연속선상에 있지 않을 뿐만 아니라 하나님의 나라에서는 이 세상의 가치가 모두 전복될 것이라 말씀하신다. 다시 말해서, 하늘나라의 신분 체계 배경에서 형제를 어떻게 대해야 할 것인가를 말씀하신 것이다.

따라서 사람이 시급히 해야 할 일은 방향을 돌이키는 것이다. 또 어린아이와 같이 되어야 한다. 하나님 나라에서는 어린아이와 같이 낮추는 이가 가장 크고, 누구든지 이런 어린아이 하나를 주님의 이름으로 영접하면, 곧 주님을 영접하는 것이라 말씀하신다. 따라서 소자, 즉 당시 자신들을 “의인”이라 부르던 소수 특권계층 외에, 이 세상에서 작고 힘이 없다 하여 경시되던 어린이, 약하다 하여 무시당하던 여자, 고아, 과부들, 종교적인 소외 계층, 세리와 죄인들, 나아가 일반 백성 중 아무리 작은 이라 할지라도, 그들을 실족하게 하는 일은 하나님 나라 관점에서 위험천만한 일이다. 예수님은 심지어 “저희 천사들이 하늘에서 하늘에 계신 내 아버지의 얼굴을 항상 뵙고 있다”라고 말씀하신다(마 18:10). 따라서 그들을 넘어지게 하고, 믿음에서 떠나게 하는 일을 조심해야 한다. 왜냐하면 이것은 하나님 나라의 헌법인 아버지의 뜻이 아니기 때문이다. 따라서 자신의 눈이 작은 자를 실족하게 한다면, 찍어내 버리는 것이 낫고, 자신의 손과 발도 그렇게 하는 것이 낫다(18:7-9). 이 작은 자들을 위해 하늘에서는 그들의 천사들이 하나님 앞에 서 있으므로, 그들을 업신여기지 말아야 한다(마 18:10)는 것이다.

예수님은 이 원리를 말씀하신 후, 그러면 "형제"가 범죄하면, 교회는 어떻게 해야 하는지 말씀하신다(마 18:15-20).

## 십자가 아래 교회의 삶

교회는 범죄한 "형제"를 어떻게 대해야 하는가? 교회는 그 형제를 얻기 위해 최선을 다해야 한다. 적어도 세 차원의 노력을 해야 한다. 먼저 개인이 말하고, 다음으로 두세 증인을 대동하여 말하고, 그래도 듣지 않으면, 교회의 공적인 권면이 있어야 한다. 이렇게 해도 듣지 않을 때, 그제야 비로소 이방인처럼 취급해야 한다. 만일 그 형제가 돌이키면, 그를 얻는 것이다(마 18:15). 그의 영혼을 영원한 사망에서 구원하며 많은 죄를 덮는다(약 5:19-20). 주님께서 생명을 주실 것이다(cf. 요일 5:16).

이와 같이 교회는 범죄한 형제가 돌이키도록 최선을 다해야 한다. 그러면 개인 신자는 어떻게 해야 하는가?

## 십자가 아래서 신자의 삶

예수님께서 형제가 범죄 했을 때, 교회가 어떻게 해야 하는지 말씀하시자, 베드로는 개인적인 차원에서는 어떻게 해야 할지 질문한다. "주여 형제가 내게 죄를 범하면 몇 번이나 용서하여 주리이까? 일곱 번까지 하오리이까?"(마 18:21).

### 1. 인간의 최대치

우리는 주님의 대답을 듣기 전에 잠시 멈춰서 베드로의 질문을 생각해 볼 필요가 있다. 왜냐하면 베드로의 질문에는 남다른 점이 있기 때문이다. 그것은 사람이 사람을 용서한다는 개념이다.

예수님 이전 및 당시 유대주의에는 죄 용서라는 개념이 매우 희박하다. 유대인은 죄 용서를 비롯한 모든 축복을 율법 준수와 연결시켰다. 그러나 의와 인과 신의 실현으로서 하나님의 법이 아니라 몇 가지 조항으로 축소된 매뉴얼이었는데, 이것을 실천하지 않는다 하여 일반 백성들은 그 축복에서 제외시켰다. 어떤 분파에서는 여자에게 원죄의 책임을 돌렸다. 남자와 여자 중 오직 여자만이 죄가 들어온 통로였으므로 남자는 죄가 없다는 것이다(『슬라브 에녹서』 31:6; 『모세 묵시록』 7:1; 『아담과 이브의 생애』 3:2). 또 어떤 분파에서는 율법을 지키는 자기들과 범죄한 아담을 대조시키면서, "아담아 네가 도대체 무슨 일을 하였느냐?"(『시리아 바룩서』 48:42)라고 말하기도 했다. 이것은 모두 변질된 자기 정체성이요, 죄의 심각성을 외면하고 있는 현상이다.

그러나 베드로의 질문에는 이런 유대인의 생각이 전혀 나타나지 않는다. 당시 계층 구분으로 볼 때, 소자 곧 작은 자에 속했던 제자들이 그와 동일한 그룹에 속했던 사람들에 대해서도 죄 용서의 가능성을 열어놓고 있다는 점에서 남다른 점이 있다. 어떻게 보면, 예수님 곁에 있어서 계시의 빛을 받고 있는 증거로 생각할 수 있다. 그러나 다른 한편으로, 베드로의 질문은 그와 제자들도 역시 그 시대의 자녀들인 것을 드러내고 있다.

> 주님, 나의 형제가 내게 죄를 범하면,
> 내가 몇 번이나 용서할까요?
> 일곱 번까지 할까요?(마 18:21)

이 질문에서 그렇게 강조된 것은 아니지만, 용서의 주체와 근원이 "나"인 것은 분명하다. "내가 몇 번이나 용서해 줄까요?" 베드로의 최대치는 일곱 번이었다. 이것이 제자들이 생각해낸 최대치가 분명하다. 어쩌면, 이 일곱 번이라는 수치는 교회가 범죄한 형제를 대할 때, 1차 개인적으로, 2차 두세 증인을 대동하고, 3차 교회가 말할 것, 그 후에야 출교할 것을 말한 주님의 말씀을 배경으로 하고 있는지도 모른다. 만일 이 추측이 옳다면,

베드로와 제자들은 교회가 할 수 있는 최대치의 두 배 이상을 제안한 것이다. 그들이 볼 때, 이것은 한 개인이 할 수 있는 최대치라고 할 수 있다.

그러나 예수님은 이 인간의 최대치를 한 마디로 깨뜨려 버렸다. 일곱 번이 아니라, "내가 이르노니 일흔 번씩 일곱 번까지지니라"(마 18:22). 490번! 수학적으로 볼 때, 이 수치는 별것 아니다. 유한수이다. 하지만 이 숫자가 죄 용서와 관련된 것인 점을 의식한다면, 이것이 얼마나 큰 수인지 모르는 사람이 없다. 경험상 사람이 사람을 두 번이나 세 번 이상 용서하는 것이 쉽지 않다. 딱 한 번만, 딱 하루만 참자 할 수 있어도, 사람이 어떻게 진정으로 100번을 용서할 수 있겠는가?

나아가 주님의 말씀은 정확히 490번까지만 용서하고, 500번째에는 화를 내도 된다는 뜻이 아니다. 아무도 그렇게 성경을 읽지 않는다. 만일 그렇게 읽는다면, 성경의 맥락을 모조리 파괴하고 만다. 주님은 베드로의 질문을 받아 대답한 것이다. 만일 베드로가 "백 번까지 할까요?"라고 질문했다면, 주님은 백 번이 아니라, "만 번을 백 번이라도 할지니라"라고 대답하셨을 것이다. 무한한 용서를 말한다. 이것은 내용상 아르키메데스가 바다의 모래알의 수가 10의 51승이라고 한 것보다 큰 수이다.

그러면 인간은 질문할 것이다. 무한한 용서가 '무슨 수'로 가능하겠는가? 예수님은 비유 하나를 들어서 용서의 한계와 가능성을 말씀하신다. 곧 얼마나 용서해야 하는가와 이 용서의 심층에 무엇이 있어야 불가능이 가능으로 바뀔 수 있는지 설명하신다. 여기서 예수님은 인간의 "현 위치"를 직시하게 하신다.

## 2. 하나님 앞에서 인간의 현 위치

예수님의 비유의 내용은 이렇다. 어떤 임금에게 한 종이 있었는데, 일만 달란트 빚을 졌다. 그런데 그가 갚을 것이 없자 임금은 "그 몸과 처와 자식들과 모든 소유를 팔아 갚게 하라"(마 18:25)고 하였다. 빚진 종이 다 갚겠다고 하면서 빌었다. 임금은 "불쌍히 여겨" 놓아줄 뿐 아니라, 그 빚을 모두 탕감하여 주었다(18:26-27). 그런데 이 종에게 100데나리온 빚진 동료가 하나 있었는데, 자신은 주인에게 1만 달란트 탕감 받고도, 100데나리온 빚진 동료를 보자 빚 독촉을 하고, 갚지 못하자 감옥에 집어넣었다는 것이다(18:28-31).

여기서 주님은 매우 큰 숫자 하나를 사용하시는데, 다른 숫자와 차이가 너무 커서 내용을 짐작하는 데 어려움이 없다. 10,000 대 100! 하지만, 상황을 좀 더 생생하게 느낄 수 있도록 잠시 계산을 해보는 것이 유익하다. 두 단계로 생각해 보자.

우선 1만이라는 말이 당시 세계에 어떤 존재감을 갖고 있었는지 생각해 볼 필요가 있다. 1만이라는 단어는 뮈리아(*μύρια*; 복수)를 번역한 것인데, 이 숫자는 헬라 사람들에게 최대수였다.

아라비아 사람들과는 달리 헬라 사람들은 이 숫자를 표시하는 것도 어려워했을 뿐 아니라, 이 수 이상의 숫자를 갖는데 두려움을 가지고 있었다.

히브리 사람들의 최대수는 엘레프(1,000)였다. 이 이상의 수는 그저 라브(רַב; "많다")라고 불렀다. 이 라브가 앞에서 말한 1만이다.

헬라인들이나 히브리 사람들에게 이 일 만이라는 수는 엄청나게 많은 것, 너무나 많아서 심리적으로 어떤 두려움이나 신비감을 불러일으키는 수이다. 오늘날 수 개념으로 무한대라고 할 수 있다.

다음으로 이 용서하지 않는 종이 탕감받은 "1만 달란트"가 당시의 화폐로 얼마만큼 되는지 계산해 보자. 1달란트는 6,000 데나리온이다. 1데나리온이 당시 노동자 한 사람의 임금이므로, 1달란트는 6,000일을 일해야 벌 수 있는 돈이다. 그렇다면 한 사람이 이 금액을 얻으려면, 몇 년을 일해야 했겠는가? 당시 높은 실업률과 비정규직이 많았던 사실을 고려할 때(cf. 마 20:1-6), 오늘날 주 5일제로 일하는 직장인들과 같이 1년에 200일에서 250일을 일할 수 있다고 가정하면, 6,000데나리온은 몇 년을 일해야 하는 것인가?

6,000일/200일 = 30년

또는

6,000일/250일 = 24년

따라서 1달란트는 한 사람의 24-30년 급료이다. 이 기간 동안 먹지도 않고 입지도 않고, 아무 지출도 하지 않고 모아야 하는 금액인 셈이다. 이것이 1달란트이다. 그러면 1만 달란트면 얼마나 되는가? 24-30만 년! 예수님 당시 팔레스타인 전체 지역에서 로마가 1년 동안 거두어들인 세금이 800달란트에 불과했던 점을 고려한다면, 이것은 실로 엄청난 금액이다. 한 개인이 이런 빚을 질 수 있다는 것이 이상할 정도이다. 아무리 고령화 사회가 되었다고 해도, 사람의 연수가 고작해야 70이요, 강건하면 80을 사는데, 30만 년 치의 빚을 지고 있다는 것이다!

이것은 무엇을 말하는가? 하나님 앞에서 인간의 현 위치를 말한다. 하나님 앞에서 숨만 쉬고 있어도, 인간은 30만 년 치의 부채를 지고 있는 존재라는 것이다. 도대체 무엇이 하나님과 인간의 관계를 이렇게 만든 것인가? 바로 죄이다. 죄의 심각성 때문이다. 아무도 이 현실을 바꿀 수 없고, 인간이 하나님 앞에 서 있는 이 자리를 옮길 수 없다. 유대인들, 계몽주의 신학자들, 간디 등 역사상 많은 사람들이 인간이 스스로 죄를 해결할 수 있다고 말했지만, 그들이 말한 "죄"가 무엇인가? 로마교 신학자들이 죄의 대소와 경중을 나누고, 이에 따라 사람이 갚을 수 있다고 하여 수 세기 동안 불쌍한 신자들을 속였다. 그런데 어떻게 이 죄는 크고 저 죄는 가볍다 판단할 수 있는가? 성경은 분명히 말한다. 하나님 앞에서 우리 인간은 30만 년 동안 아무런 자기 주장을 할 수 없는 파리한 신용불량자와 같다고. 과학으로도 철학으로도 이 현실은 바뀌지 않는다.

그러면 인간은 어디에서 이 바뀌지 않는 현실이 바뀌고 부채를 해결하며 용서를 기대할 수 있는가?

### 3. 용서의 참된 근원

인간은 스스로 이 현실을 바꿀 수 없다. 이 바꿀 수 없는 현실을 바꾸신 분은 바로 하나님이시다. 오늘 비유에 나오는 "왕"으로 등장하는 아버지 하나님이 이 현실을 바꾸셨다. 하나님이 그저 불쌍히 여기셔서 이 신용불량자의 채무를 탕감해 주고 자유를 누리며 살 수 있도록 해 주신 것이다. 이것이 용서의 참된 토대요 근원이다.

> 이에 주인이 저를 불러서 말하되,
> 악한 종아, 네가 빌기로 네 빚을 전부 탕감하여 주었거늘,
> 내가 너를 불쌍히 여김 같이,
> 너도 네 동료를 불쌍히 여김이 마땅치 아니하냐?(마 18:32-33)

인간 중 하나님 앞에 자신을 정직히 세우고, 주님의 이 질문에 "주님이 틀리고 내가 옳습니다"라고 말할 수 있는 사람은 아무도 없다. 아무도 "주님, 그래도 저 사람은 용서 못 하겠습니다"

라고 말할 수 없다. 만일 그렇게 한다면, 파렴치한 사람의 전형으로 살게 될 것이다. 그러나 삶을 되돌아보면, 주인에게서 나오자마자 주인의 은혜를 잊어버린 종처럼, 자신은 1만 달란트나 되는 거액을 탕감 받았으면서도, 자기에게 100데나리온 빚진 동료를 압제하고 감옥에 넣는 것 같이 생각하고 행동할 때가 얼마나 많은가?

신학적으로 볼 때, 인간은 모두 하나님 앞에서 1만 달란트 빚진 자요, 30만 년 급료만큼의 지불 의무가 있는 채무자와 같다. 엄밀하게 말해서, 인간은 이 기간 동안 먹을 수도 없고, 입을 수도 없으며, 아무것도 자신을 위해 누릴 권리가 없는 비참한 자이다. 그런데 그 모든 빚을, 우리의 그 많은 죄를, 하나님이 예수님의 십자가 안에서 용서해 주시고, 하나님의 자녀들이 되게 하셨다. 우리 옆에 있는 다른 동료들, 교우들, 이웃들은 하나님이 보실 때, 고작 100데나리온 빚졌을 뿐이다. 그들이 우리에게 아무리 많이 빚을 졌다 하더라도, 우리가 하나님께 진 빚에 비교하면, 아무 빚도 지지 않은 것이나 마찬가지이다.

만일 어떤 사람이 그리스도의 십자가로 구속을 받았다면, 하나님은 그에게 "내가 너를 불쌍히 여김 같이 너도 네 동료를 불쌍히 여김이 마땅치 아니하냐?"(마 18:33)라고 말씀하실 충분한 근거를 가지고 계신 것이다. 신자의 용서는 하나님의 죄 용서에 근거와 토대가 있다. 그리스도인의 용서는 인간의 도덕적 능력 차원에서 이루어지는 것이 아니다. 신학적인 근원에서 온다.

## 나가며

지금까지 살펴본 내용을 요약하면 다음과 같다. 그리스도의 십자가는 신자에게 참된 용서와 진정한 사랑의 근원이 된다. 인간은 이 땅에서 결코 "겸손"을 본성으로 갖지 못할 것이다. 왜냐하면 인간은 죄의 영향을 벗어날 수 없고, 죄의 본성은 교만이며, 측은지심의 부재와 거시 안목의 결핍이기 때문이다(마 18:33; 벧후 1:9). 그러나 신자는 십자가 아래서 비로소 하나님 앞에서 자신의 현위치를 볼 수 있다. 모든 인간은 숨만 쉬고 있어도 "일만 달란트" 채무가 있는 파산자이다. 그 죄 하나만 해도 자신의 존재와 영혼이 소멸되고도 남는다. 죄에 대한 하나님의 진노가 그만큼 크고 무거운 것이다. 이것이 현실이다. 그런데 그리스도께서 향유 한 옥합이 아니라, 자기 피를 흘려 그 죄책에 대한 만족을 이루셨다. 이것이 현실이다. 신자는 그리스도의 십자가에서 비로소 이 현실을 보게 된다. 그러므로 그리스도의 십자가에서 영혼의 파산을 경험하고, 자신의 죄와 부채를 탕감받은 자유를 얻은 사람만이 자신의 존재의 뿌리에서 울리는 찬송과 감사를 드릴 수 있다. 십자가에서 솟아나는 생명이 용서의 참된 근원이다. 여기서 두 가지를 기억해야 한다.

1. 신자는 천국의 신분 질서를 의식하고 이 의식에 근거하여 말하고 행동해야 한다. 신자는 그리스도의 십자가 아래서 하늘나

라를 소유한다. 그 하늘나라에서는 근본적으로 신분 질서가 바뀐다. 천국에서는 어린아이와 같은 자가 크고, 작은 자가 존귀하다. 따라서 교회에서 작은 자를 무시하는 것은 매우 위험천만한 일이다. 반대로 교회에서 작은 자를 존중하는 것이 경건의 첫걸음이다. 왜냐하면 십자가 구속으로 그를 그 자리에 있게 한 그리스도를 존중하는 일이요, 그를 부르신 하나님을 경외하는 일이기 때문이다.

2. 신자는 역사에 들어온 하나님의 나라 백성으로 살 때, 인간이 하나님 앞에서 현재 처해 있는 위치를 한시도 잊어서는 안 된다. 우리는 하나님 앞에서 1만 달란트 빚진 자들이었다. 24–30만 년 급료에 해당하는 빚을 지고 있는 사람, 이것이 우리가 하나님 앞에 선 상태였다. 그런데 하나님은 이 빚을 자신의 긍휼과 자비로 면제해 주셨다. 주님께서 그 채무를 나를 대신하여 십자가에서 지셨다. 나아가 무한한 의, 곧 하나님 나라에 참여할 수 있는 의를 선물로 주셨다.

따라서 만일 형제가 죄를 범했을 때, 교회는 최대치의 노력을 해야 한다. 형제가 개인적으로 죄를 범했을 때에도, 신자는 무한히 용서해야 한다. 만일 내가 형제를, 내게 죄를 범한 형제를 용서하지 않는다면, 그것은 30만 년 급료에 해당하는 빚을 탕감받은 자로서, 약 2년 급료를 빚진 동료를 용서하지 않는 종과 같이 될 것이다. 반대로 원수를 사랑하고 용서한다면, 십자가의 능력을 체험하고, 하나님의 말씀 안에서 얻는 증거와 비밀을 소유하게 될 것이다.

## | 토론 문제 |

01 그리스도의 십자가로 구원받은 후 하나님께서 신자에게 요구하시는 것 중에 당신이 가장 중요하다고 생각하는 것은 무엇이며 그 이유는 무엇인지 나누어 보자.

02 예수님은 천국의 신분 체계는 이 세상의 신분 체계와 다르다고 말씀하신다. 이 신분 체계는 무엇이며, 십자가 아래 사는 교회의 생활에 무엇을 요구하는가?

| | 천국과 교회 | 내용 |
|---|---|---|
| 1 | | |
| 2 | | |

03 베드로가 형제가 범죄하면 용서해야 할 횟수로 제안한 "일곱 번"의 의미를 당신 자신의 말로 설명할 수 있는가?

04 예수님은 베드로의 질문에 "일흔 번씩 일곱 번" 또는 "일곱 번을 일흔 번이라도" 용서하라고 대답하셨다. 당신이 타인을 용서한 경험에 비추어 이 대답의 의미를 토론해 보자.

05 예수님의 비유에서 "일만 달란트"를 당시 일반 노동자의 임금으로 계산하면 얼마인가? 이 금액은 무엇을 가리키는지 설명할 수 있는가?

06 예수님의 비유에서 "일만 달란트"가 빚이고, 죄라는 말에 "빚" 또는 "부채, 채무"라는 의미가 있다면, "일만 달란트 탕감받았다"라는 말은 죄 용서의 현실을 가리킬 것이다. 당신은 이 현실을 당신 자신의 삶에서 구체적으로 경험한 적이 있는가?

07 마태복음 18장에 나오는 비유를 공부하면서, 하나님과 그리스도의 십자가, 당신이 받은 구원과 현재 삶에 대해 새롭게 발견한 것은 무엇인가?

I. Watts, "Wonderous Cross"

| | |
|---|---|
| When I survey the wonderous cross, | 나 놀라운 십자가를 둘러보았네 |
| On which the Prince of glory died, | 영광의 왕 그 위에 죽으셨으니 |
| My richest gain I count but loss, | 세상의 모든 부 해로 여기고 |
| And pour contempt on all my pride. | 교만한 마음 버리리 |
| | |
| Were the whole realm of nature mine, | 우주를 다 내게 준다 해도 |
| That were a present far too small; | 그 선물 내게 너무 작네 |
| Love so amazing, so divine, | 그 사랑 너무 놀랍고 신성해 |
| Demands my soul, my life, my all. | 내 영혼, 내 생명, 내 모든 것 아끼지 않으리 |

# 요약

앞에서 총 열두 장에 걸쳐서 "하나님 나라와 그리스도의 십자가"를 탐구했다. 이 탐구를 통해, 십자가 구속 사건이 우연한 사건이 아니라, 영원부터 계획하시고, 유구한 역사를 통해 계시하신 사건임을 알게 되었다. 이것을 요약하면 다음과 같다.

1. "하나님 나라와 그리스도의 십자가" 탐구를 시작하면서 인간에게 가장 오래되고 중요한 질문을 했다. 인류의 현 상태는 어떠한가? 성경은 "한 번 죽는 것은 사람에게 정해진 것이요, 그 후에는 심판이 있으리라"고 말한다(cf. 히 9:23-28). 이것이 성경의 진단이다. 이것은 범죄한 인간에게 하나님께서 정하신 것이고, 인간 중 어느 누구도 바꿀 수 없는 결정이다. 그러면 우리 인간의 의무는 무엇인가? 인생을 계산하고, 지금 영원을 위해 심어

야 한다. 그런데 한 번 죽는 인생, 죽음을 두려워하는 인생을 위해서, 예수님께서 단번에 죽으시고, 죽을 수밖에 없는 그 인생에게 영원한 삶의 길을 여셨다. 그러므로 무엇보다 시급한 것은 예수님을 믿는 일이다. 그러나 이것은 또한 가장 큰 축복이요 보람이다. 왜냐하면 그 자체로 "하나님의 일"이기 때문이다(요 6:29).

2. 그러면 하나님께서는 이 죽음과 심판을 운명으로 하고 있는 인간을 위해 무엇을 계획하시고 행하셨는가? 하나님은 그들의 "구원"을 계획하시고, 그 계획을 실행하셨다.

하나님은 이 구원계획을 언제 세우셨는가? 예수님은 십자가를 앞두고 선언하셨다. "아버지여, 때가 이르렀나이다!" 이 "때"는 창세 전에 계획된 시간을 가리킨다. 영원 안에서 삼위일체 하나님은 인간의 구원에 대해 의논하셨다. 아버지 하나님은 이 모든 일을 계획하시고, 아들 하나님은 실제로 이루시며, 성령 하나님은 아버지 하나님이 계획하시고, 아들 하나님이 이루신 구속을 모든 신자에게 적용하시기로 의논하신 것이다.

이 의논에서, 하나님은 우리를 창세 전에, 삼위일체 하나님만 계실 때, 그 영광스러운 교제에 그의 백성들이 참여하게 하실 생각부터 하셨다. 나아가 창세 전에 아버지께서 아들에게 주신 영광을 볼 수 있도록 하시며, 아버지께서 아들을 사랑하신 그 사랑이 그들 안에 있게 하실 것을 계획하셨다.

주님은 이 영광스러운 일이 십자가에서 이루어지고, 여기서 아들이 영화롭게 되며, 아들을 통해 아버지께서 영화롭게 될 것이라고 말씀하셨다.

3. 그러면 하나님은 이것을 어떻게 실행하셨는가? 하나님은 역사 안에서 이것을 계시하셨다. 하나님께서는 아브라함이 이삭을 바치는 그 장소에 나타나시고("모리아"), 그곳에서 약 1,900년 후에 있을 일을 보고 계셨다. 하나님의 시선은 계속해서 이곳에 머물러 있다. 그분은 이곳에서 계속해서 이루어질 한 사건을 보고 있는 것이다. 구약에서 역대기 기자는 솔로몬이 성전을 지은 곳이 "모리아" 산이라고 말한다. 이곳은 예루살렘이었다. 아라우나의 타작마당이었다. 솔로몬의 부친 다윗이 인구조사를 시행한 적이 있다. 이 때문에 하나님께서 이스라엘 백성 모두에게 재앙을 내리셨다. 다윗은 이곳에 나타난 하나님 앞에 제사를 드렸고, 그 재앙이 멈추었다. 다시 말해서, 솔로몬은 이스라엘의 죄가 사해진 곳에 성전을 세운 것이다.

신약에서 예수님은 "이 성전을 헐라. 내가 삼일 만에 다시 일으키리라"고 말씀하셨다. 이것은 "성전 된 자기 육체를 가리킨 것이다"(요 2:19, 21). 그분은 이 예루살렘에서 십자가에 못 박히셨고, 그를 믿는 성도들도 여기서 순교할 것이다(계 11:8).

그러므로 아브라함이 이삭을 바칠 때, 하나님이 나타나셨고, 그 이후 하나님의 시선은 이 예표 사건의 완전한 성취인 십자가 사건에 있었다.

4. 그러면 "십자가"는 무엇인가? 예수님은 아들과 아버지의 영광이 이 일로 성취되며, 하나님은 이 사건을 긴 역사에 걸쳐 보고 계셨다. 그렇게 영광스러우며, 그렇게 중요한 것이었는가? 역설적이게도 가장 끔찍하고 가장 미련한 것이었다. 인간이 생각할 수 있는 가치의 최저점에 십자가가 있다. 이것은 죽음 이하요, 저주와 지옥과 동의어이다.

그러면 하나님은 어떻게 이 끔찍하고 미련한 십자가, 저주와 지옥의 십자가로 인간의 구원을 성취하시는가? 복음서 기자들의 증언은 무엇인가?

5. 마태복음 27:33-44는 우리 주님께서 십자가 고통을 받아들이는 방식에 주의를 기울인다. 예수님께서는 십자가에서 죽으실 때, 쓸개 탄 포도주, 몰약을 가미한 포도주를 거부함으로써, 죄수에게 주어지는 마지막 호의까지도 거부하셨다. 그 이유는 죄인이 받을 고통은 모두, 하나도 빠트림 없이, 완전한 의식 가운데 담당하기 위함이었다. 그러므로 우리 주님은 우리의 모든 고통을 실제로 체휼하신 것이다.

6. 마가복음 15:33-41은 우리 주님의 십자가 사건의 하루 경과를 매우 정밀하게 기록한다. 우리 주님께서는 제 육시에 흑암

이 임하였을 때에도, 그전에도, 바로 직후에도, "나의 하나님, 나의 하나님, 어찌하여 나를 버리셨습니까?"라고 절규하지 않으셨다. 이것은 비참한 고통 가운데 있는 사람이 하나님께 도움을 호소하는 절규가 아니다. 만일 그랬다면, 흑암이 시작되는 시점에서 부르짖었을 것이다. 도리어 이것은 예수님이 겪으신 고통의 최저 심연에서 터져 나온 절규이다. 하나님은 실제로 자기 아들을 버리셨고, 이날 지옥이 십자가에 찾아왔다. 하나님이 왜 이렇게 하셨는가? 아들을 버려서라도 지옥의 저주에 내주고서라도 자기 백성을, 우리를 구원하시려고 그렇게 하신 것이다.

7. 누가복음은 우리 주님이 당하신 고난의 규모와 주님의 십자가 구원의 성격에 초점을 맞춘다.

먼저 누가복음 22:39-46에서 우리 주님께서는 이제 곧 자신이 마실 "잔" 앞에서 두려움에 떨었다. 이 "잔"은 무엇인가? 그것은 온 세계 모든 죄인, 모든 나라 위에 쏟아질 "하나님의 진노의 잔"이었다. 모든 죄, 모든 악이 십자가 위 그리스도에게 지워졌다. 모든 의, 모든 축복이 그리스도에게서 나왔다. 우리는 우리의 작은 죄 하나가 하나님 앞에서 얼마나 심각한 것인지 얼마나 끔찍한 책임을 묻는 것인지 기억하고 죄를 미워하고, 죄를 피하며, 죄와 싸워야 한다. 우리는 이 모든 죄를 담당하신 주님의 은혜 앞에 감사할 뿐이다.

8. 그리고 누가복음 23:32-43에서 우리 주님께서는 십자가 사역이 완성되기 바로 직전에 한 강도에게 엄숙하게 약속하셨다. "오늘 네가 나와 함께 천국에 있으리라." 아무리 큰 죄인이라도, 아무리 일생을 허비한 사람이라도, 온 세계에서 가장 비참하고 불행한 인생이라도, 우리 주님은 용서하시고 그가 요청하는 것뿐만 아니라, 그 이상을 주시는 분이시다.

누가는 구원의 문제를 십자가에 못 박힌 주님과 두 사람의 문제로 다룬다. 한 사람은 구원 밖에 있고, 한 사람은 구원을 요청하여 하나님 나라에 참여한다. 구원받은 사람도 멸망받은 사람과 마찬가지로 행악자였다. 인간 기여가 제로인 구원, 이것이 누가의 십자가이다. 나아가 구원받은 행악자는 자기 자신, 자유, 땅, 모든 것을 잃었으나 주님은 그에게 그 모든 것을 회복하는 종말론적 희년을 선포하셨다.

9. 요한복음은 예수님의 신문 과정을 자세히 보도한다. 요한복음 19:17-30은 "나사렛 예수 유대인의 왕"이라고 선언한다. 이 예수가 또한 우리의 왕이시다. 우리의 고통을 모두 담당하시고, 하나님의 진노를 끝까지 감내하셨으며, 마지막 순간까지 죄인 구원하기를 기뻐하신 예수 그리스도, 그분이 우리의 왕이시다. 빌라도와 같이 자기의 정치적인 지위와 안녕을 위해 이 분을 버린다면, 그는 이 왕의 신하가 아니다. 유대인들과 같이 그들 자신을 신으로 숭배하기 위해 이 분을 버린다면, 그는 이 왕

의 백성이 아니다. 그러나 우리가 말씀과 진리의 편에 서지 않는다면, 성경이 선포하는 이 역사를 진정으로 받지 않는다면, 우리도 유월절 음식을 먹으면서도 하나님의 구속 역사 밖에 있게 될 것이다. 이사야가 예배드리는 이스라엘 백성에게 무엇이라 말했는가? "너희의 무수한 제물이 내게 무엇이 유익하뇨? 나는 숫양의 번제와 살찐 짐승의 기름에 배불렀고, 나는 수송아지와 어린양이나 숫염소의 피를 기뻐하지 아니하노라. 너희가 내 앞에 보이러 오니 이것을 누가 너희에게 요구하였느냐? 내 마당만 밟을 뿐이니라"(사 1:11-12).

그러나 사도와 선지자를 통해 선포한 하나님의 말씀을 듣고 믿으며, 유월절 어린양이신 우리 주님의 십자가를 붙든다면, 비록 애굽 사람이라도 어린양의 피를 문설주에 바르면 구원을 받았듯이, 비록 내가 아무런 자격이 없더라도, 영원한 생명을 얻고 구원을 얻을 것이다.

그러면 그리스도의 십자가는 무엇을 성취하고, 어떤 삶을 열며 누리게 하는가?

10. 먼저 그리스도의 십자가는 악을 정복한다. 그리스도의 십자가는 단순히 개인적이고 실존적인 사건이 아니다. 성경에 따르면, 그리스도의 십자가에 사단과 악이 총집결하고, 유대인과 이방인, 정치-종교 관료들과 일반 백성들이 총결집한다. 예수님

은 십자가 위에서 침묵하신다. 이렇게 하여 사단과 악의 세력, 인류는 자신들의 악을 모두 시행한다. 사단과 악의 세력, 악인들은 현재 상태만으로도 심판받기에 충분하다. 그러나 하나님은 악의 불의성과 잔인성, 기만, 거짓을 모두 폭로한다. 최고 의인에게 최대 형벌을 이루시고, 그리스도의 무한한 의와 그리스도를 믿는 신자들의 의의 근거를 세우신다. 여기서 주님은 의로 악을 이기시며, 율법 조문의 고소장을 십자가에 못 박으시며, "통치자들과 권세자들," 곧 악한 천사들을 무장해제하여 종말론적 승리행렬에 사로잡아 끌고 가신다. 다시 말해서, 그리스도의 십자가는 역사 안에서 일어난 종말 사건이며, 보이는 세계와 보이지 않는 세계를 변혁시키는 우주적 사건이다.

11. 또한 그리스도의 십자가는 인간의 존엄을 회복하고, 인간이 믿음으로 자신의 죄를 진정으로 책임지는 고귀한 존재로 만든다. 나아가 창조 시 의도한 인간성, 종말에 이루어질 "오는 시대"의 인간성을 회복해 준다. 그 첫걸음은 자신의 죄를 자복하는 것이다.

12. 마지막으로 그리스도의 십자가는 오는 시대의 원리를 실현하게 한다. 무엇보다 인간에게 하나님 앞에서 자신이 서 있는 현 위치를 인식하게 한다. 인간은 하나님 앞에서 "1만 달란트" 빚진 종과 같다. 그런데 이 24-30만 년 급료에 해당하는 채무

를 하나님은 값없이 탕감해 주셨다. 이 의식이 들어오자마자 그는 옛 세계에서 살지만, 오는 세계의 생명으로 산다. 이 의식은 가족, 자녀, 부모, 다른 동료들, 이웃을 하나님의 심정으로 불쌍히 여기고 용서할 수 있는 근거와 근원이 된다.

# 참고문헌

Aitchison, James, *The Cross of Christ as Set Forth in the Apostolic Writings*, Falkirk: John Callander, 1896.

Alexander, Joseph Addison, *A Commentary on Mark*, New York: Anson D. F. Randolph & Campany, 1858.

Bavinck, Herman, *Gereformeerde Dogmatiek* 3, Kampen: Kok, 1929 [=『개혁교의학 3』, 박태현 옮김, 서울: 부흥과개혁사, 2014].

Bock, D. L., *Luke*, Vol. II: 9:51-24:53, BECNT 3B, Grand Rapids: Baker Academic, 1996.

Bonhoeffer, Dietrich, *Meditations on the Cross*, Louisville: Westminster John Knox Press, 1998 [=『십자가 부활의 명상』, 만프레드 베버 편집, 연규홍 옮김, 고양: 청우, 2003].

Brown, Raymond E., *The Death of the Messiah: From Gethsemane to the Grave: A Commentary on the Passion Narratives in the Four Gospels*, New York: Doubleday, 1994.

________, *The Gospel According to John*, Vol. 2 (New Haven: Yale University Press, 2008), 844

Bruce, F. F., *The Gospel & Epistles of John*, Grand Rapids: Eerdmans, 2001.

Calvin, John, *Commentary on A Harmony of the Evangelists, Matthew, Mark, and Luke*, Calvin's Commentaries 16, Grand Rapids: Baker Books, 1979.

________, *Commentary on a harmony of the evangelists, Matthew, Mark, and Luke; Commentary on the gospel according to John 1-11*, Calvin's Commentaries 17, Grand Rapids: Baker Books, 1979.

________, *Commentary on the Gospel According to John 12-21; Acts 1-13*, Calvin's Commentaries 18, Grand Rapids: Baker Books, 1999.

Carroll, John T. and Joel B. Green (ed.), *The Death of Jesus in Early Christianity*, Peabody: Hendrickson, 1995.

Chapman, David W., *Ancient Jewish and Christian Perceptions of Crucifixion*, WUNT 2/244, Tübingen: Mohr, 2008.

Charnock, Stephen, 『죽임 당하신 어린양』, 김영우, 이미아 옮김, 서울: 지평서원, 2011.

________, *Christ Crucified: A Puritans View Of the Atonement*, Fearn: Christian Focus, 2002.

Cook, John Granger, *Crucifixion in the Mediterranean World*, WUNT 327, Tübingen: Mohr, 2015.

Cousar, Charles B., *A Theology of the Cross: The Death of Jesus in the Pauline Letters*, Minneapolis: Fortress Press, 1990.

Dale, Robert William, *The Atonement, The Congregational Union Lecture for 1875*, London: Hodder and Stoughton, 1875.

Davies, William David, "The Cup of Wrath and the Cup of Blessing," Theology 51 (1948), 178-180.

De Boer, Martinus C., *Johannine Perspectives on the Death of Jesus*, Kampen: Pharos, 1996.

Denney, James, *The Death of Christ: Its Place and Interpretation in the New Testament*, New York: A. C. Armstrong, 1907.

Doble, Peter, *Paradox of Salvation: Lukes Theology of the Cross*, SNTS.MS 87, Cam-bridge : Cambridge University Press, 1996.

Evans, Tony, *The Power of the Cross: Putting it to Work in Your Life*, Chicago: , Moody Publishers; 2016 [= 『십자가, 그 놀라운 능력』, 장택수 옮김, 서울: 디모데, 2017].

Godet, F. L., *Commentary on Romans*, Grand Rapids: Kregel, 1977.

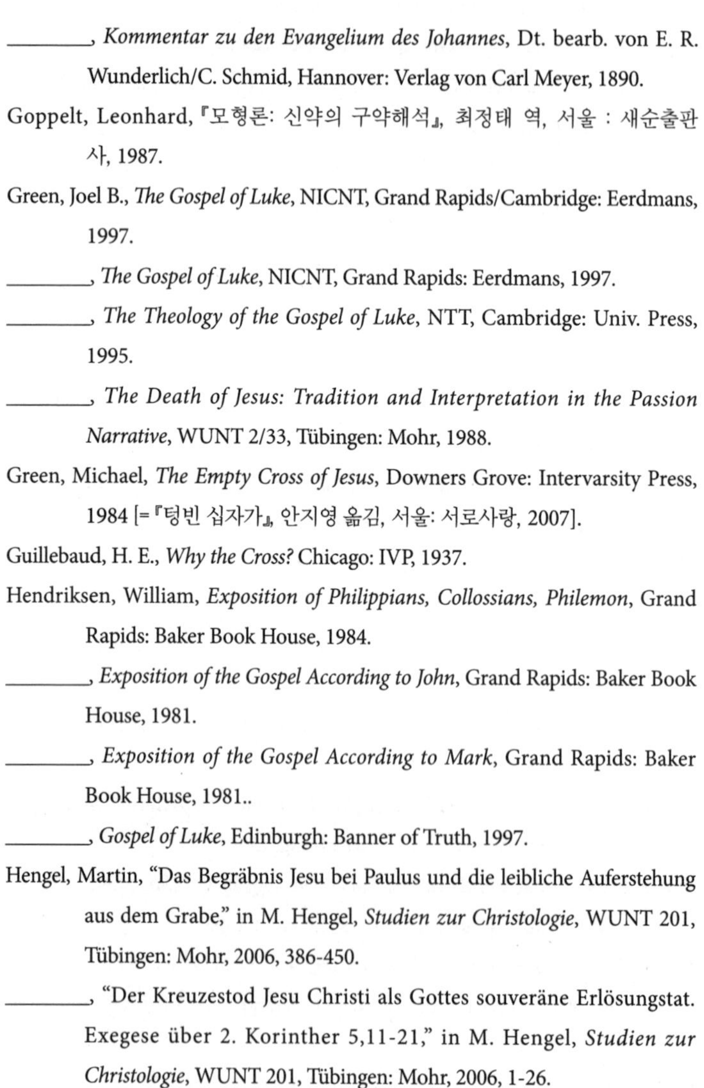

________, *Kommentar zu den Evangelium des Johannes*, Dt. bearb. von E. R. Wunderlich/C. Schmid, Hannover: Verlag von Carl Meyer, 1890.

Goppelt, Leonhard, 『모형론: 신약의 구약해석』, 최정태 역, 서울 : 새순출판사, 1987.

Green, Joel B., *The Gospel of Luke*, NICNT, Grand Rapids/Cambridge: Eerdmans, 1997.

________, *The Gospel of Luke*, NICNT, Grand Rapids: Eerdmans, 1997.

________, *The Theology of the Gospel of Luke*, NTT, Cambridge: Univ. Press, 1995.

________, *The Death of Jesus: Tradition and Interpretation in the Passion Narrative*, WUNT 2/33, Tübingen: Mohr, 1988.

Green, Michael, *The Empty Cross of Jesus*, Downers Grove: Intervarsity Press, 1984 [=『텅빈 십자가』, 안지영 옮김, 서울: 서로사랑, 2007].

Guillebaud, H. E., *Why the Cross?* Chicago: IVP, 1937.

Hendriksen, William, *Exposition of Philippians, Collossians, Philemon*, Grand Rapids: Baker Book House, 1984.

________, *Exposition of the Gospel According to John*, Grand Rapids: Baker Book House, 1981.

________, *Exposition of the Gospel According to Mark*, Grand Rapids: Baker Book House, 1981..

________, *Gospel of Luke*, Edinburgh: Banner of Truth, 1997.

Hengel, Martin, "Das Begräbnis Jesu bei Paulus und die leibliche Auferstehung aus dem Grabe," in M. Hengel, *Studien zur Christologie*, WUNT 201, Tübingen: Mohr, 2006, 386-450.

________, "Der Kreuzestod Jesu Christi als Gottes souveräne Erlösungstat. Exegese über 2. Korinther 5,11-21," in M. Hengel, *Studien zur Christologie*, WUNT 201, Tübingen: Mohr, 2006, 1-26.

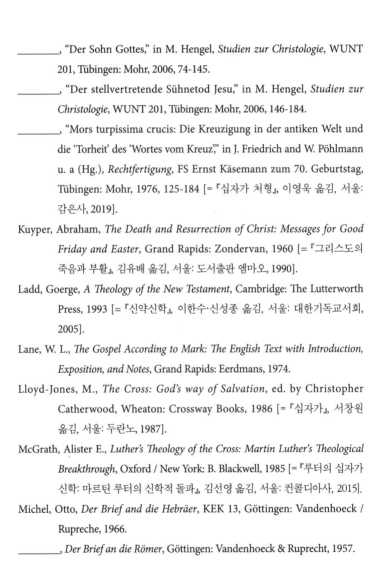

________, "Der Sohn Gottes," in M. Hengel, *Studien zur Christologie*, WUNT 201, Tübingen: Mohr, 2006, 74-145.

________, "Der stellvertretende Sühnetod Jesu," in M. Hengel, *Studien zur Christologie*, WUNT 201, Tübingen: Mohr, 2006, 146-184.

________, "Mors turpissima crucis: Die Kreuzigung in der antiken Welt und die 'Torheit' des 'Wortes vom Kreuz,'" in J. Friedrich and W. Pöhlmann u. a (Hg.), *Rechtfertigung*, FS Ernst Käsemann zum 70. Geburtstag, Tübingen: Mohr, 1976, 125-184 [=『십자가 처형』, 이영욱 옮김, 서울: 감은사, 2019].

Kuyper, Abraham, *The Death and Resurrection of Christ: Messages for Good Friday and Easter*, Grand Rapids: Zondervan, 1960 [=『그리스도의 죽음과 부활』, 김유배 옮김, 서울: 도서출판 엠마오, 1990].

Ladd, Goerge, *A Theology of the New Testament*, Cambridge: The Lutterworth Press, 1993 [=『신약신학』, 이한수·신성종 옮김, 서울: 대한기독교서회, 2005].

Lane, W. L., *The Gospel According to Mark: The English Text with Introduction, Exposition, and Notes*, Grand Rapids: Eerdmans, 1974.

Lloyd-Jones, M., *The Cross: God's way of Salvation*, ed. by Christopher Catherwood, Wheaton: Crossway Books, 1986 [=『십자가』, 서창원 옮김, 서울: 두란노, 1987].

McGrath, Alister E., *Luther's Theology of the Cross: Martin Luther's Theological Breakthrough*, Oxford / New York: B. Blackwell, 1985 [=『루터의 십자가 신학: 마르틴 루터의 신학적 돌파』, 김선영 옮김, 서울: 컨콜디아사, 2015].

Michel, Otto, *Der Brief and die Hebräer*, KEK 13, Göttingen: Vandenhoeck / Rupreche, 1966.

________, *Der Brief an die Römer*, Göttingen: Vandenhoeck & Ruprecht, 1957.

Morris, Leon, *The Atonement: Its Meaning and Significance*, Downers Grove,:

IVP, 1983.

________, *The Cross in the New Testament*, Grand Rapids: Eerdmans, 1976.

________, *The Cross of Christ*, Carlisle: Paternoster Press, 1994 [= 『그리스도의 십자가』, 이승구, 조호영 옮김, 서울: 바이블리더스, 2013].

Moule, C. F. D., *The Gospel According to Mark*, Cambridge: Cambridge University Press, 1965.

Owen, John, *An Exposition of the Epistle to the Hebrews*, WJO 22, Edinburgh: Johnstone and Hunter, 1855.

Packer, James I and Mark Dever, Mark, In *My Place Condemned He Stood: Celebrating the Glory of the Atonement*, Wheaton: Crossway Books, 2007 [= 『십자가를 아는 지식』, 박세혁 옮김, 파주: 살림, 2010].

Platon, 『국가론』, 박종현 역주, 파주: 서광사, 1997.

Sherwin-White, Adrian Nicholas, *Roman Society and Roman Law in the New Testament*, Oxford: Clarendon Press, 1963.

Stott, John, *The Cross of Christ* (Downers Grove: IVP, 1986) [= 『그리스도의 십자가』, 황영철, 정옥배 옮김, 서울: IVP, 2014].

Tidball, Derek, *The Message of the Cross: Wisdom Insearchable, Love Indestructible*, Downers Grove: InterVarsity Press, 2001 [= 『십자가: 다함없는 지혜, 변함없는 사랑』, 정옥배 옮김, 서울: 한국기독학생회 출판부, 2003].

Turrettin, Francis, 『개혁주의 속죄론: 그리스도 속죄』, 이태복 옮김, 서울: 개혁된신앙사, 2002.

Van Bruggen, Jacob, *Marcus: Het evagelie volgens Petrus*, Kampen: Kok, [2]1988.

Vos, Geerhardus, *Dogmatiek, Vol. 2: Anthropologie*, Grand Rapids, 1910.

________, *Dogmatiek, Vol. 3: Christologie*, Grand Rapids, 1910.

________, *Pauline Eschatology*, Phillipsburg: P&R, 1979 [= 『바울의 종말론』, 박규태 옮김, 서울: 좋은씨앗, 2016].

Wallace, Ronald S., *The Atoning Death of Christ*, Westchester: Crossway Books, 1981.

Williams, Rowan, *God with Us: The Meaning of the Cross and Resurrection - Then and Now*, London: The Society for Promoting Crhsitian Knowledge, 2017 [=『하나님이 함께 하신다는 것』, 강봉채 옮김, 서울 : 국제제자훈련원, 2017].

Wright, Christopher, *Let the Gospels Preach the Gospel: Sermons around the Cross*, Carlisle: Langham Partnership International, 2017 [=『십자가』 박세혁 옮김, 서울: CUP, 2019]

Zahn, Theodor, *Das Evangelium des Matthäus*, Erlangen: Deichert, [4]1922.

________, *Das Evangelium des Johannes*, Leipzig: Deichert, [5 u. 6]1921.

________, *Der Brief des Paulus an die Römer*, Leipzig: Deichert, 1910.

김성수,『세상에서 믿음을 보겠느냐: 누가복음 18-24장』, 서울: 마음샘, 2005.

김영호, 『기도란 무엇인가? 누가복음과 사도행전에서 배우는 기도』, 수원: 합동신학원출판부, 2019

오츠 슈이치,『죽을 때 후회하는 25가지』, 황소연 옮김(파주: 21세기북스, 2012).

임덕규,『로마법과 그리스도의 십자가: 구원의 근거인 역사적 그리스도 사건』, 서울: 기독교문서선교회, 2013.

클리프턴 패디먼/존 S. 메이저,『평생독서계획』, 이종인 옮김(고양: 연암서가, 2010), 44

홍창표,『천년왕국』, 수원: 합신대학원출판부, 2007.

# INDEX

## 인명

# INDEX

## 주제

# INDEX

## 구약

## 신약

요한복음

**[교부문헌]**



**[유대주의 문헌]**

**[그리스 로마 문헌]**